世界一やさしい 株・FX・投資信託の教科書1年生

株勉強.com代表 梶田洋平

ソーテック社

ご利用前に必ずお読みください

本書は株式、投資信託、FX等による投資商品の売買、投資の参考となる情報提供、技術解説を目的としています。投資商品の売買、投資の意思決定、最終判断はご自身の責任において行ってください。

本書に掲載した情報に基づいた投資結果に関しましては、著者および株式会社ソーテック社はいかなる場合においても責任は負わないものとします。

また、本書は2020年9月現在の情報をもとに作成しています。掲載されている情報につきましては、ご利用時には変更されている場合もありますので、あらかじめご了承ください。

以上の注意事項をご承諾いただいたうえで、本書をご利用願います。

Cover Design & Illustration…Yutaka Uetake

はじめに

この度は本書を手に取っていただき、ありがとうございます。
本書は

・これから投資を始めたいけど、何から始めればいいかわからない
・ネットで調べたけど、情報が多すぎてわかりづらい
・株？　投資信託？　ＦＸ？　自分に何が合っているの？
・老後の資金、とても不安です
・証券マンや不動産投資会社の営業マンの話はいまいち信じられない

という人向けに書いた書籍です。

本書を手に取った方は、投資前にしっかりと勉強して取り組もうと考えていることでしょう。
しかし、いざ株や通貨、投資信託などの投資商品を実際に購入する段階になると、一歩を踏み出せない人が多く見受けられます。

ひょっとしたら今読んでくれているあなたも、少しだけ心当たりがあるのではないでしょうか？

そこで本書は、おおよそ次の2つのことをゴールとするべく書き上げました。

・投資を始めるにあたって、必要になる基礎知識や考え方を網羅的に学び身につける
・具体的な投資方法を広く紹介し、その中から興味がある投資対象を見つけて購入してみる

これら2つの学びと実践は、投資活動をスムーズにスタートするために必要不可欠です。投資には、いくつかの特有の考え方があります。たとえば「複利」や「損切り」といった普段の仕事や日常生活とはあまり縁のない言葉です。しかし、こうした考え方を理解して実践できることが投資の成功、そして豊かな未来につながります。

投資の世界は誰もがお金を稼ぐことを貪欲に考えています。初心者が投資を始めてすぐに稼ぐのは簡単ではありません。投資初心者も、プロのファンドマネージャーやトレーダーなどの猛者と同じ市場で戦わなくてはなりません。

しかし、投資初心者が身につけておくべき知識と、初心者だからこその戦い方というものがあります。本書には、知識だけでなく初心者なりの戦い方も書かれています。この戦い方が実行できれば、きっとよい未来を描けるようになるはずです。

まずは本書を手に取って、1度目は、全体をざっくりと読んでみることをお勧めします。どんな投資があって、自分に向いている投資スタイルや、チャート分析の方法、株やFX、投資信託などの購入方法などについて理解してみましょう。

そして2回目は、知りたいことが書いてある時限をしっかりと理解しながら読んでみてください。やってみたい投資についてより理解を深めることにより、投資の知識については、及第点の状態までになるはずです。

その後はさらに気になる投資対象についての本や具体的なノウハウについての本などで学習を続けたり、また実際に少額から投資をしてみてください。

本書を読むことで始める投資活動への第一歩が、きっと老後の不安を減らし豊かで楽しい毎日につながっていくことでしょう。

どうぞ、最後までお付き合いください。

目次

はじめに …… 3

0時限目 投資について、はじめに覚えておきたいこと

01 投資ってどういうこと？ …… 18
❶ 投資は、今のお金で将来のお金を増やすことです
❷「利回り」は投資で増えるお金の尺度
❸ 投資にはリスクとリターンがつきもの

02 ライフプランを描いて人生の費用を把握しよう …… 22
❶ イベントのたびに大きなお金が必要になります
❷ 人生の費用を計算しよう

03 資産形成をしてから資産運用で増やしましょう …… 24
❶ お金のない人はこうして資産をつくりましょう
❷ 資産形成できたら資産の運用へ
❸ 若いほどおトク！ 20代から始めよう

Episode 1 投資は少額からまずはやってみることが大切! …… 31

04 株、FX、投資信託……投資商品を知っておこう! …… 32
❶ 株式投資は最もポピュラーな投資です
❷ FXは通貨を売買し利益を出します
❸ 複数の銘柄をまとめて買える投資信託
❹ 預金より金利が良く安全性が高い債券
❺ その他の投資商品

1時限目 投資の考え方を身につけよう!

01 これだけは知っておきたい投資の考え方の基本 …… 44
❶ 投資は、どの種類にどれだけ投資するかが大事
❷ 卵は一つのカゴに盛るな―リスクは分散しておこう

02 いくら投資に振り向ける? あくまで余裕資金で …… 48
❶ 最初に必要な資金はいくら?
❷ Xデーを迎えると資産が増え始めます
❸ 投資は余裕資金でやるのが鉄則!

03 資産のリバランス　価格が変わったら見直そう …… 52
❶ 想定した資産配分の比率が崩れたら
❷ リバランスで初期のバランスに戻そう

Episode 2 リバランスはやりすぎに注意 …… 55
04 キャピタルゲインとインカムゲイン …… 56
❶ 配当や分配金がインカムゲイン
❷ 売買の差益がキャピタルゲイン
❸ トータルリターンで計算する
❹ それぞれの投資で得られる利益は？
05 複利でどんどん増える！ 積立投資のすすめ …… 60
❶ 複利でこんなに得する！
06 テクニカル分析とファンダメンタル分析 …… 62
❶ チャートを分析するテクニカル分析
❷ 経済や企業業績を読むファンダメンタル分析
❸ 投資初心者はテクニカルで勝負すべし
07 短期投資と長期投資を組み合わせよう …… 66
❶ 売買を繰り返して利益を出す短期投資
❷ 買ったら持ち続ける長期投資
❸ 長期と短期の両方でバランスする
08 短期の投資では損切りのマスターが必須！ …… 70
❶ 短期投資は「損小利大」が基本
❷ 損切りはルールを設定しよう

2時限目 証券口座の開設と情報収集

01 証券会社を選んで口座を開設しよう …… 76
❶ どの証券会社に口座開設する？ ❷ 手数料では楽天、SBIが横並び
❸ 注文方法で比較しよう ❹ 取引ツールで比較しよう
❺ 複数の会社の口座を使ってメインを決めよう

02 口座を開設する実際の手順を学ぼう …… 82
❶ 口座開設を申し込む ❷ 投資の資金を証券会社に入金しよう

03 スマートフォンでの取引と注意したいこと …… 86
❶ どこでも取引やチェックが可能なスマホアプリ ❷ スマホアプリの取引画面

04 情報収集に便利なサイトやブログ …… 90
❶ 日本株・投資信託に役立つサイト ❷ 米国株に役立つサイト ❸ FXに役立つサイト

3時限目 FX・株式投資で使うチャートの読み方と法則

01 チャートの読み方を覚えよう！ …… 98
❶ チャート分析でこんなことができる！ ❷ チャート分析のデメリットも押さえておこう
❸ チャート分析に必須のローソク足を覚えよう ❹ 時間足を変更しながら分析しよう

❺ ローソク足の種類

02 テクニカル指標の大枠をつかんで使い分け方をマスターしよう …… 110
❶ テクニカル指標の基本3パターン
❷ 相場の方向性を把握するトレンド系テクニカル指標
❸ 相場の過熱感を判別するオシレーター系テクニカル指標
❹ 出来高系テクニカル指標

03 トレンドの方向を把握する移動平均線をマスターしよう …… 116
❶ 移動平均線は初心者からプロまで使用する基本中の基本
❷ 移動平均線には3つの種類がある！
❸ ゴールデンクロスとデッドクロス
❹ 移動平均線はサインが遅れる
❺ 移動平均線はどの期間の設定を使うべきか？

04 グランビルの法則で売買ポイントが判断できる！ …… 124
❶ グランビルの法則でエントリーポイントがわかる

05 支持線と抵抗線でエントリーポイントを探そう …… 126
❶ 水平線を引いてライン分析してみよう
❷ レジサポ転換でエントリーを見極める

06 トレンドラインを引いて売買のエントリータイミングを知る …… 130
❶ トレンド発生を検知してエントリーするには
❷ 相場転換のサイン

07 テクニカル分析の元祖ダウ理論 …… 132
❶ダウ理論の6つの法則

08 世界中で多くの投資家が使用する日本生まれの一目均衡表 …… 136
❶トレンドの方向性や買いのタイミングを判断
❷基準線と転換線の関係　❸遅行スパンと26日前株価の関係
❹ローソク足と雲との関係

09 MACDで相場の向きとタイミングをつかむ …… 140
❶2つの線の位置関係から売買を判断する

10 ボリンジャーバンドで相場の振れ幅をつかむ …… 142
❶移動平均線と標準偏差のバンド　❷ボリンジャーバンドの2つの使い方

11 RSIで買われすぎ、売られすぎがわかる! …… 146
❶買われすぎ、売られすぎ、相場の過熱感がわかるRSI
❷RSIの投資判断の目安
❸RSIとダイバージェンス

12 チャートパターンを覚えよう …… 150
❶三角保《も》ち合い　❷ヘッドアンドショルダー（三尊）
❸ダブルトップ・ダブルボトム
❹ボックス　❺カップウィズハンドル

4時限目 株式市場のしくみと銘柄選びから米国株まで

01 株と株式会社のしくみを知っておこう …… 162
❶ 株式で調達した資金は返済しなくていい！
❷ 会社の所有者は誰？　社長さん？
❸ 会社の借金は株主にも及ぶか？
❹ 自由に売買できる上場株式と仲介する証券会社
❺ 株のマーケット　証券取引所

02 株式投資をするとこんなメリットがあります …… 170
❶ 株の売買は資産を増やすため
❷ 配当金は儲かった分の還元です
❸ 株主サービスとしての株主優待
❹ 株主総会での議決権が得られます
❺ 株主としての権利行使には、株を買うタイミングに注意
❻ 株式投資で企業業績や経済、会計に強くなる

03 株価はどうやって決まるのか？ …… 176

❶株価は買いたい人と売りたい人のバランスで決まる
❷株価は企業業績を反映する?
❸景気や金利などの市場全体の変化

04 どのような株を購入すべきか? …… 180
❶銘柄選びの楽しみとハイリスク・ハイリターンの個別株
❷ランキングから銘柄を選ぶ　❸スクリーニングで銘柄を選ぶ

05 株式市場でETFを購入する …… 184
❶ETF(上場投資信託)とは
❷ETFの売買手数料と信託報酬、支払われる分配金
❸レバレッジ型のETF　❹国内で買えるETFの種類

06 今、皆が買っている米国株に投資しよう …… 188
❶米国株のここがすごい!　❷米国株のここがいまいち

07 米国株を買いたいならネット証券から簡単に購入できます …… 192
❶米国株を売買できる日本の証券会社　❷米国株を買うときの手数料

08 企業の業績を指標から見極めよう! …… 194
❶PER(株価収益率)とEPS　❷PBR(株価純資産倍率)とBPS
❸ROE　自己資本利益率
❹重要な経済指標の発表後は相場が大きく動くことも

5時限目 投資信託でどんどん増える長期のつみたて投資

01 長期投資で増やすなら投資信託が楽に増やせます …… 200

❶ 投資信託はいろんな単品がつまったパッケージ ❷ 詰め合わせなのでリスクも分散できます ❸ 海外の金融商品にも簡単に手が伸ばせる ❹ 少ない資金で気軽に購入 ❺ プロが運用する投資信託（アクティブファンド） ❻ 投資信託の手数料について ❼ 投資信託で利益を得るのはいつの時点？

02 投資信託にはこんな種類がある …… 210

❶ インデックス型の投資信託（インデックスファンド） ❷ アクティブ型の投資信託 ❸ グロース投資とバリュー投資 ❹ トップダウンとボトムアップの銘柄選定方法の違い ❺ ファミリーファンド（ベビーファンドとマザーファンド） ❻ ファンドオブファンズ　投資信託を対象とした投資信託 ❼ 投資信託はどうやって選べばいい？ ❽ さまざまな投資信託を活用するときの注意点

03 投資信託の買い方 …… 224

❶ 投資信託は一括でも積立でも買える ❷ 投資信託の申込みと約定について ❸ ドルコスト平均法で定額で定期的に購入する ❹ 初心者はインデックス型の自動積立が最適 ❺ NISAを賢く利用しよう

6時限目 FXはいつでもできて小額から稼げる投資

01 FXってどんな投資？ …… 230
❶ FXは2つの通貨の売買で利益や損失が出ます
❷ FXで利益が出るしくみ
❸ FXにはこんなメリットがあります
❹ 絶対に知っておくべきFXのリスク

02 株やFXで使える基本的なルールと注文方法 …… 242
❶ いろいろな注文方法

03 FX注文時の基本事項と証券会社の選び方 …… 248
❶ 注文するときはスプレッドの開きに注意
❷ 証券会社はスプレッドの小さな会社を
❸ まずはデモ口座で試しに始めよう

04 FXや株のトレードで損する人のあるあるパターン …… 252
❶ ポジポジ病　よく考えてから売買しましょう
❷ コツコツドカンで損をする
❸ 損切りできずに長期の塩漬け

Episode 3 定番チャートツールのMT4 …… 256

7時限目

iDeCo、NISAは投資の節税に絶対不可欠

01 iDeCoは自分でつくる年金です …… 258
❶ iDeCoが登場した高齢化の背景 ❷ 公的年金制度は3階建てになっている
❸ iDeCoの流れと加入条件 ❹ iDeCoを始めるとき
❺ iDeCoの運用中にするべきこと ❻ iDeCoは何歳から受け取れる?

02 iDeCoの運用は投資信託で行おう …… 268
❶ iDeCoは長期投資に適している ❷ iDeCoの運用は投資信託で
❸ 経済は成長している―預金型ではだめな理由

03 iDeCoを始めてみよう …… 272
❶ iDeCoの口座を開設する ❷ 金融機関を選ぶときは手数料に注意
❸ ポートフォリオをつくって商品を選ぼう ❹ 定期的にリバランスしよう
❺ 確定申告で所得が控除される

04 運用益が非課税のNISAも併せて活用しよう …… 278
❶ NISAってどんな制度? ❷ NISAの3つの種類
❸ NISAを始めるときの注意点 ❹ 2024年には新NISAが始まる

0時限目 投資について、はじめに覚えておきたいこと

投資ってむずかしいと思っていませんか？
最初に覚えることはありますが、
一度覚えたら、すぐに始めてみましょう！

01 投資ってどういうこと？

1 投資は、今のお金で将来のお金を増やすことです

あなたは「これから投資を始めよう」と思ってこの本を手に取ったことと思います。そこで、まずは「**投資とは何なのか？**」という話からお伝えしていきます。投資とは一言で表わすと、

今持っているお金を使って将来の資産を増やすこと

株式の投資では、株価上昇が見込まれる会社の株式を買い、**買った値段よりも高く売る**ことによって**資産を増やす**ことです。

「投資」という言葉は、他にも英語の勉強、筋トレなどの**自己投**

投資って、
今持っているお金をもとに、さらにお金を増やすことです。
株や通貨、不動産などを安く買って高く売ることです！

資や会社が工場をつくるといった**設備投資**といった普段の生活やビジネスシーンでも使われます。

これらも学校や参考書、ジム、土地代金、建設代金のように先にお金を使って、その結果、**将来の資産（就職、健康美、業績）を得ていく**という、株、ＦＸ投資などと同じような意味合いを持っています。

2 「利回り」は投資で増えるお金の尺度

投資した金額に対してどれくらい増えたのかを表わす言葉として「**利回《りまわ》り**」という言葉があります。通常、**1年間の平均利回り**（年利回り）を指しています。

利回り5％といった場合、100万円をいま持っていて、5％の利回りの商品に投資すると、**1年後に105万円になります。**そして、100万円が105万に増えたので**5万円の利益**が出たということになります（税金は除きます）。

銀行の定期預金100万円では、1年間預けても利子が20円しかつきません。一方、株式やＦＸなどで利回り5％の投資なら

● 5％の利回りで100万円投資したら

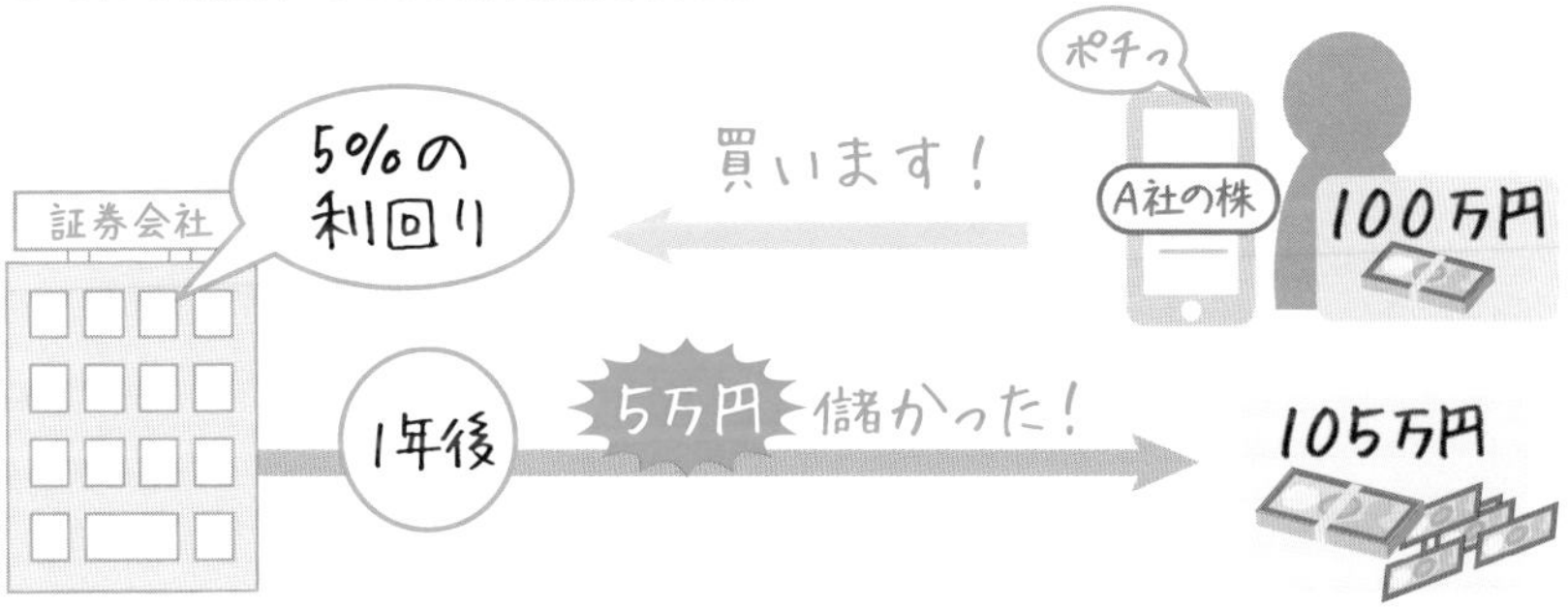

5万円に増やすことができます。

3 投資にはリスクとリターンがつきもの

投資を行って得られるのは、必ずしも利益とは限りません。**投資したお金が減ってしまう「リスク」**もあります。

投資の大きなリスクは「**元本保証がないこと**」です。銀行に普通預金や定期預金で預けておけば、預金を解約するときに、約束の利子と元本が必ず戻ってきます。

一方、株などに投資をして、株価が大きく下落してしまったら、元金が減ってしまうことだってあるのです。

投資には必ずリスクとリターンがある

投資では覚えておきたい最も大事な原則です。

そして、リスクが高い商品ほど、投資の利益（**リターン**）も大きくなるのが一般的です。「**ハイリスク・ハイリターン**」という言葉を聞いたことがあるでしょうか。

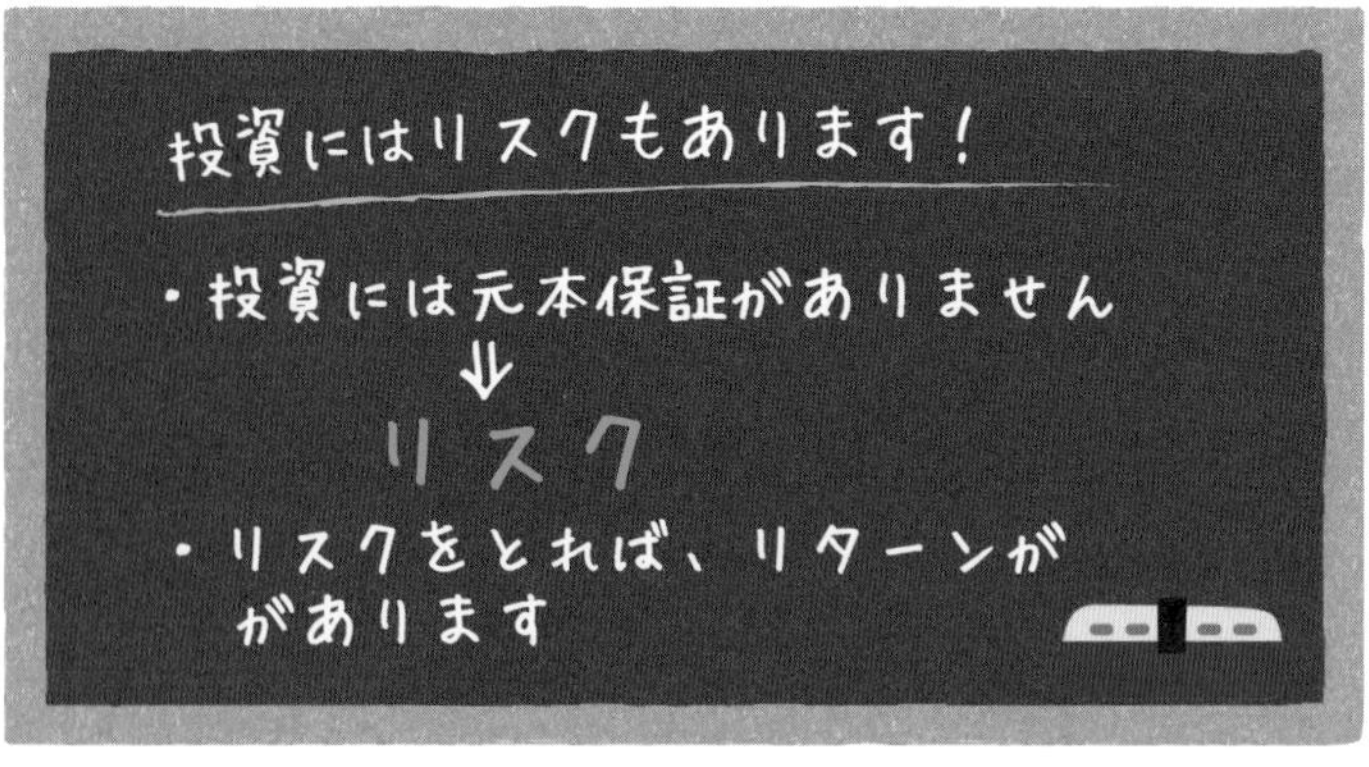
投資にはリスクもあります！
・投資には元本保証がありません
リスク
・リスクをとれば、リターンががあります

その逆が、**銀行預金**や**債券（国債や社債）**への投資のような**「ローリスク・ローリターン」**の商品です。高い確率で投資の元本が保証され安心・安全ですが、投資の利益（リターン）は少なく「ハイリスク・ハイリターン」とは反対の性質の投資となります。

● **投資商品のリスク・リターンと特徴**

種類	リスク／リターン	特徴
株式	高／高	会社の株券を証券会社を通じて売買し、また配当を得て利益を得ます。祝祭日以外は9時～15時で取引でき、短期から長期まで向く投資です。
投資信託	中／中	株、国債、金などさまざまな国内・海外の商品を組み合わせパッケージ化して販売されています。指数に連動するインデックス投信は手数料が安く、人気。
ETF	中～高／中～高	上場している投資信託。株と同じように株式市場で毎日、何度でも売買できます。投資信託よりも手数料も安く、インデックス連動商品が充実しています。
FX	高／高	外国為替証拠金取引と言い、異なる通貨を売買して利益を出します。元金の25倍までの売買ができるレバレッジが特徴。土日祝以外は24時間取引可能。
不動産	中／中	土地、建物を購入し家賃収入を得ます。売却時にも利益が出ます。証券化されたものがREIT。節税やインフレ対策にもなります。換金化に時間がかかります。
債券	低／低	国や企業が発行する債券。満期と利回りが決まっていて、満期までの保有で利回りが確保されます。銀行預金より利回りを得たい人向けの商品です。
金	中／中	コモディティの代表。金自体に希少価値があり、経済状況悪化でも一定の価格が保たれます。現物だけでなくETFで購入できます。利子・配当はなし。
コモディティ（貴金属、原油、穀物等）	中～高／中～高	商品先物市場で取引される貴金属、エネルギー、穀物などに投資します。直接商品購入したり、投資信託、ETFとしても販売されています。配当や利息はなし。
仮想通貨	高／高	ネットで購入できるデジタル通貨。代表にビットコイン、イーサリアムがあります。価格変動が激しく、法整備、ハッキングなどのリスク、通貨としての信頼性などの問題があります。

02 ライフプランを描いて人生の費用を把握しよう

1 イベントのたびに大きなお金が必要になります

投資をやって、いつまでにどれだけ増やせばいいでしょうか？ **ライフプランを描いて、いつまでにいくら必要になるか、いつまでにいくら資産をつくるか、見積もってみましょう。**

ライフプランとは、これからの**人生の設計図**です。人が生きていく間には、いろいろなイベントが発生します。そして、**イベントのたびに大きなお金が必要になります。**

例えば、結婚するときには結婚式や披露宴、新婚旅行、家を買うときには、頭金としてまとまった額のお金が、子どもが生まれたら、その子が成人するまでの学費が必要になります。子どもが大学受験をするときには、受験料のほかに大学までの交通費や滞在費、受験予備校の学費なども必要になってきます。さらに、定年退職後の老後資金も必要です。

生き方や職業観、結婚観など人それぞれですから、ライフプランも自ずと異なる（または見えない）ので、あてはまらない方もいるでしょう。

また、人生のイベントで新婚旅行には行かない、披露宴はやらないなど、**無駄なことにはお金をかけない**のも、選択肢の1つです。

2 人生の費用を計算しよう

これからの自分の人生を想像して、**出て行くお金と、貯めて増やすお金**のシミュレーションを面倒でもやってみましょう。

来年までに30万円増やすには、毎月の積立投資と個別の株や通貨にいくら投資すべきか。そして5年後、10年後、20年後の増加額にするには、どれだけ毎月、毎年投資したらいいかを計算してみましょう。

また、お金が必要になるタイミングと費用を見積もっておけば年間の積み立て金額、投資額もおおよそわかりますね。

● **ライフプランを立てて人生の費用を把握しましょう**

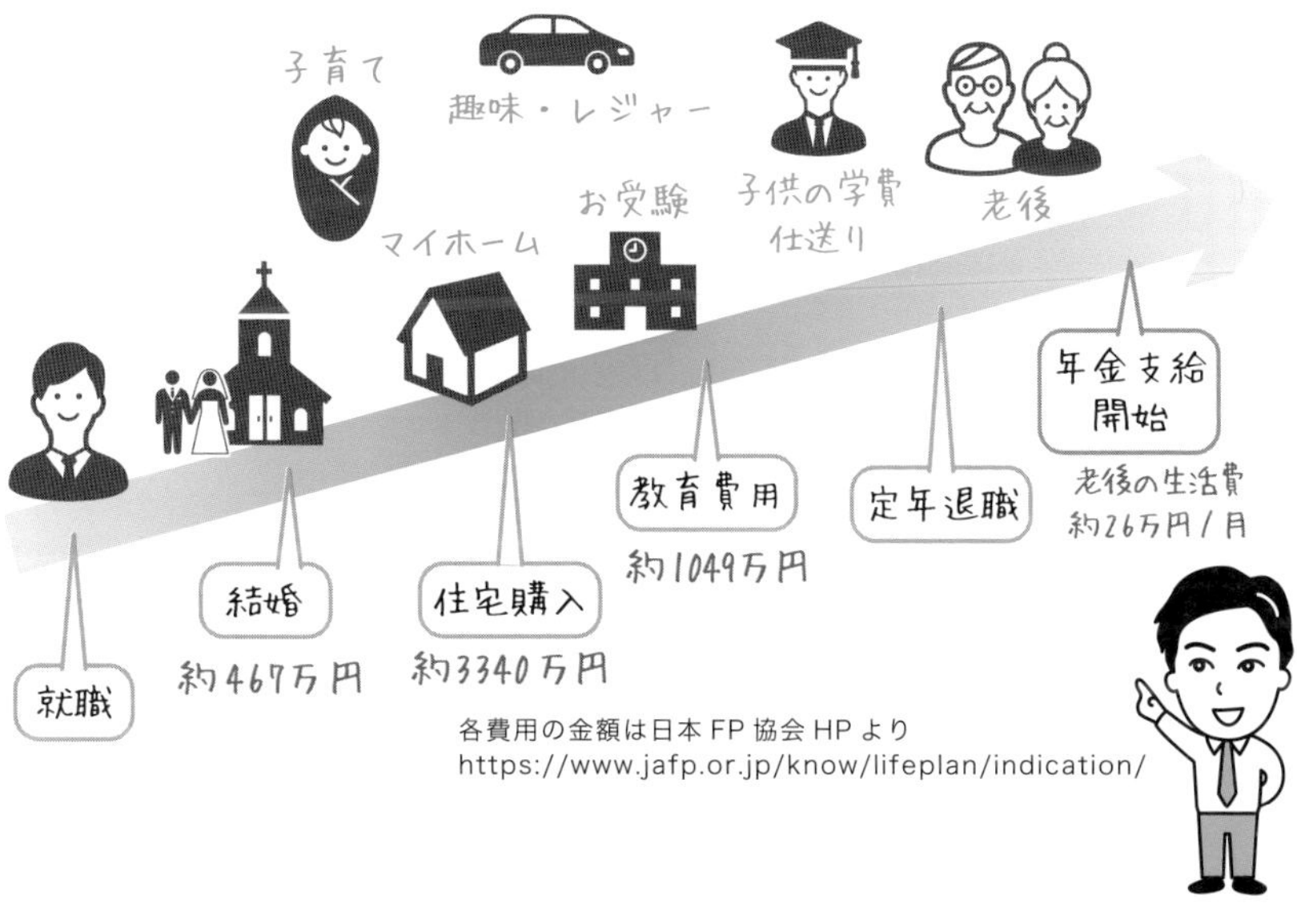

各費用の金額は日本FP協会HPより
https://www.jafp.or.jp/know/lifeplan/indication/

03 資産形成をしてから資産運用で増やしましょう

1 お金のない人はこうして資産をつくりましょう

投資をやってみたいけれど、収入が少なくて投資に使うお金がない……でも心配いりません。**収入が少なくても、投資は開始できます！**

世の中には、「投資はお金を持っている人がするもの」と思っている人が多くいます。確かに、資産が多いほど、投資によって増やせるお金は大きくなります。

しかし、**資産がないからこそ、投資の考え方を利用しながら資産をつくっていく必要があるのです。**

例えば、毎月の手取り収入が20万円の方は、毎月の収入から3000円を積立投資に回します。そして、次の年には積立額を

元のお金の増加が加速します！
ただし！複利の効果は
長い期間が必要です。
若いときに始めるといいですね。

5000円に増やし、といった具合に少しずつ投資額を膨らませながら**資産を形成**していけばいいのです。

銀行の貯蓄でも資産を形成することはできますが（増えません）、貯蓄よりも利回りのいい投資商品に毎月積み立てながら資産形成したほうが、資産の増え方が断然違います。

NISA（278ページ）、**つみたてNISAやiDeco**（258ページ）といった資産形成を補助する制度を使えば、増えたお金に税金はかからず、積み立てながら知らず知らずのうちに自動的に資産が形成されていきます。

2 資産形成できたら資産の運用へ

50万〜100万円程度のまとまった資産が形成できたら、今度は**そこから資産を運用していきましょう**。

投資にはいろいろな商品があります。**資産を減らさない安全性の高い債券のような投資商品**もあれば、一方で**リスクも高いが大きな利益がもたらされる資産形成に適した投資商品**（株式、FX、投資信託、不動産）もあります。

● 貯蓄から資産形成へ移行し、そして資産運用へ

また、投資信託やミニ株など、月々数百円から数千円という金額から始められる投資商品もあります。

資産運用を本格的に開始するまでは、**月々数千円の小額から資産形成**を始める**第一歩の実践がとても大切**です。

3 若いほどおトク！ 20代から始めよう

さて、**投資はいったい何歳から**始めたらいいのでしょうか？

「早ければ早いほどいい」というのが答えです。

そこには、「**複利**」という考え方が関連してきます。複利とは、投資で得た利益をさらに元本に加えて投資に回す**再投資**という考え方です。

利益を元本に加えずに、もともとある元本のみで投資をすることを単利と言いますが、単利よりも複利のほうがはるかに得られる利益が大きく、**長期になるほど増え方が大きくなるので、若い人ほど有利**なのです。

若い世代は、投資に失敗しても取り戻すチャンスはあります。一方、定年後の世代は、資産を減らさないよう、守りの投資を心がけるのがよいですね。

複利は長期ほど差がつきます！

複利運用を具体例で考えてみましょう。

あなたは積み立てて資産形成した100万円を投資に回すことにしました。このときの利回り（年）は5％として計算します。

それぞれ、5年、10年、20年、30年と運用したとき、単利と複利ではどれだけ資産に差が出るのでしょうか。

5年目には2万6千円の差が出ています。10年後には12万円、そして最終的に30年後には182万円もの差が出ることがわかります。

もし元本が1千万円だとしたら、30年後には1800万円以上の差が出ることがわかりますね。これが、**「投資を始めるなら早いほうがいい」**と言われる最大の理由なのです。

それに、投資はギャンブルではなく、しっかり勉強して知識を入れ、経験を積んでいけばお

● 単利と複利では、長期になるほど差がつく

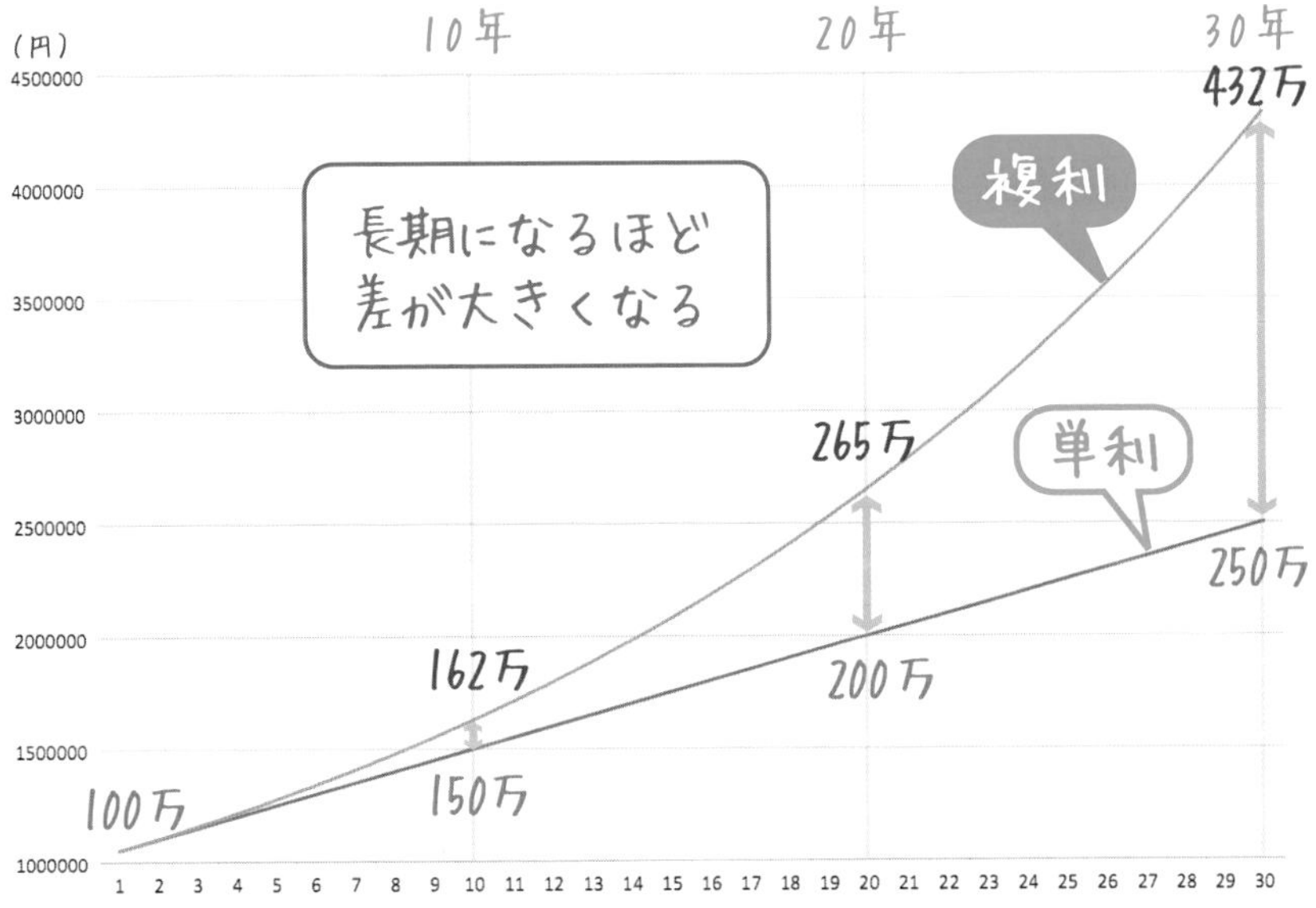

のずと腕が上がっていくものです。腕が上がればそれだけ投資成績も上がり利益も増えていきます。

長期の投資では、若いうちから経験も積めますし、投資について勉強することもできます。

若さはリスクをとれる

若いうちから投資を始めたほうがよい理由は、**若いうちならリスクをとって大きく利益を狙うことができる**から、という理由もあります。

例えば、**65歳の人**が退職金として2千万円を手元に持ち、それを元本として投資を始めるとするならば、できるだけ**資産は減らしてはいけません**。この年齢だと大きく減った資産を取り戻すためには、さらにリスクが必要になってしまいます。

そうなると、リスクが低く、大きな利益は出にくい投資商品で資産を運用していくことになります。

しかし、これが**20代、30代の方**だったらどうでしょう。投資に失敗して多少元本を減らしてしまったとし

● 若いときはリスクがとれる

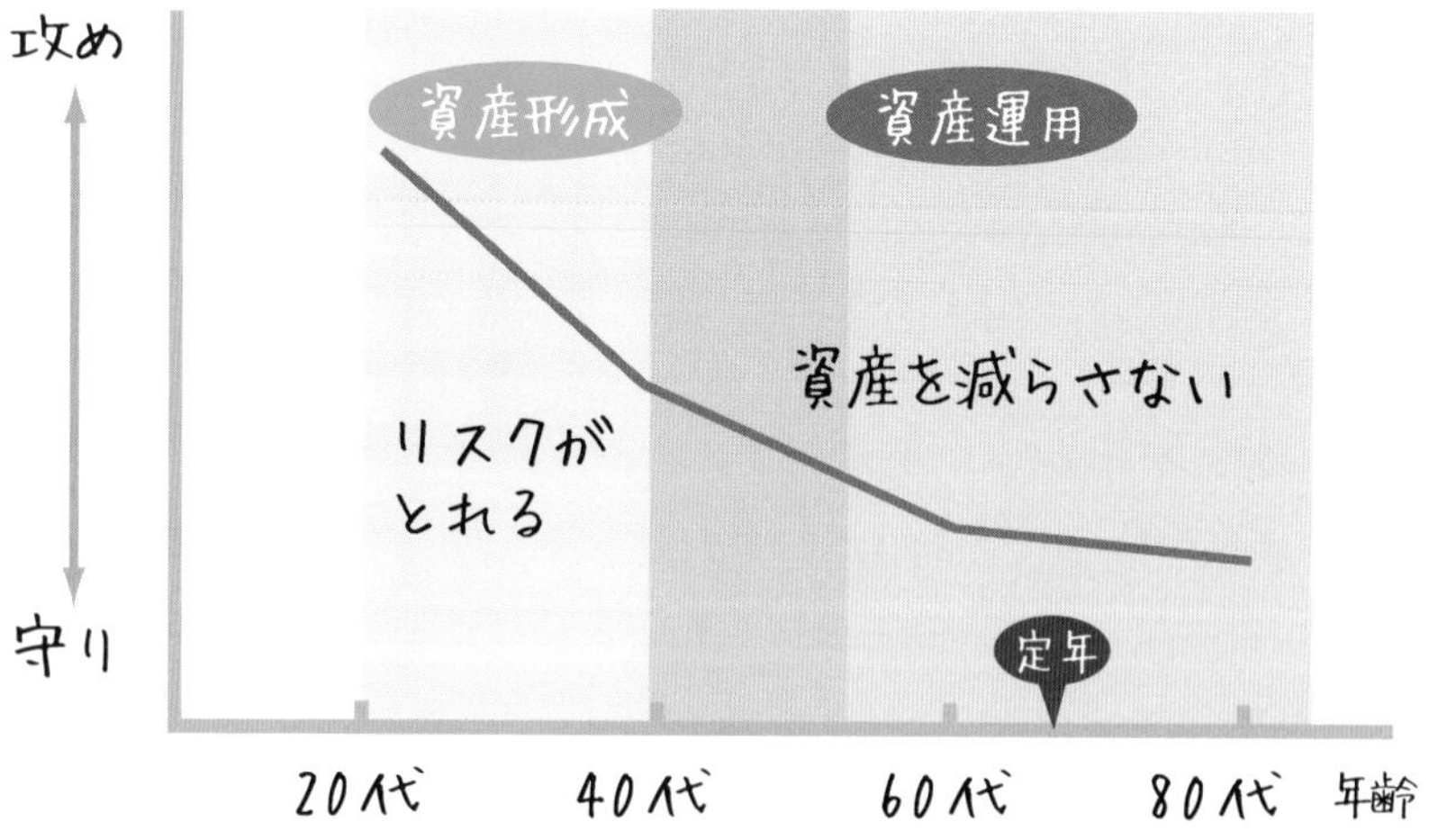

ても、まだまだ**働いてお金を稼ぐことができる**ので、損失分を十分に取り戻せるでしょう。いわば、**「守り」より「攻め」の投資をしやすい**のです。

投資の世界においても、リスクが高い商品はその分大きなリターンも見込むことができます。

利益を見込める十分な知識とスキルを身につければ、リスクをとった攻めの投資で若くして資産を大きく増やせる可能性もあるのです。これが、投資を始めるのは早ければ早いほどいいという理由です。

20代、30代という若いうちは、投資の知識を得た後、守りより攻めの投資スタイルで高いリターンを狙いに行く投資に挑戦してみましょう。高いリターンを狙うのですから、

もちろんリスクも大きく損失が出てしまうこともあります。損失を出してしまったとしても、仕事で収入を得ているはずですので生活に影響が出にくく、失った資金を老後までに回収できるチャンスは十分にあります。

● **リスクをとる投資、安全な投資**

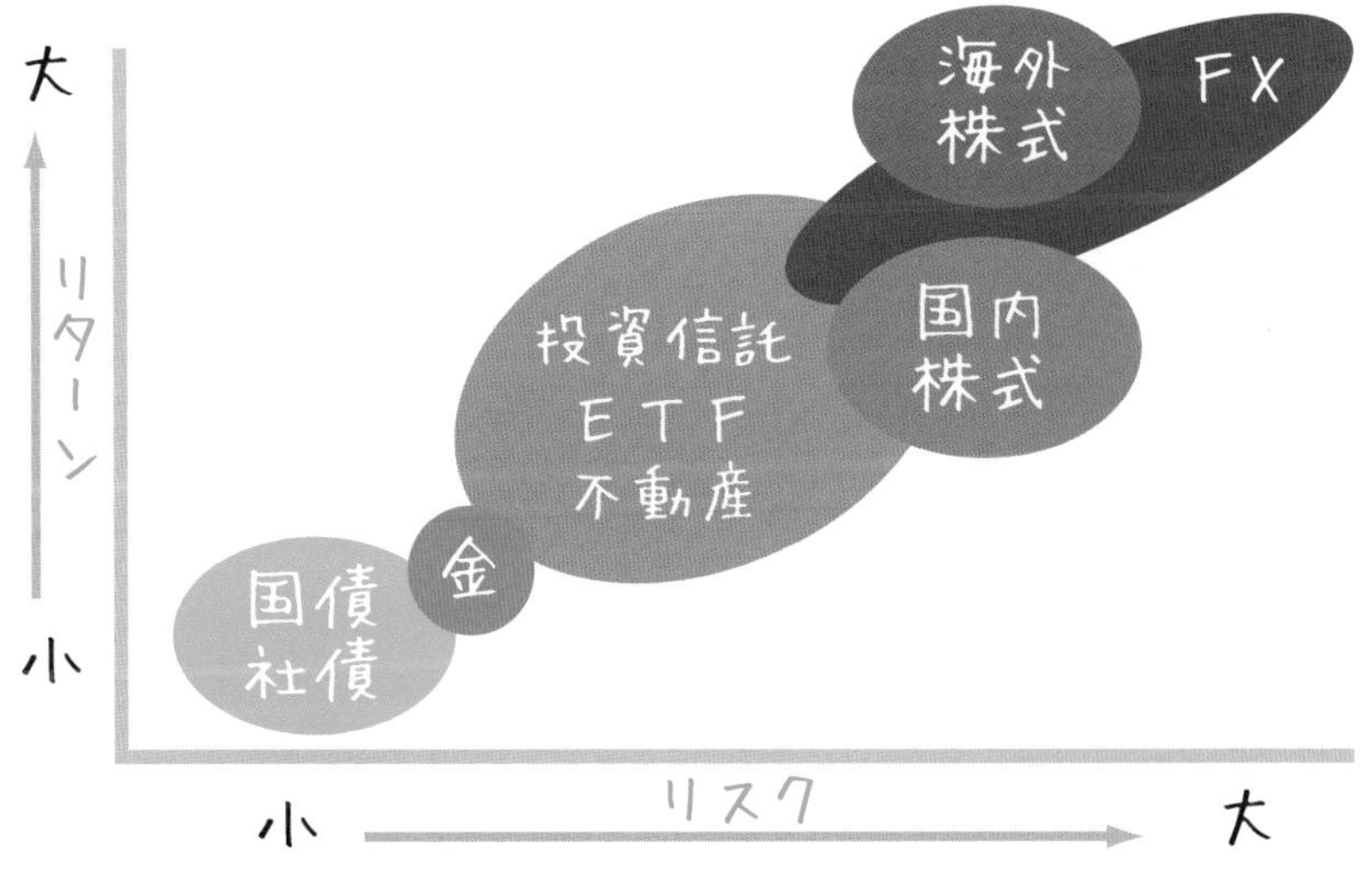

年齢が上がったらリスクを減らそう

一方、年齢が上がるにつれてリスクは減らし、攻めよりも**守りを重視して資産を運用**していきたいところです。例えば定年して退職金を元手に投資を始める人もいますが、ここでリスクを多めにとってしまい、万が一失敗してしまったら、老後の資金が減ってしまうことにもつながります。

年齢が上がるにつれ資産も増え、安定性の高い投資商品に移行していくことで、資産を守りながら運用していくことが可能になります。

例えば、**株式よりも債券の比率を高める、国内債券や預貯金などの比率を高める、金など不況に強い商品に投資する**など、年齢に応じてポートフォリオを見直していくと良いでしょう。

定年後は、安定性の高い投資商品に移行し資産を守りつつ運用しましょう。
株式よりも債券の比率を高める・国内債券や預貯金などの比率を高める方法を採りましょう！

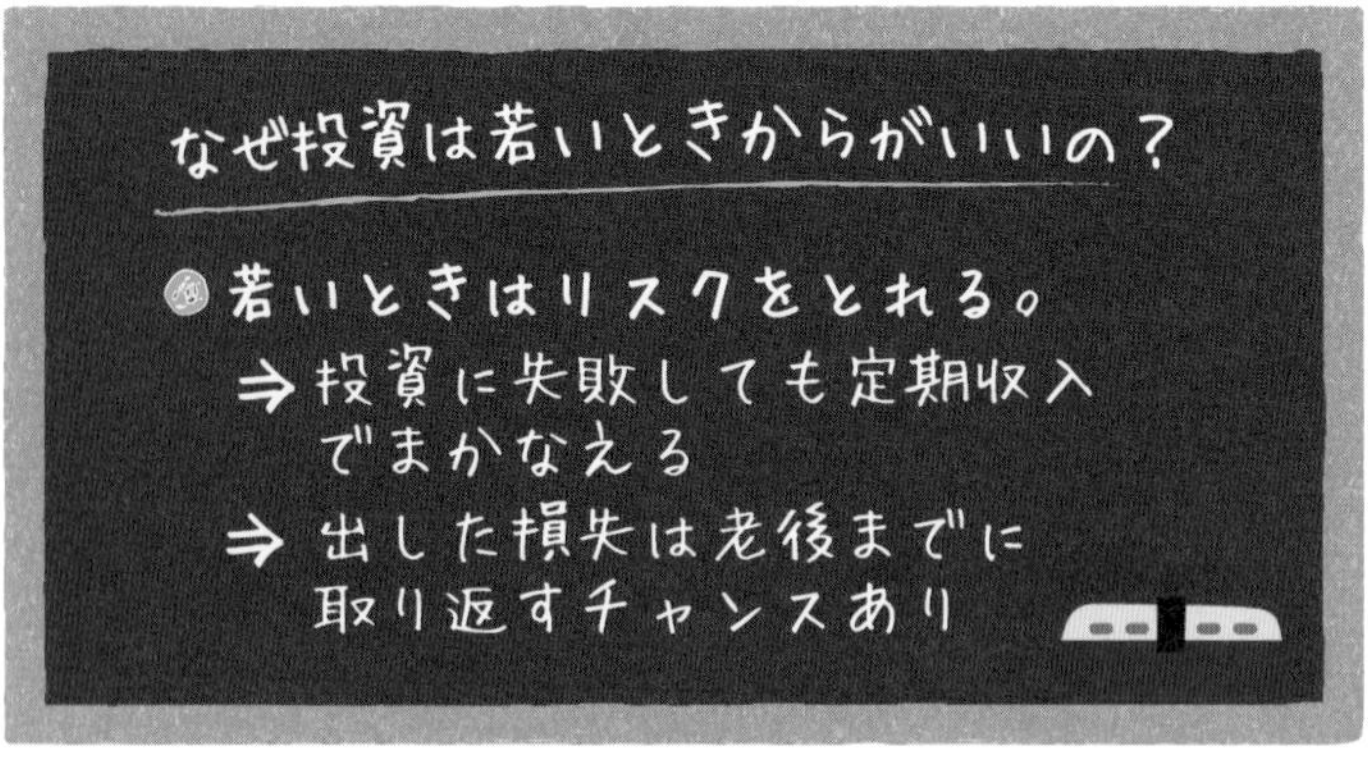
なぜ投資は若いときからがいいの？
若いときはリスクをとれる。
⇒投資に失敗しても定期収入でまかなえる
⇒出した損失は老後までに取り返すチャンスあり

Episode 1

投資は少額からまずはやってみることが大切！

投資はいきなり始めるのではなく、少し勉強して知識を得てから始めることが大切です。

初心者から投資歴何十年の人やファンド等のプロの投資家も同じ市場で取引するのが投資の世界ですから、最低限の基礎知識を身につけておかないとたちまち資金を吸い取られてしまいます。

だからと言って勉強ばかりしていてもいけません。実際に投資を行って、その経験から学べるスキルや教訓がたくさんあるからです。

・投資前にしっかりと勉強しなければならない
・実際に投資するからこそ学べることが多くある

これら２つは一見すると矛盾しているようですが、両方とも大切なことです。

両方を同時に実現する方法として

・少額から投資してみる

という方法があります。

あなたが少額と思える金額から投資を始めて、利益や損失を出して資産の額が上下する感覚に慣れ、徐々に投資する金額を増やしていくという流れが理想的です。

日本の株式市場の個別銘柄では、最低購入単位が 100 株から、1000 株からといったように、何十万円以上の投資額でないと買えない銘柄があります。

一方、1 株から購入できる米国株や、100 円から購入できる投資信託のように、少額からでも簡単に取り組むことができるものもあります。

最低購入金額が決まっている少額から購入できない金融商品は、実際に取引しているつもりでデモンストレーションの機能を利用して、実際にいくら投資したものがいくらになったのかを感覚として掴むという練習をしてみましょう。

数字上の含みとはいえ、お金が増えたり減ったりするのは想像以上に神経をすり減らすものです。これまで預貯金しかしてこなかった人がいきなり大きな金額を投資すると、失敗する可能性が非常に高くなります。

学習してしっかりした投資知識を得ていくのはもちろんのこと、少額からの投資やデモ取引で現場に慣れながら、そして楽しみながら投資を始めていきましょう。

04 株、FX、投資信託……投資商品を知っておこう！

1 株式投資は最もポピュラーな投資です

株式投資は、私たちの仕事や生活と最も馴染みのある投資方法です。株式投資のしくみは、株式会社の**株を売買したり、配当を得ることで利益を得る方法**です。

株式を買うことでその会社の株主になることができます。株式会社からみると、株を売り出すことによって**株主から資金を得て、その資金を使って会社を興し**たり、さらなる成長を目指して**事業を運営し業績を拡大**していきます。

株を買って株主になると、**出資した分だけの会社の所有者**になり、**株主総会での議決権**を得たり、**株主優待**を受けることができます。

株を買うと、株主になり、株主総会に出たり、配当をもらえます。
また、株価が上がれば、売却して利益が出ます。

　ただし、出資した会社が倒産すると、株券の価値は0になってしまいます。

　株式市場で購入できない非公開（非上場）の会社もありますが、東証一部など、**株式市場に上場している会社の株は誰もが証券会社を通じて売買できる**ようになっています。

株を買うには証券会社に口座を開設

　株の売買が行われる**東京証券取引所**などの株式市場と投資家の**仲介をするのが証券会社**です。証券会社に株式売買の**口座を開設**してはじめて上場している会社の株や海外株、ETF、投資信託などを買うことができます。
　株を買いたい人は株価チャートや企業の業績、決算情報などを見て、上昇すると予想される株を買い、高くなったら売って利益を得ます。また、株式を保有し続けると**配当金を得る**ことができます（58、170ページ参照）。

● 株主は証券会社を通じて出資し、配当や優待を受ける

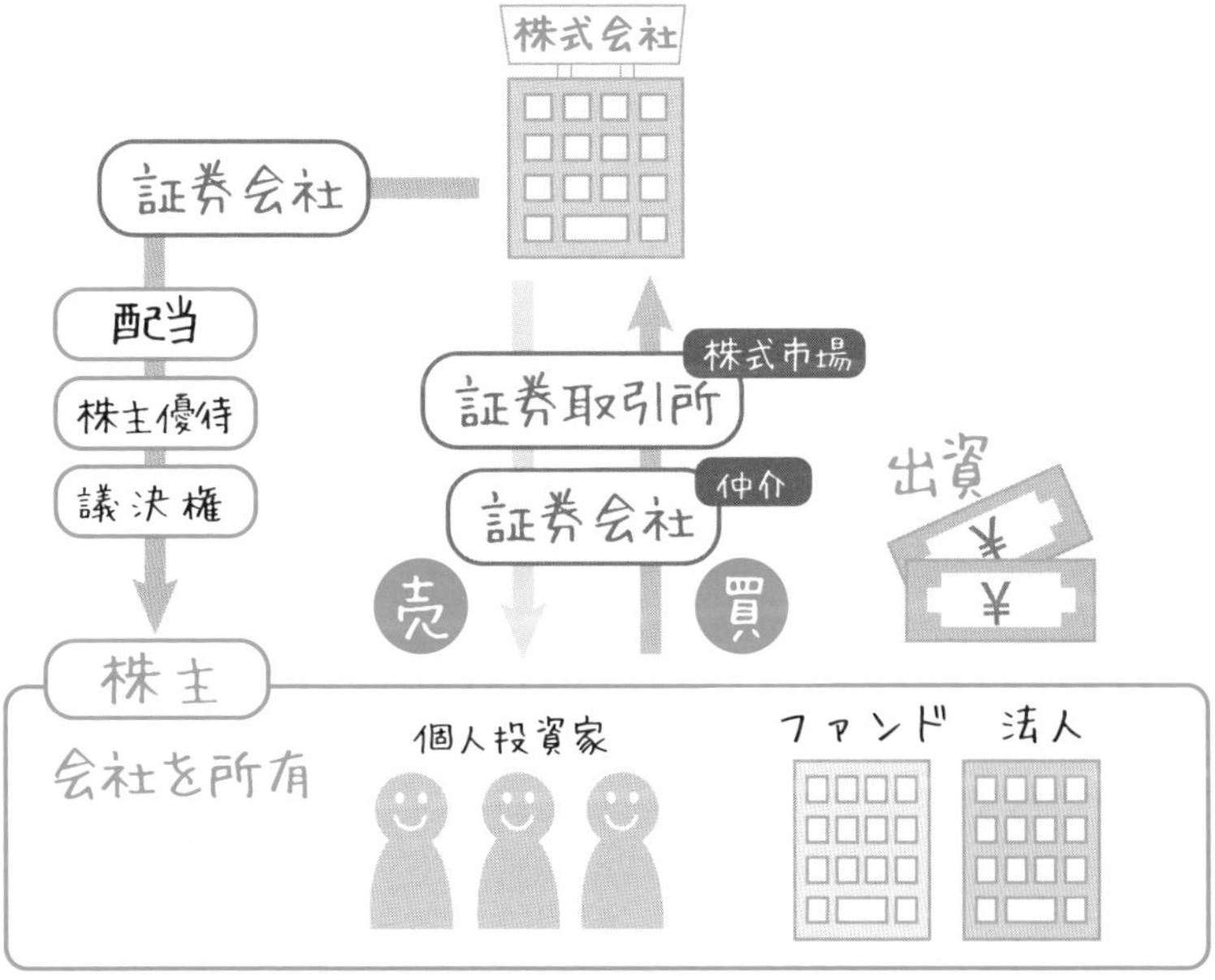

2 FXは通貨を売買し利益を出します

海外旅行に行ったとき、日本円をその国の通貨に交換して現地の交通、ショップ、レストランなどで使いますね。今はクレジットやキャッシュレス決済も増え、現地通貨を使う機会もだいぶ減りましたが。

為替レートは時々刻々と24時間変動しています。1米ドルを110円で交換できることもあれば、105円で交換できることもあります。

この**為替レートの差を利用して、通貨を売買して利益を狙うのがFX**（Foreign eXchange：外国為替証拠金取引）というトレード方法です。

FXは**証拠金取引**といって、証拠金をFX会社に預託することにより、その証拠金を元本として取引を行います。

レバレッジで元金の25倍の取引ができます

そして、FXでの最大の特徴が**レバレッジ**というしくみ

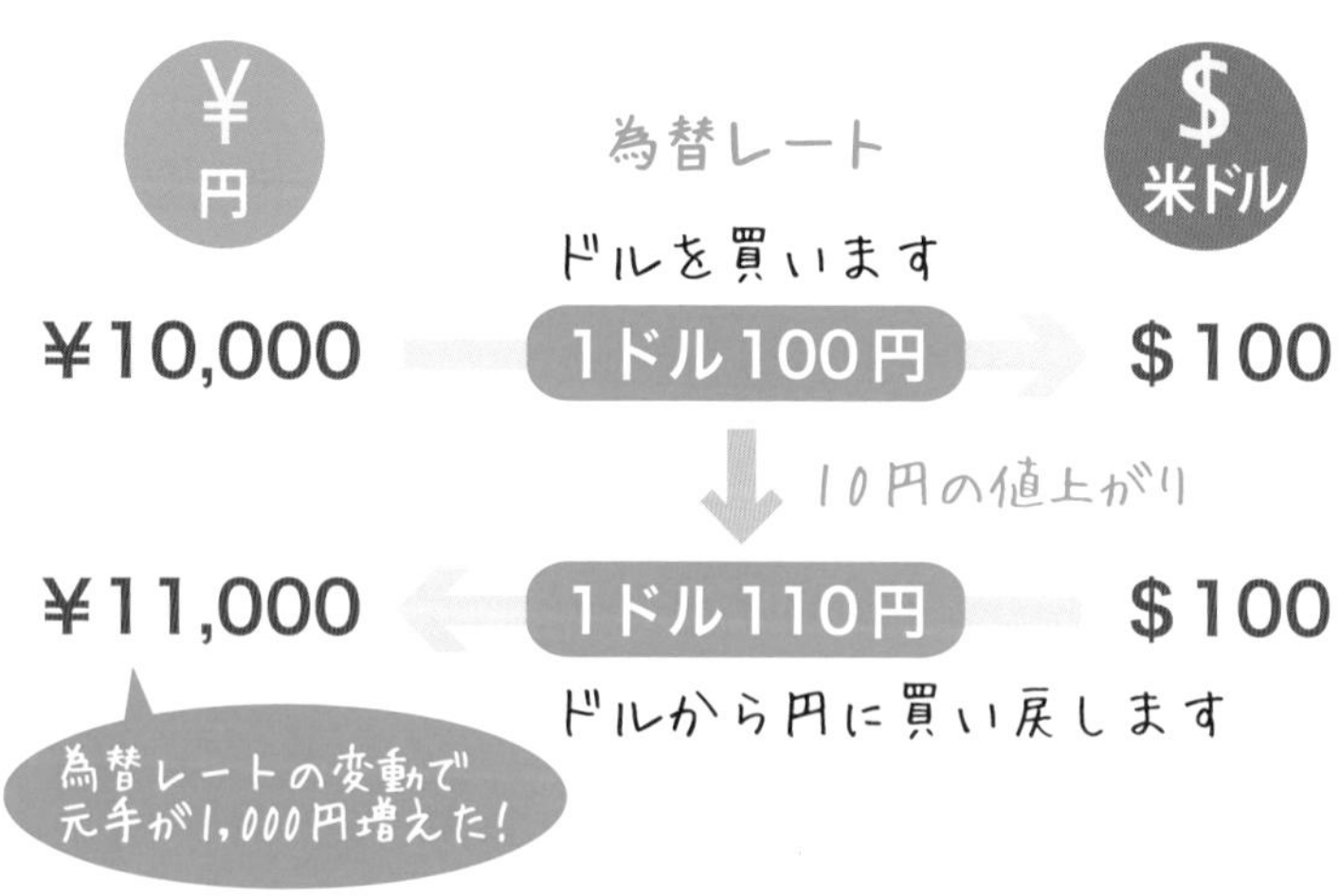

です。レバレッジとは「てこ」の意味で、FXでは、てこの原理を利用して証券会社に預けた**証拠金で、その25倍までの通貨を購入**することができます。

たとえば、10万円の証拠金を預けると、最大250万円分の米ドルやユーロ等のさまざまな通貨を売買することができるようになります。

レバレッジを利用することにより、**小さな資金で大きな取引**をすることができるのです。

最大の25倍で取引すると、購入した通貨が少し下落しただけでも**ロスカット**といって、マイナスのまま決済されてしまい、大きな損失を被ることがあるので、注意が必要です。

たとえば、10万円の証拠金で最大の25倍のレバレッジで250万円分の通貨を購入して2%通貨が下落すると、－5万円となり証拠金維持率50%となりロスカットとなります

● レバレッジ25倍と10倍で通貨が2%下落すると

（ロスカットラインは会社ごとに異なります）。

ＦＸでは**証拠金とレバレッジを上手に管理することが必須の条件**となります。

円以外の通貨の購入や売りからの取引もできます

また、ＦＸでは日本円で証拠金を預託し、**ドルやユーロなどの外国通貨を手元に持っていないのに「売る」ことができます**。そして、通貨価値が上がったときに**買い戻して利益を出す**ことができます。一般的な取引ではこうはいきませんね。

証拠金取引でなぜ最初に「売る」ことからできるかというと、**差金決済**といって、**決済のときにだけ売買の損益の差額を受け渡す**からです。利益が出たときは、証拠金に加算されますが、損失が出たときは、預けた証拠金から差し引かれます。

3 複数の銘柄をまとめて買える投資信託

投資信託（ファンド）は、投資家から小口の資金を募り、まとまった資金で株、債券、不動産、貴金属などに投資し、投資の利益を投資家に分配をするしくみです。ファンドには**ファンドマネージャー**と呼ばれる運用方針を決める専門家がいて、複数の投資家たちから集めた資金を国内の株式や債券、海外株式や債券などに投資して資産運用を行います。

投資信託の大きな特徴は、**「運用をプロに任せられる」**というところです。

● 投資信託のしくみ

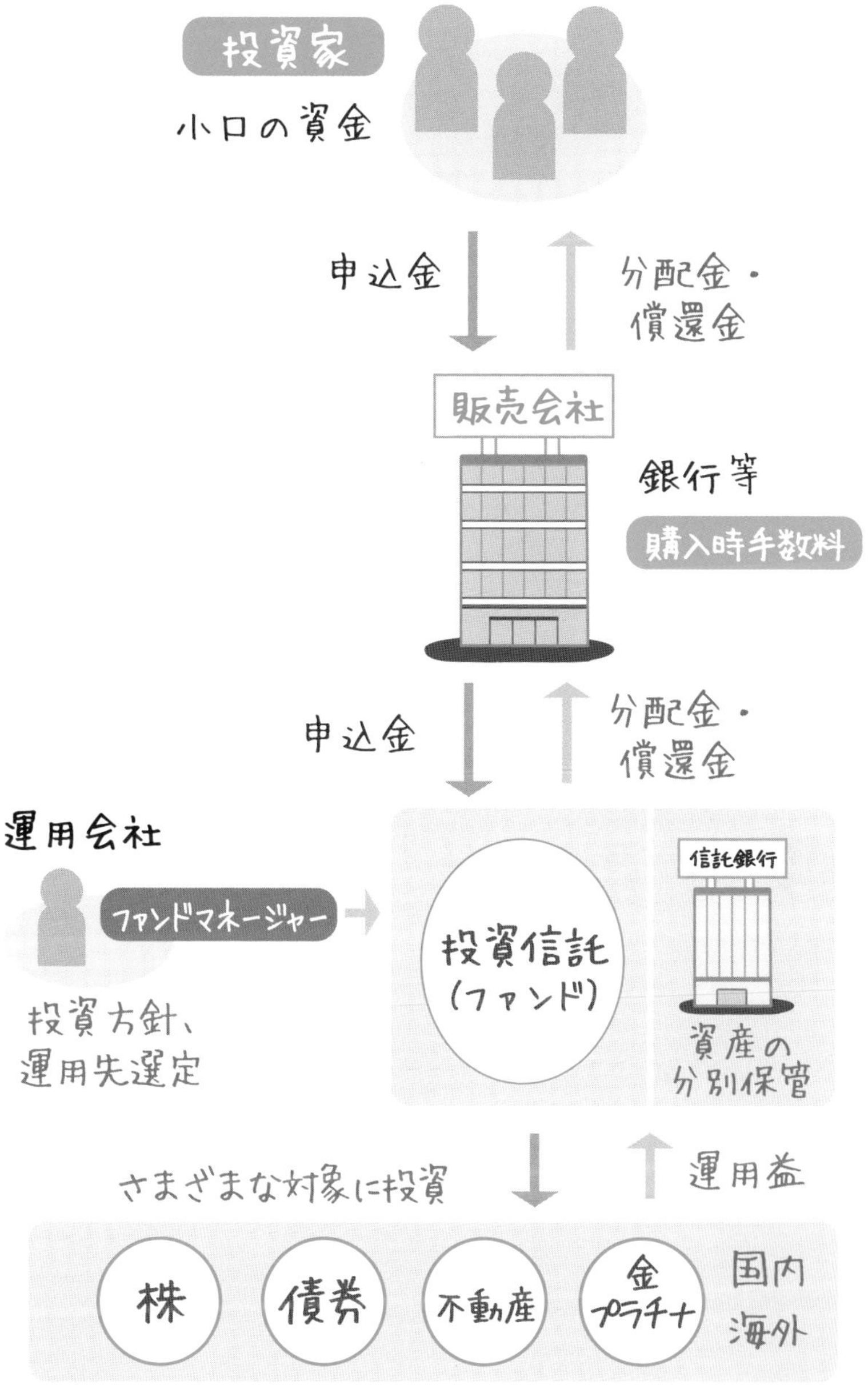
投資家
小口の資金
申込金
分配金・
償還金
販売会社
銀行等
購入時手数料
申込金
分配金・
償還金
運用会社
ファンドマネージャー
投資方針、
運用先選定
投資信託
(ファンド)
信託銀行
資産の
分別保管
さまざまな対象に投資
運用益
株
債券
不動産
金
プラチナ
国内
海外

また、投資家はファンドに投資をすることで、複数の投資商品に投資することができ、自ずと**分散投資**がはかれます。

多くの投資信託が数千円単位からの投資ができるようになっており、**少ない金額から始められる**のも魅力です。

アクティブファンドとインデックスファンド

投資信託には、市場の平均値を上回るべく積極的に運用を行う**アクティブファンド**と、日経平均や米国のS&P500などの指数に連動する**インデックスファンド**があります。

インデックスファンドは、日経平均などの市場の**指数に連動**して価格が決まるので、ファンドマネージャが投資方針を決め、積極的に行うアクティブファンドと比較すると、人件費、その他経費が圧倒的に少なく、**買い付け手数料や信託報酬が安い**のが特徴です。

投資初心者の方で長期投資を考えている方は、インデックスファンドがおすすめです。

ETFは上場した投資信託

● 投資信託の分類

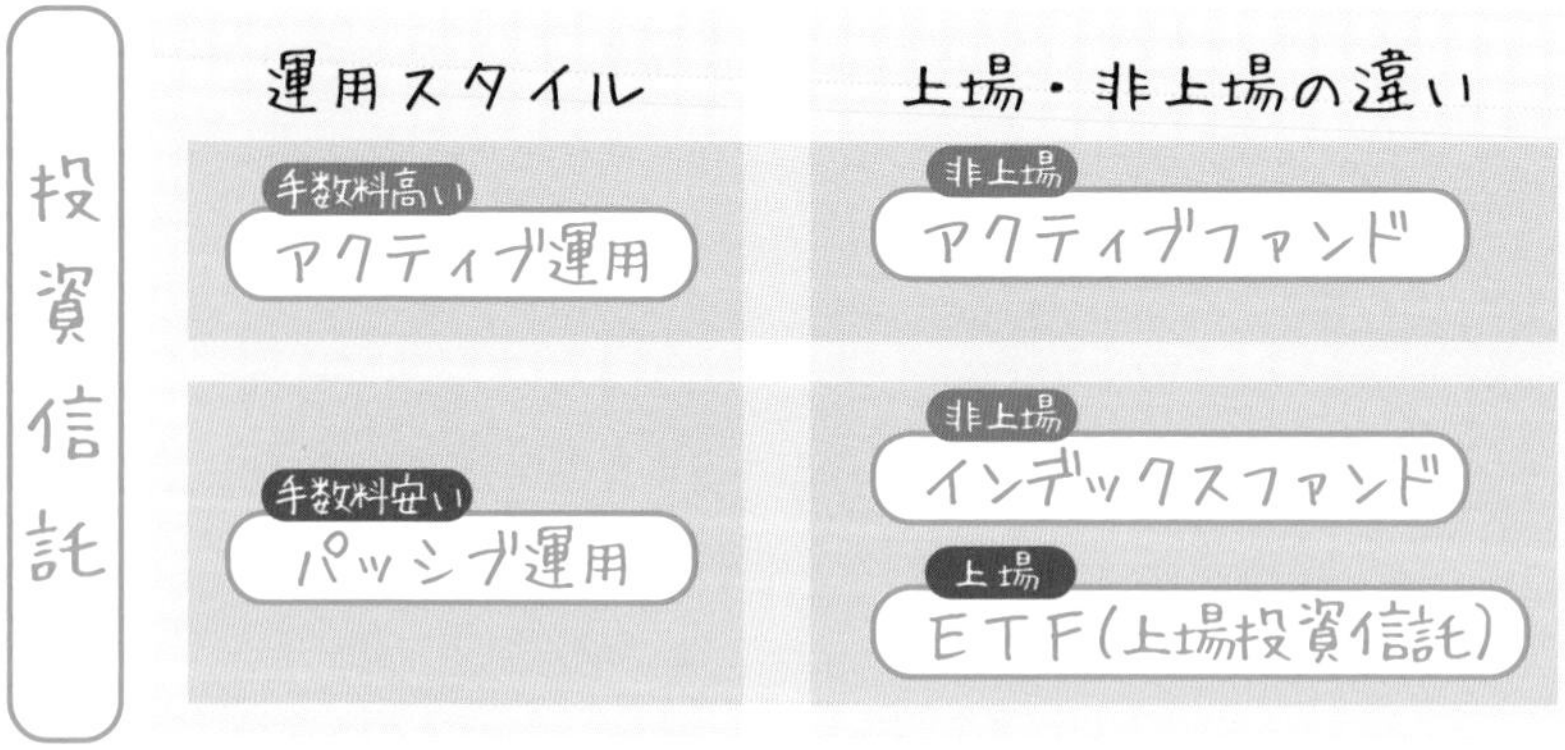

また、東証一部などの株式市場に**上場した投資信託をETF**（Exchange Traded Fund）と言います。**株を証券会社を通じて買うのと同じ**ように、市場の営業時間内ならリアルタイムで何度でも証券会社を通じて売買することができます（投資信託の価格は一日一回の更新でリアルタイムでは売買できません）。

4 預金より金利が良く安全性が高い債券

債券というのは、お金を借りたときに相手に発行する証券のことです。債券には国が発行する国債、企業が発行する債券があります。

債券投資とは、こうした**国や企業にお金を貸し、利息を得る**ことで利益を出す投資方法のことです。

元金は約束した償還日に返還されますが、償還日の前に債券を売却することもできます。償還日まで元金を保有しておけば損失を出すことはありませんが、償還日を待たずに売却したときには売却損が出る可能性があります。

● 債券のしくみ

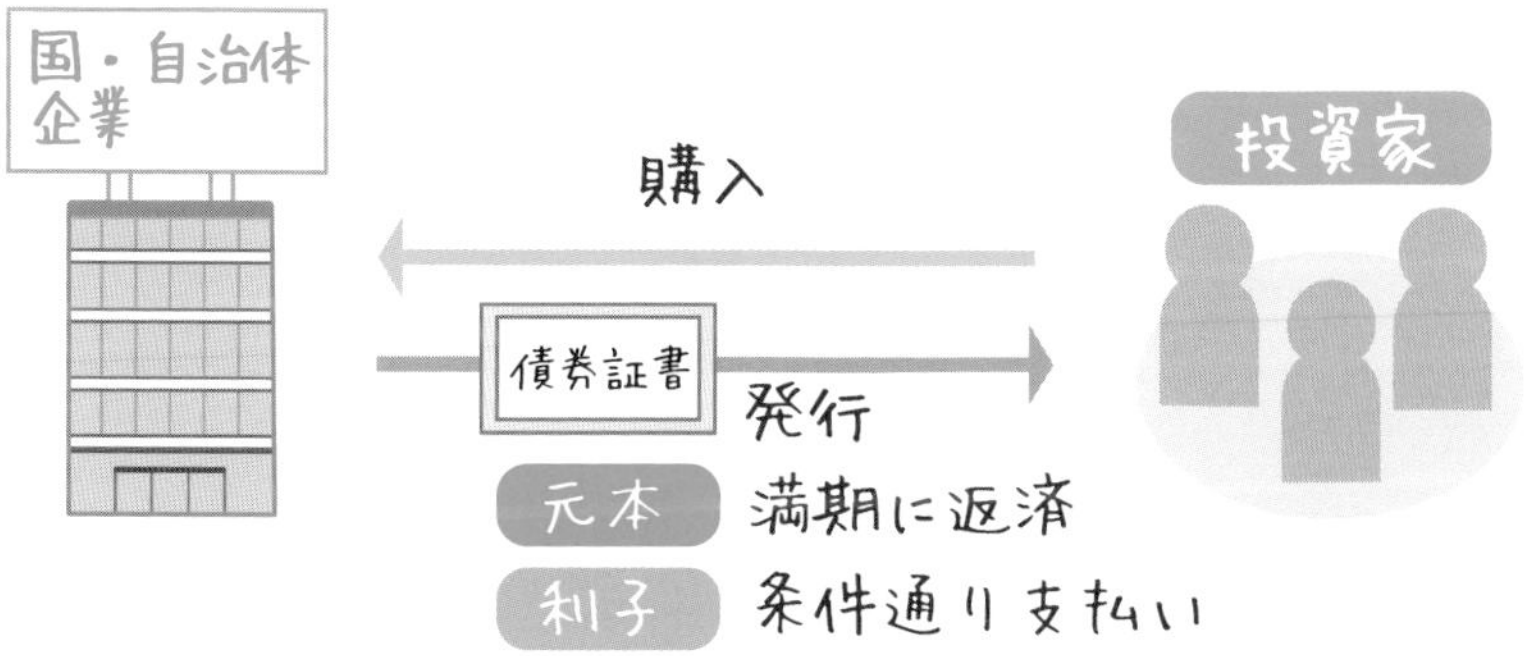

債券は、預金と異なり、売却もできるので価格変動があることと、また、発行体がつぶれると保有する債券の価値がなくなってしまうというリスクもあります。

5 その他の投資商品

不動産とREIT《リート》ファンド

不動産（土地、建物、区分マンションなど）を保有して運用し、**家賃という収入（インカムゲイン）**、また、**不動産を売却して譲渡益（キャピタルゲイン）**を得るのが不動産投資です。

他の投資商品に比べて不動産は価格が高いため、一度の売買で得られる利益が大きいのが特徴です。

また、資金がなくても住宅ローンや不動産投資ローンで借入をすることで、所持金の何倍もの価格の物件を購入して**レバレッジを利かせた投資**を行えます。

不動産を小口に分けて証券化して証券市場に上場しているのが**REIT（不動産投資信託）**です。REITファンドが不動

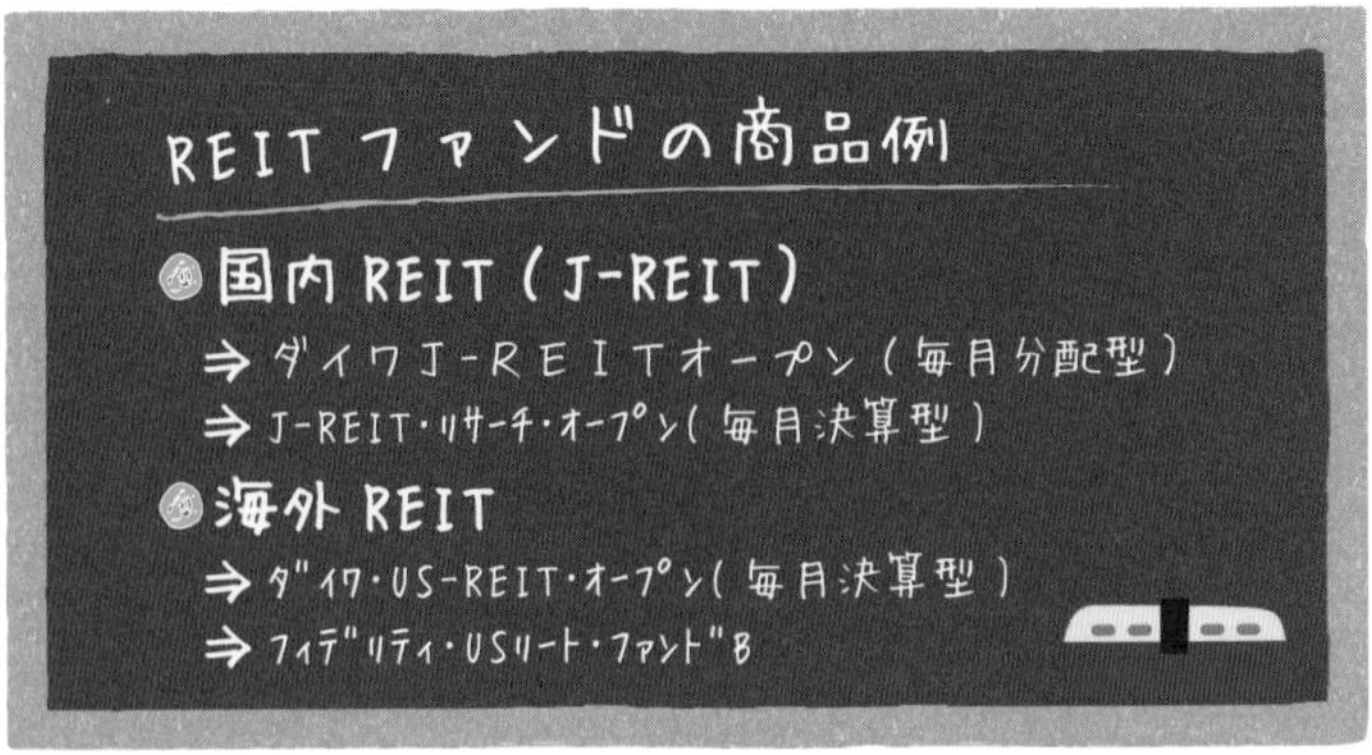

産に投資し、投資家はＲＥＩＴに投資し、投資信託と同じように分配金を得て、値上がりしていれば売却時にキャピタルゲインを得られます。

ＲＥＩＴは上場しているので、株やＥＴＦと同じように株式市場で購入でき、不動産のように大きな金額の投資にならず、小口資金で不動産に投資できる簡便さがあります。

金やプラチナなどのコモディティ

金やプラチナなど**のコモディティ（商品）**も投資商品の一つです。テロや戦争、独裁などで政情、経済が不安定になると、**金やプラチナなど希少性を持つ現物商品**に注目が集まり価値が上がります。また、世界的に金融緩和マネーがあふれているときにも金、銀、プラチナ等の価格が上がる傾向があります。

金などの貴金属は、貴金属店で現物を購入したり、金や銀の価格に連動する**ＥＴＦを証券会社で買う**こともできます。また、南アフリカ等の金鉱脈を発掘する会社の株も金価格と連動する傾向があります。金はＥＴＦで積み立てて、いざというときのヘッジ（回避先）にしておくとよいでしょう。

また、コモディティには、原油などの**天然資源、穀物**などがあり、先物市場で購入できますが、初心者の方にはお勧めできません。

仮想通貨

仮想通貨とはインターネット上に存在するデジタル通貨です。有名な仮想通貨として**ビットコイン**や**イーサリアム**などがあります。仮想通貨のトレードでは、FXと同様に仮想通貨を売買することによって利益を得ていきます。一時期、仮想通貨が急騰し、多くの投資家が莫大な利益を得たこと（億り人）でも話題にもなりました。

仮想通貨はまだ歴史が浅いこともあり、セキュリティ問題（ハッキング等）や法整備、実際の通貨としての役割が追いついていません。

また、他の投資商品に比べると値動きが激しくハイリスク・ハイリターンという特徴もあります。

ハイリスク・ハイリターンの商品では、他の投資に比べて特に**「余裕資金で投資する」**（50ページ）、**「損小利大のトレードの実践」**（70ページ）の考え方を重視しなければなりません。

余裕資金で投資して、損を小さく、少しの利益で確定せずにできる限り大きな利益を狙う、これが大原則と言える投資です。

1時限目

投資の考え方を身につけよう！

株やFXなど、投資をするとき、
そこには共通する投資の基本
原則があります。
リスクの分散、資金管理、
複利運用などを
まず覚えましょう！

01 これだけは知っておきたい投資の考え方の基本

1 投資は、どの種類にどれだけ投資するかが大事

ここからは、投資の考え方を身につけていきましょう。

投資では、どの商品をいつ買うかよりも、株、通貨、不動産、債券などに**どの割合で投資するかが一番大事**と言われています。

この配分のことを「**アセットアロケーション**」と言います。アセットアロケーションの「アセット」とは**資産**、「アロケーション」は**配分**で、「**今持っている資産をどの投資商品に分配するか**」の分配割合のことを言います。投資するタイミングやどの会社の株を買うかよりも、株、債券、金、不動産など、投資できるお金で何を買うかの配分割合を考えてみましょう。

いえ「私は米国株だけ買いたい」という人もいるかと思います。米国株は日本株よりリターンが大きいので人気ですが、その前に、他の商品にも分散できる知識を得ておきましょう。

例えば、次の割合で資産を保有することにします。

国内株式：1
不動産投資：1
FX：1
国内債券：1

そうすると、アセットアロケーションは下の右図のように各25％となります。

ポートフォリオは資産の具体的銘柄リスト

資産の配分がアセットアロケーションで、1つ1つの資産のなかで、どういった商品に配分するかを「**ポートフォリオ**」と言います。ポートフォリオとは、「書類入れ」を意味し、書類ケースの中の書類（銘柄）です。

例えば、国内株式という資産のポートフォリオは下の左図のようになります。トヨタやパナソニックなど4つの日本を代表する会社の株を保有しています。

● 4つの商品のアセットアロケーション

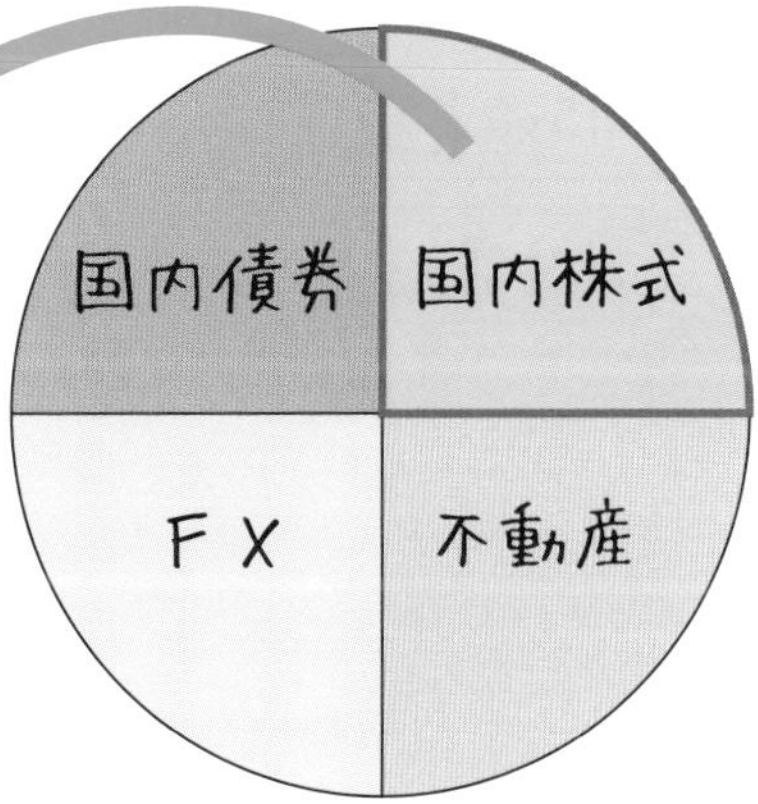

● 国内株式のポートフォリオ

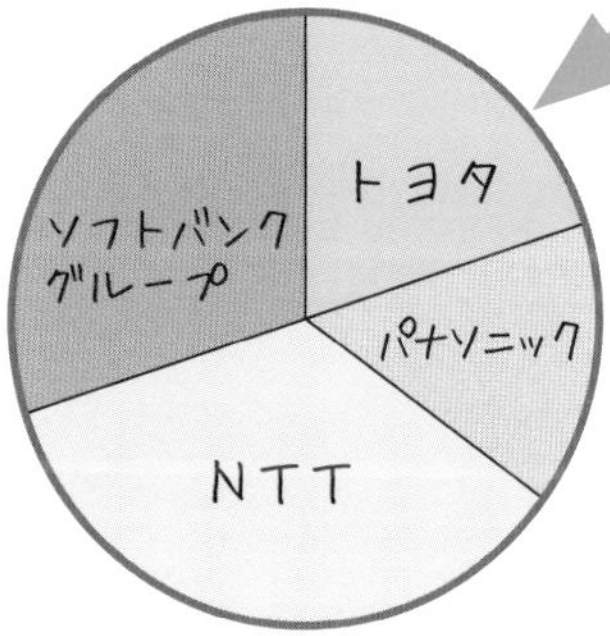

2 卵は一つのカゴに盛るな ― リスクは分散しておこう

始めたばかりで、たくさんの種類の投資をするのは大変だから、まずは株式だけを始めたほうがいいのでは？　そんなふうに考える人がいるかもしれません。

ですが、それはあまりお勧めできません。なぜなら、**リスク分散ができない**からです。

例えば、**投資資金の全額100万円を1つの会社の株に投資**したらどうなるでしょう？

その会社の株が暴落すれば手元の100万円は大きく減ってしまいます。

「だったら、複数の会社の株式を買えばいいんじゃない？」と思い、

100万円で3社の国内株式を買いました。

これで、1社の株が暴落しても、他の2社が暴落しなければ大きな損失にはなりません。しかし、**日本の景気が全体的に悪化**してしまったら、景気の影響を受けて、3社とも株価を大きく下げてしまいます。

このように、**同じ種類の投資商品の中で複数の投資先を持っていても、リスク分散にはなりません。**

ここで国内株式の他に外国株式や債券、金なども持っていたとしたら、これらは国内株ほどには影響を受けないので、資産を守ることができるでしょう。

最初からでも複数の投資商品を検討しましょう。いくつかに分けておけば一部分の商品で損しても他の商品がカバーしてくれます。

アセットアロケーションはリスク分散のため

アセットアロケーションやポートフォリオをつくるということは、**リスクを分散して資産を守る**ということでもあるのです。投資の世界には**「卵は一つのカゴに盛るな」**という有名な格言があります。

アセットアロケーションやポートフォリオをつくるときには、「卵は一つのかごに盛るな」ということを意識し、国内株、海外株、国内債券、海外債券、金、リート等、**質の異なる資産**、つまり一方が下がったら一方が上がるような性質の資産に分散して投資するようにしましょう。

投資初心者の方が、これらの商品に分散投資するのは、勉強の時間、経験が必要なので、至難の業です。

そこで選択肢となるのが、いくつかの商品が組み込まれた**投資信託やETF**です。

バランス型といわれる株や債券、不動産など利益の方向が異なる商品が組み込まれた投資信託もあるので、1つの商品で分散投資ができます（218ページ参照）。

● **複数のカゴに分けておけばリスクの分散になる**

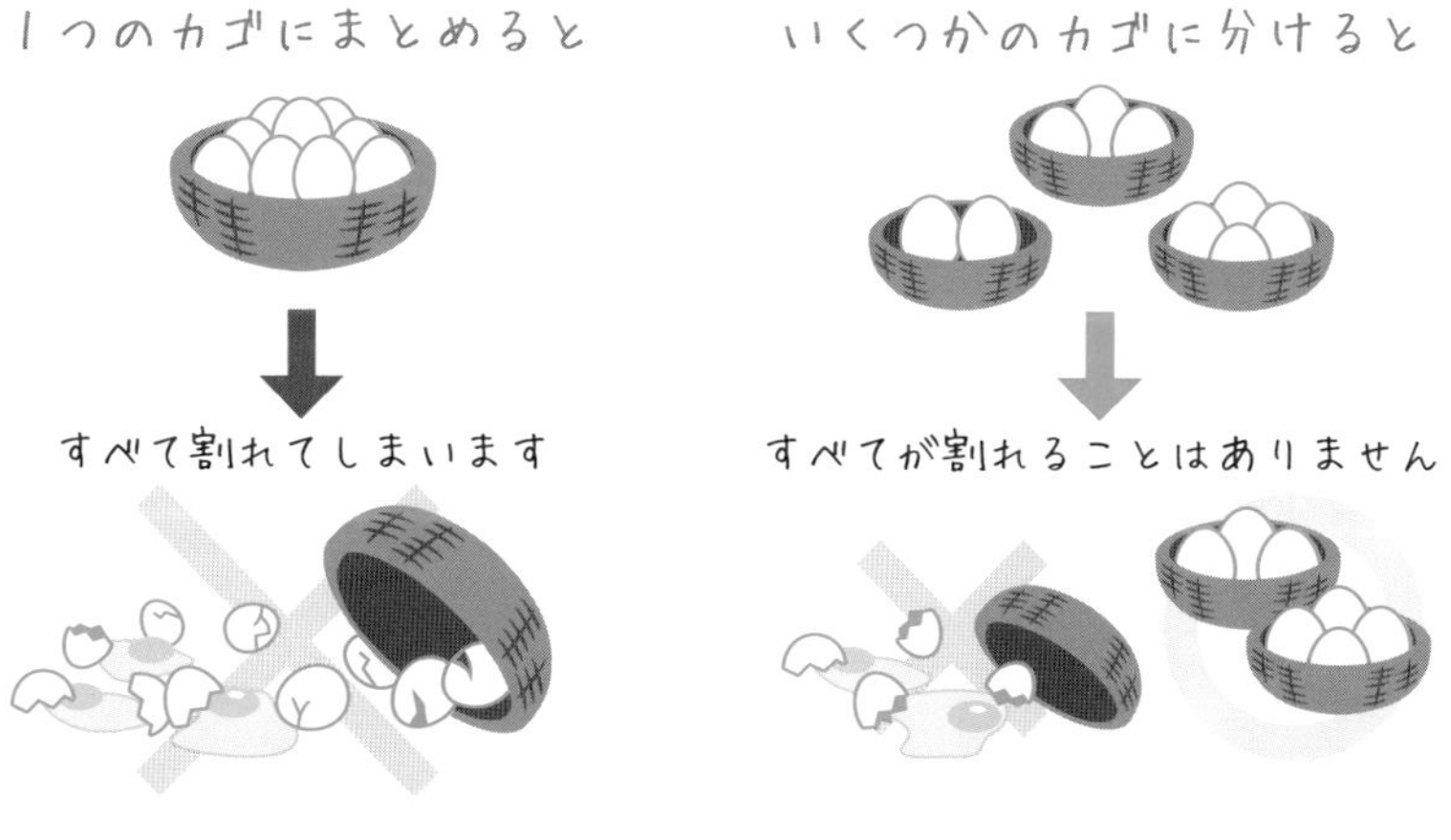
1つのカゴにまとめると
すべて割れてしまいます
いくつかのカゴに分けると
すべてが割れることはありません

02 いくら投資に振り向ける？あくまで余裕資金で

1 最初に必要な資金はいくら？

今、資金が少なくても決して投資を諦めてはいけません。投資商品の中には、**数千円や数百円から始められる**ものもあるからです。ただし、投資に振り向ける金額が少なければ、得られる利益（リターン）も少なくなります。投資を始めるときには、ある程度まとまった額の資金があったほうがいいですね。

では、**最初にいくらくらい用意できればいいのでしょうか**。これは、将来的にいくらくらいの資金をつくりたいのか、いつまでにそれを達成したいのかにもよります。また、投資商品によっても最低限用意する金額が異なります。

投資の資金はいくら用意したらいいでしょうか？
投資信託で積立の場合は数千〜数万円で大丈夫！
株式投資なら100万円程度は用意したいですね。

投資信託で**長期の積立投資を考えているのなら、毎月、数千円～数万円の資金**があればいいでしょう。

ただ、**株式投資の場合は、できれば50万～100万円**は用意しておきたいところです。

米国株は1株から購入できますが、**日本の株は単位株**といって最低100株となっている銘柄が多くあります。例えば、トヨタ自動車株は、7000円だとすると100株が購入単位なので、70万円が最低必要になります。

株式投資の場合、**低い金額で始められる銘柄が少ない**ので、資金が少なければその分、銘柄の選択肢が少なくなってしまうからです。

また、購入する銘柄も1つだけだとリスクが大きいので、数銘柄は絞り込んで分散しておきたいです。

FXの場合は、米ドルを1米ドル110円で1ロット（1000単位）買うと、11万円です。

手元資金（拠出金）が1万円だと11倍のレバレッジです。できれば2万円以上の拠出金でレバレッジを下げれば、安心して取引ができるでしょう（238ページ参照）。

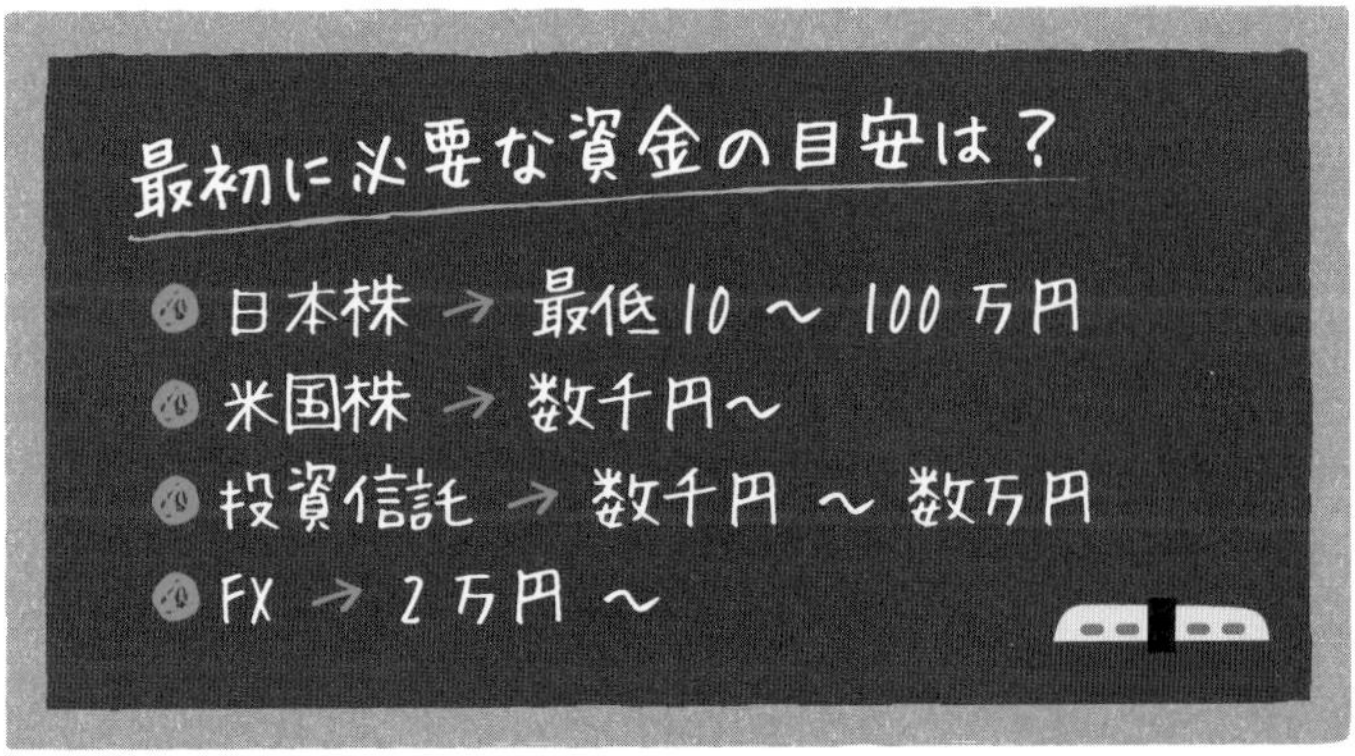
最初に必要な資金の目安は？
日本株 → 最低10～100万円
米国株 → 数千円～
投資信託 → 数千円～数万円
FX → 2万円～

2 Xデーを迎えると資産が増え始めます

投資は失敗を繰り返し、その失敗を糧にしながら徐々に上達しスキルアップしていきます。初心者のうちは知識と経験不足ゆえに、失敗もたくさん経験します。

投資で成功した多くの投資家は、資産拡大に向けて下図のような曲線を描いて資産を形成していきます。

このように、初期の頃は資産の増減を繰り返し一向に資産が増えていきません。

ですが、あるとき突然、一定以上のスキルになる**Xデーを迎え、投資の知識や経験、スキルが花を咲かせ資産が増えていくという曲線**をたどっていきます。

Xデーは、早く迎える投資家、なかなか来ない投資家と、投資スタイルや知識、投資キャリアなどで人それぞれです。

3 投資は余裕資金でやるのが鉄則！

● 投資を開始し、あるときから資産は増えていく

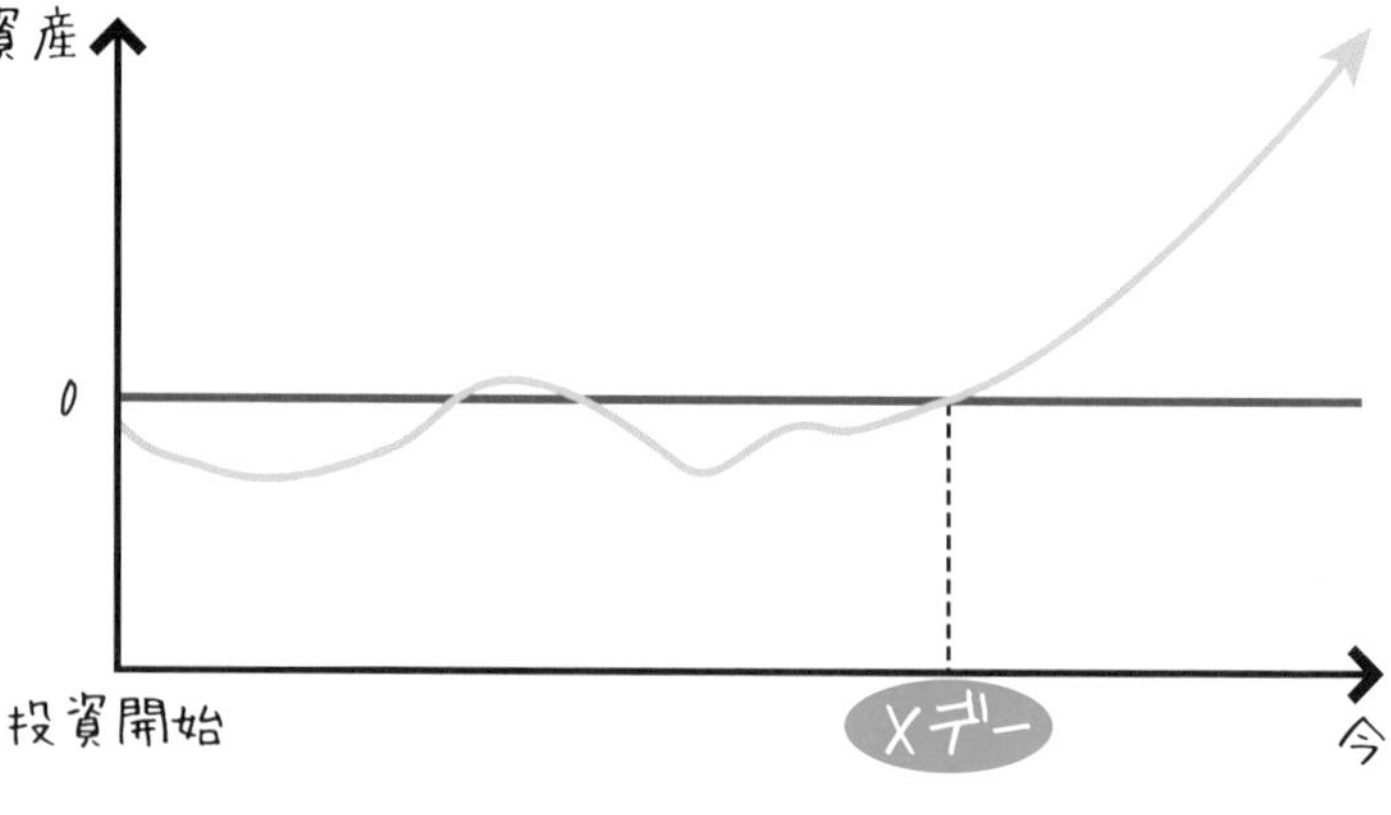

最初から資金そのものが少ない場合、このXデーを迎えるまでに資金が尽きてしまう恐れもあります。

このようにお伝えすると、

「子どもの教育用貯金があり、それを投資に回したい」

「借金をして資金を用意しようかな」

と資金の工面を借り入れしてとか、生活費から出そうとする方がいました。

しかし、必要な生活資金に絶対に手を付けてはなりません。

投資の鉄則は、

余裕資金で行う

ということです。余裕資金で行う理由は他にもあります。

さらに最低でも**半年〜1年くらいは生活できるくらいの蓄え（生活防衛資金）**を別に持っておくと、安心して投資に集中することができます。

資金に困窮し感情が安定しない状態での投資は失敗につながります。特にチャート分析を使った短期売買では感情の不安定は致命的です。

投資の鉄則は
「余裕資金で行う」
ということです。
借入をしてとか、生活資金からは論外です！
決してやらないようにしてください！

03 資産のリバランス 価格が変わったら見直そう

1 想定した資産配分の比率が崩れたら

投資に必要な資金を用意し、目的に応じたアセットアロケーションを決めて、ポートフォリオで具体的な商品をリストアップしたら、実際に証券会社に口座をつくって株や投資信託、ＦＸならドル等の通貨を購入（注文）することになります。

アセットアロケーションは、保有している投資商品を現時点の現金資産に計算し直したときにどのようなバランスになっているかを見ていくものです。

投資を続けていくと、投資した商品価格の変動により**最初に決めておいたアセットアロケーションのバランスが崩れます。**

それぞれの資産の価格が上下して、アセットアロケーションのバランスが変わってしまった！アンバランスは修正しましょう！

例えば、最初は次のような配分で保有していました。

国内株式：1
国内債券：1
海外株式：1
海外債権：1

最初は25％ずつ４つの資産でしたが、日本の景気が悪化して国内株式の株価が下落しました。

一方、海外株式は運用がうまくいき、気がついたら海外株式の割合が増えていました。

価格が上がった資産の配分比率が増え、下がった資産は比率が下がります。この場合は海外株の比率が増えます。

海外株式は国内株式や国内債券に比べると、高リターンですが、その分リスクも高くなります。

そこで、元の配分に戻すためのリバランスという修正を定期的に行う必要が出てきます。

● 価格が変わって、最初の資産配分の比率が崩れた

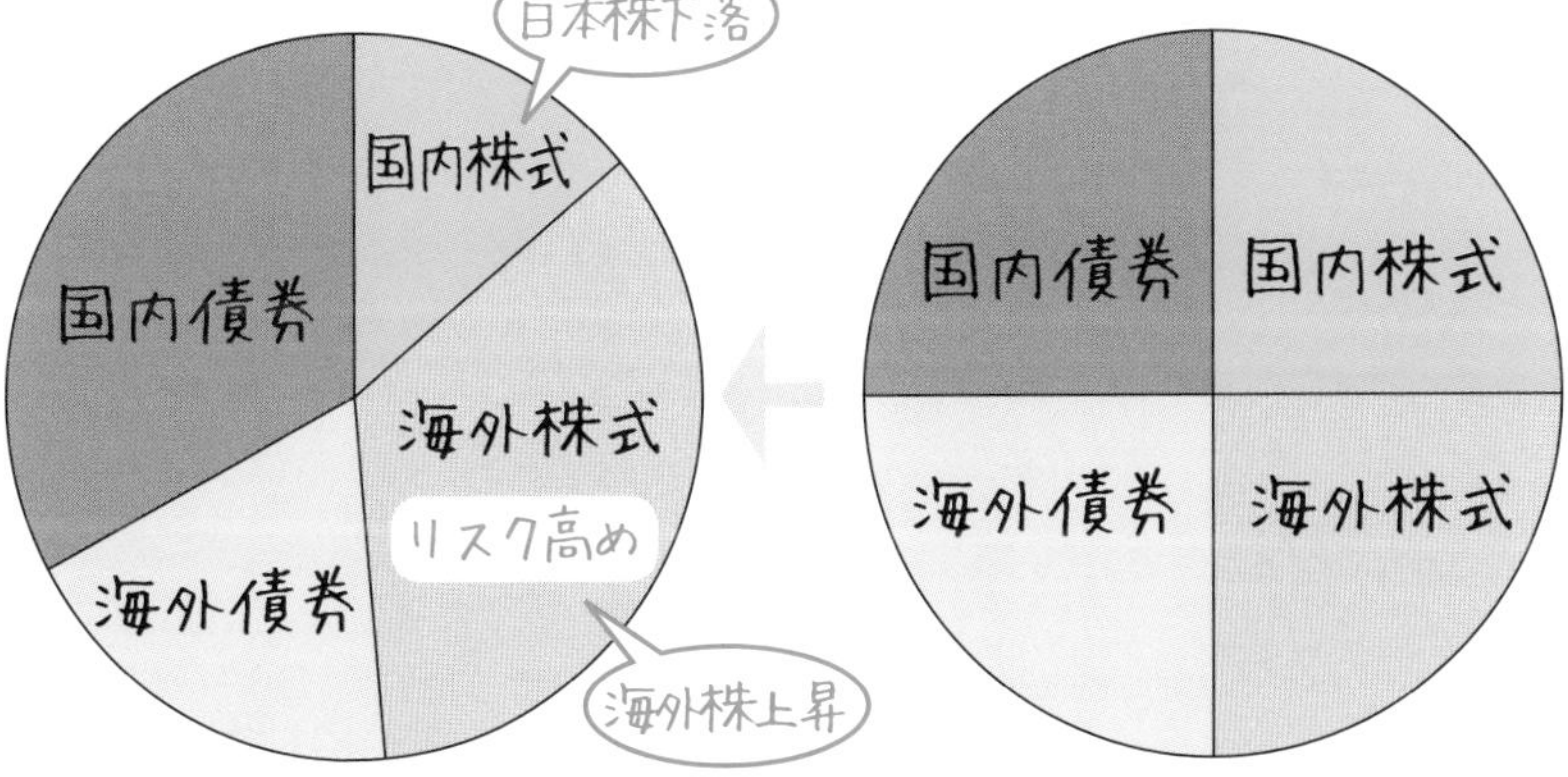

2 リバランスで初期のバランスに戻そう

ここで海外株式を少し売却して価格が下がった国内株式や国内債券を買い増しすることにより、**バランスを元に戻す**ことができます。

これを**リバランス**と言い、**海外株式を売却して利益確定する**ことで、投資の王道である「**安いうちに買い、高いときに売る**」を実践するのです。

また、国内株式や国内債券は相場が下がっているので、価格の下がった今買っておけば値上がりをしたときに利益が出やすくなります。

価格が低下した商品を買い増すリバランスは半年に一度や一年に一度など、あらかじめ**期間を決めて行う**と良いでしょう。

● **バランスの崩れたポートフォリオはリバランスする**

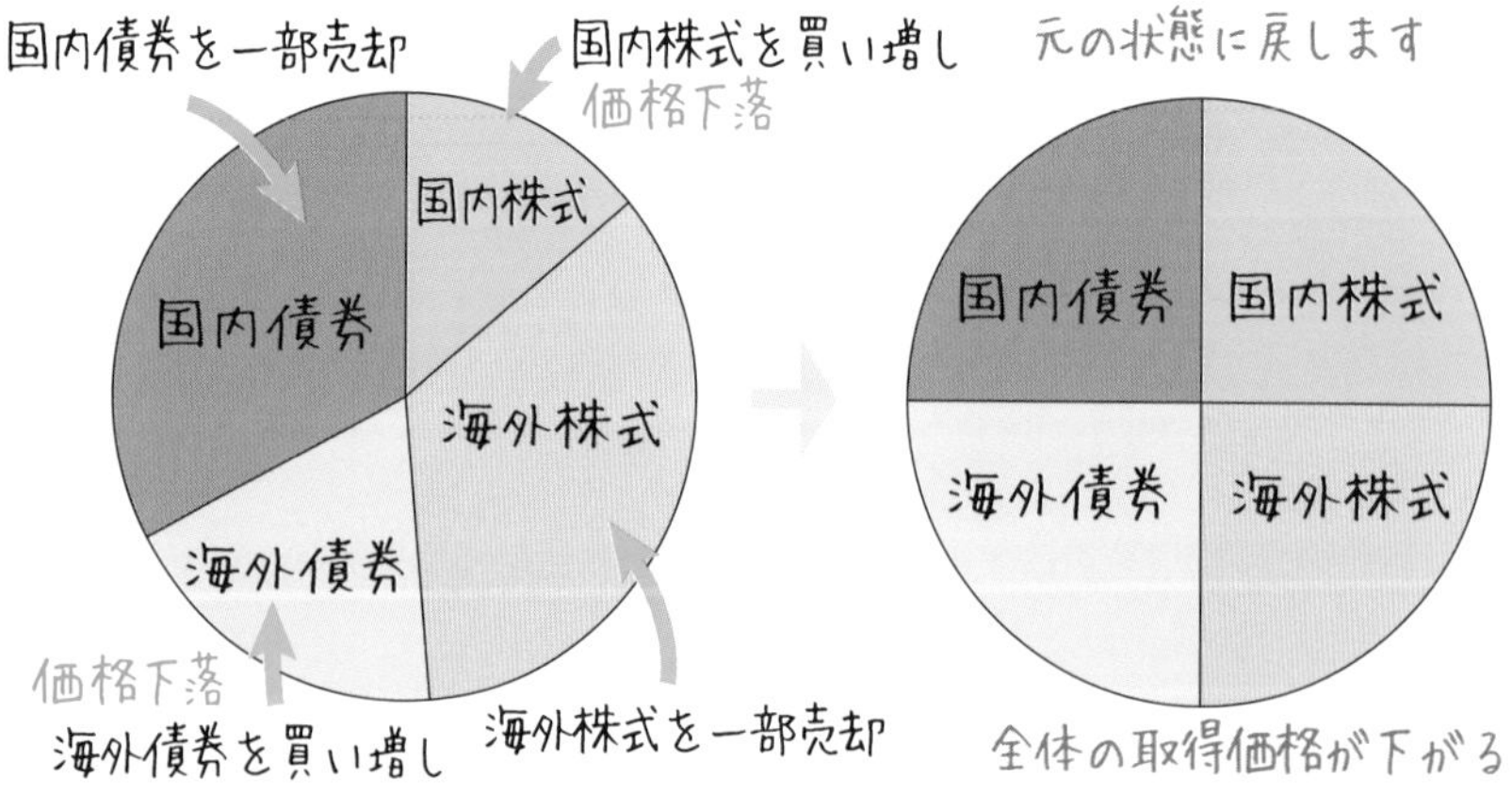

Episode 2

リバランスはやりすぎに注意

バランスの崩れたポートフォリオのバランスを当初の予定に戻すリバランスをしないと、いつのまにか大きなリスクをとる、または予定よりもずっと利回りの低いポートフォリオになっていることもあるので、定期的にリバランスを行うことをお勧めします。

とはいえ、**やりすぎにも注意が必要**なのです。

コストがかかる

バランスをとることを目的にするのであれば、こまめに見直しをしたほうが良い気もしますが、売却や買い増しには手数料がかかることを忘れてはいけません。

そのため、何度も繰り返していると手数料ばかりかかってしまい、いつのまにか少しずつ資産が減ってしまいます。

結局効果がないことも

資産価値は上がるものがあれば下がるものもあります。

とはいえ、こうした動きは繰り返すことも多いので、あまりこまめに見直しをすると結局動かす前と一緒だったということにもなりかねません。

例えば、債券と株式は一般的に逆の動きをすると言われていますが、株式の価格が上昇していて債券の価格が下落していた場合、

- **株式の売却**
- **債券の購入**

でリバランスをしますが、その後に株式の価格が下落して債券の価格が上昇するとどうでしょうか？

今度は

- **株式の購入**
- **債券の売却**

の必要が出てきます。

景気は変動するものであるため、あまりに短い期間でコロコロと資産を動かすのではなく、半年～１年に１度と期間を決めて定期的に行っていくことが大切なのです。

04 キャピタルゲインとインカムゲイン

投資で得られる収益には、大きく分けて「**インカムゲイン**」と「**キャピタルゲイン**」と呼ばれる2つの「ゲイン」があります。投資の世界ではよく使われる用語です。

1 配当や分配金がインカムゲイン

インカムゲインとは、**投資商品を保有することで得られる利益**のことです。「インカム（income）」は日本語では「収入」です。インカムゲイン自体は和製英語で、英米では「investment income」が一般的です。

株式投資の場合は、株を保有していると**株主優待**を受けられますし、利益が出れば**配当金**が受け取れたりもします。これがインカムゲインです。

投資の利益には、
インカムゲインと
キャピタルゲイン
があります。

債券を保有していると**利息**を得ることができますし、投資信託ならば**分配金**という形でインカムゲインを得ることができます。

不動産投資なら家賃収入がインカムゲインです。

2 売買の差益がキャピタルゲイン

一方、キャピタルゲインとは**投資商品を売却することで得られる利益**のことです。

株や投資信託、外貨、不動産などの資産を買ったときよりも高い値段で売れば**売却益**が出ます。これがキャピタルゲインです。

3 トータルリターンで計算する

このように投資では2種類の利益があり、「その投資で利益を得られたかどうか」は、その両方を合計した**「トータルリターン」で判断**をしなければなりません。

● キャピタルゲインとインカムゲイン

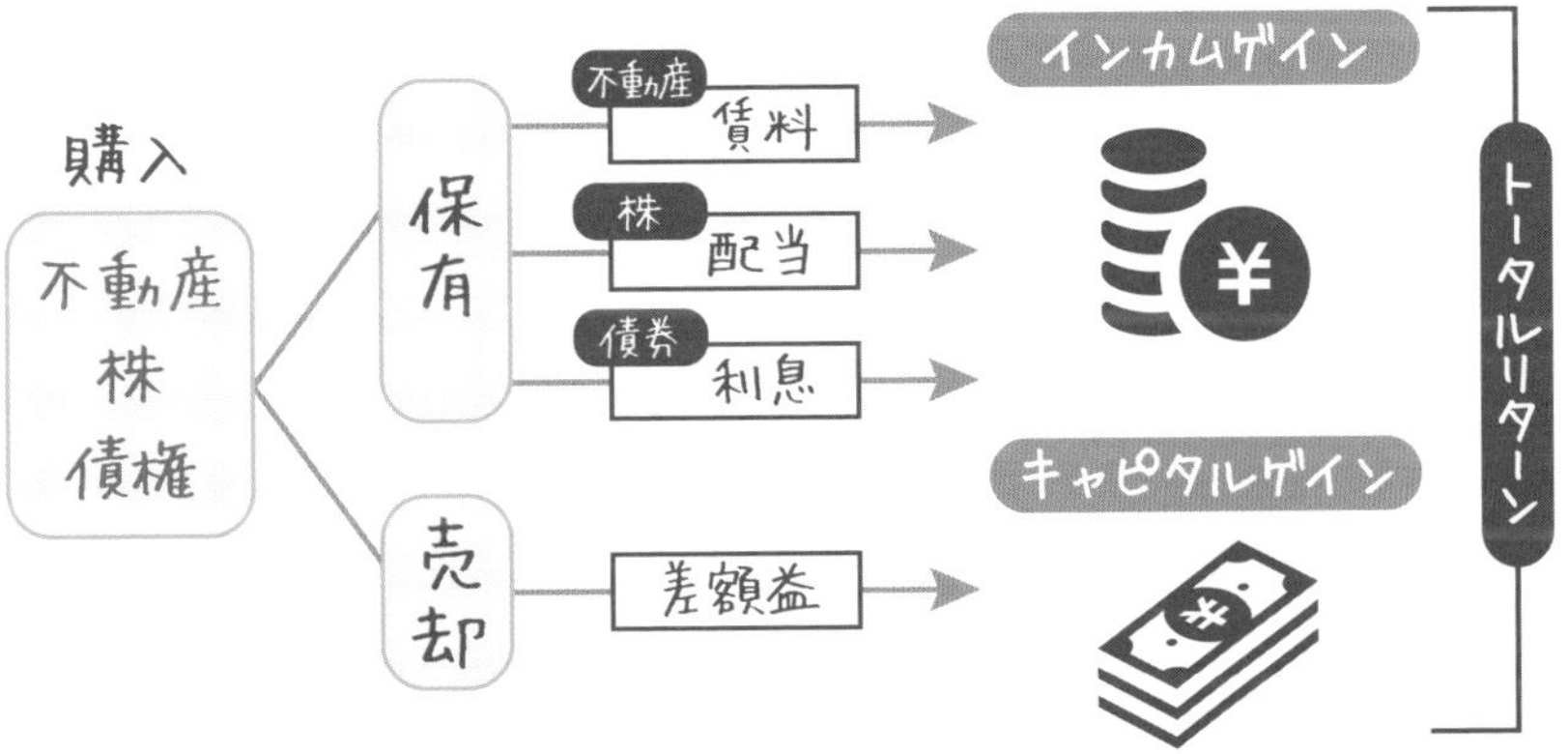

株式を買ったときよりも安い値段で売却しキャピタルゲインがマイナスでも、保有時の配当金を含めて計算し、トータルではプラスになれば投資は成功です。

4 それぞれの投資で得られる利益は？

株式

株式は、安いときに買って保有し、株価が高くなったときに売れば利益を出すことができます。こうした**売買益が株式のキャピタルゲイン**です。

株式は一定期間、保有すると企業の利益から**配当金**を得ることができます。これが株式における**インカムゲイン**です。

債券

企業や自治体が発行する債券も株式と同じく、価格が変動して売買されます。安い価格で買って高いときに売れば、**差益**を得ることができます。これが**キャピタルゲイン**です。債券は保

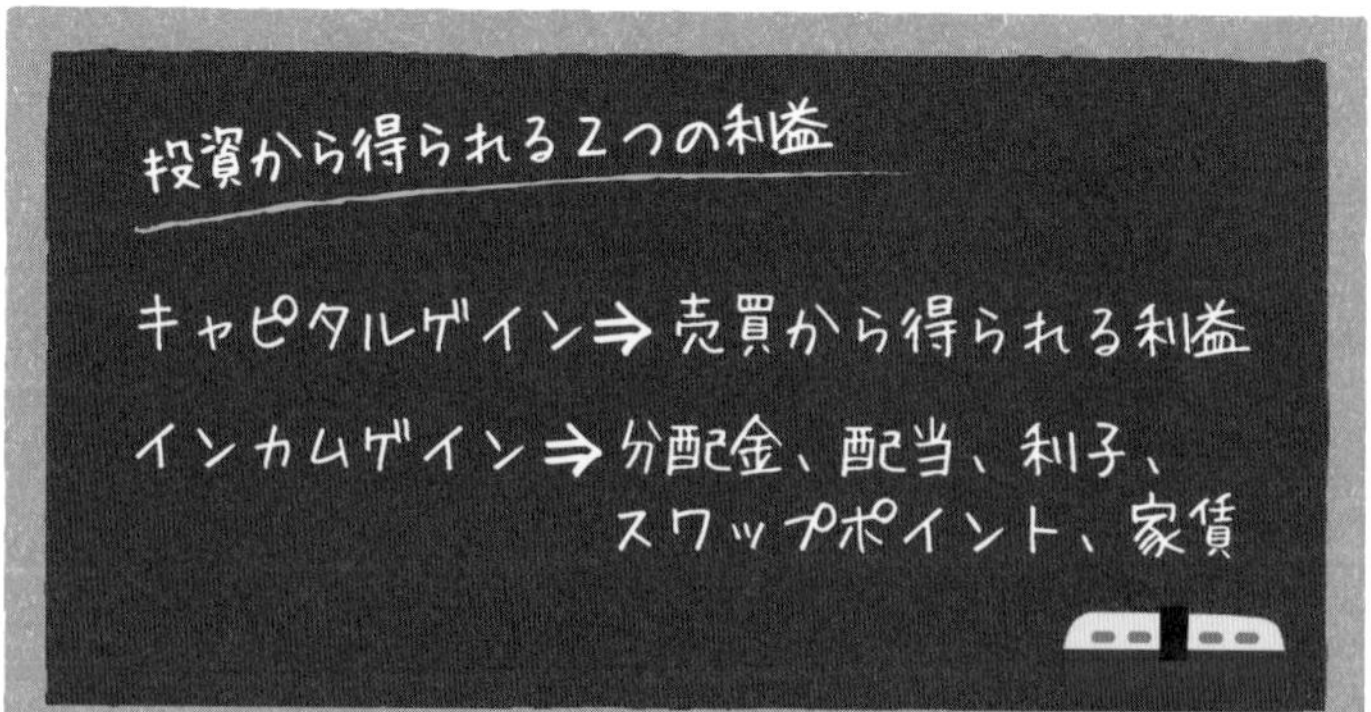

投資から得られる2つの利益
キャピタルゲイン⇒売買から得られる利益
インカムゲイン⇒分配金、配当、利子、
スワップポイント、家賃

有している間は約束された**利息**を定期的に得ることができます。これが**インカムゲイン**です。

不動産

不動産への投資ではＲＥＩＴ《リート》といって、投資家から小口の資金を集めビルやマンションなどの不動産に投資する投資信託があります。実物の不動産への投資もＲＥＩＴも**売買したときの利益がキャピタルゲイン**、実物不動産を賃貸に出して**家賃収入を得たときの利益**、ＲＥＩＴを保有して得られる**分配金**が**インカムゲイン**です。

ＦＸ・仮想通貨

ＦＸや仮想通貨では、円とドル、円とユーロ、ドルとビットコインのように２つの通貨間の取引において、安く購入して高く売却する、その**差益がキャピタルゲイン**となります。ＦＸでは、２つの通貨の金利差が**スワップポイント**という形で、毎日営業日に支払われます。こちらは**インカムゲイン**となります。

金、コモディティ

金やコモディティなどの投資では保有しているだけでもらえるお金（インカムゲイン）はありません。そのため、**売買のタイミングが大切な投資対象**と言えるでしょう。買った時より高い値段で売って利益を出すキャピタルゲインを狙って投資する必要があります。

05 複利でどんどん増える！積立投資のすすめ

1 複利でこんなに得する！

投資に不可欠な考え方の1つに「**複利**」があります。

0時限（26ページ）で、投資の開始時期は早ければ早いほどどいいというお話をしましたね。複利というのは「**得られた利益（配当）を元本に含めて再投資する**」ことでした。

27ページのグラフをもう一度見てみましょう。

利回り（年）5％で元金100万円を貯蓄すると、単利運用に比べてこのように利益の差が出てくるのです

期間が10年、20年、30年と長くなるにつれて、単利と複利の差は大きくなっていくのがわかりますね。

複利とは、投資で得た
利子や配当金を使わずに
次の投資に使う方法です。
長期の投資では絶大な威力で
どんどん増えていきます

毎月1万円を複利で積み立てると

さらに毎月一定額を積み立てながら複利運用するとどうなるでしょうか。

今度は毎月1万円を10年間、年５%の複利で積み立てて運用したとしましょう。それが下の表です（税、手数料は含まない）。

10年後に元本１２０万円、利息分35・３万円で、**元本の30%近くの利益**が出ていることがわかります。

今は投資資金がなく資産形成から始めるという人も、**複利効果を使って毎月１万円からでも資産を順調に増やすことができます**。もう少し背伸びすれば10年後の利益はさらに増えるでしょう。

投資（特に長期）においては、「複利」という考え方はとても大切なので、ぜひ覚えておいてください。

● 毎月１万円（年１２万円）を複利５%で１０年間積み立てたら

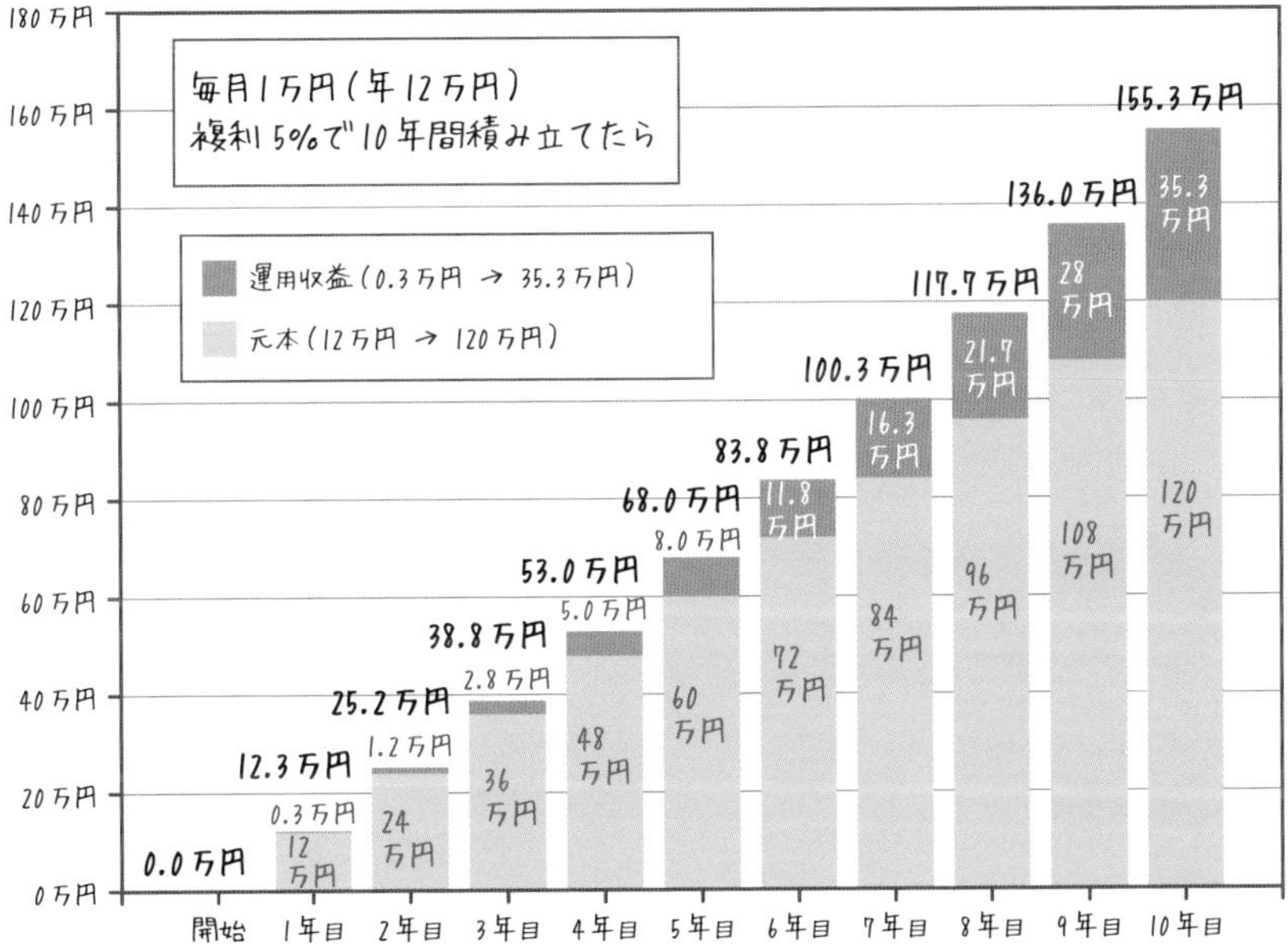

金融庁：資産運用シミュレーションの計算結果より

06 テクニカル分析とファンダメンタル分析

投資はギャンブルではありません。少しでも投資成績を上げ利益を出すためには、自分に適した分析方法、売買ルールを確立し、相場の状況を的確に把握できるようになることが大切です。

株やFXなどの相場の分析方法には大きく2種類、**テクニカル分析とファンダメンタル分析**があります。

1 チャートを分析するテクニカル分析

テクニカル分析とは、株価やFXのローソク足や移動平均線、出来高など、値動きを表わすチャートのさまざまな指標から**過去の値動きを分析して、今後の相場のトレンドを予測**し、**売買シグナルを読み取り、投資判断に活かす**方法です。

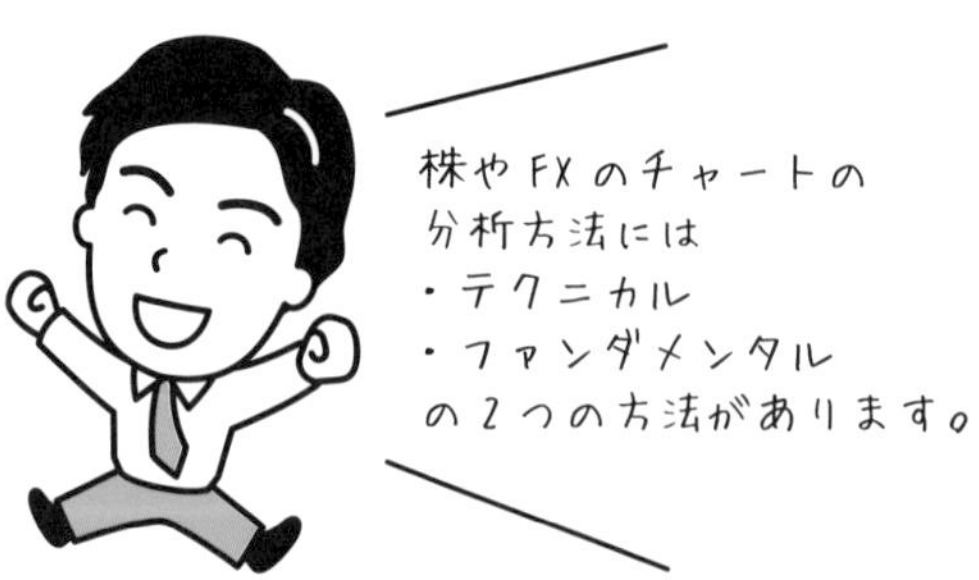
株やFXのチャートの
分析方法には
・テクニカル
・ファンダメンタル
の2つの方法があります。

本書内では、3時限目でチャートの読み方や売買シグナルについて詳しくお伝えしていきます。

ＦＸの数秒～数分で売買を繰り返す**スキャルピング**、一日に何度も売買する**デイトレード**や短期間で売買をする**スイングトレード**では、チャートの動きを重視して売買をすることが多いため、テクニカル分析をもっぱら活用することが多くなります。

テクニカル分析は、**チャートのパターンを把握**することにより、どのように動くか、どこで売買注文を入れ、どこで決済するかを合理的な理由に基づいて判断します。

過去のチャートから、現在以降の値動きを予測できる確度が高くなるほど、投資成績は上がります。

どのような専門家でも１００％の勝率はなし得ません。**損小利大**（70ページ参照）という損は小さく、利は大きくの売買方法を地道に続け、最終的に利益が出ている状態を目指します。この売買方法では「**損切り**」を身につける必要があります。

株や通貨を売買するときには、得られる利益と損切り時の損失をコントロールしつつ売買しますが、そこで自分なりの**売買ルールを確立**できるようになると、株でもＦＸでも、どのような銘柄、

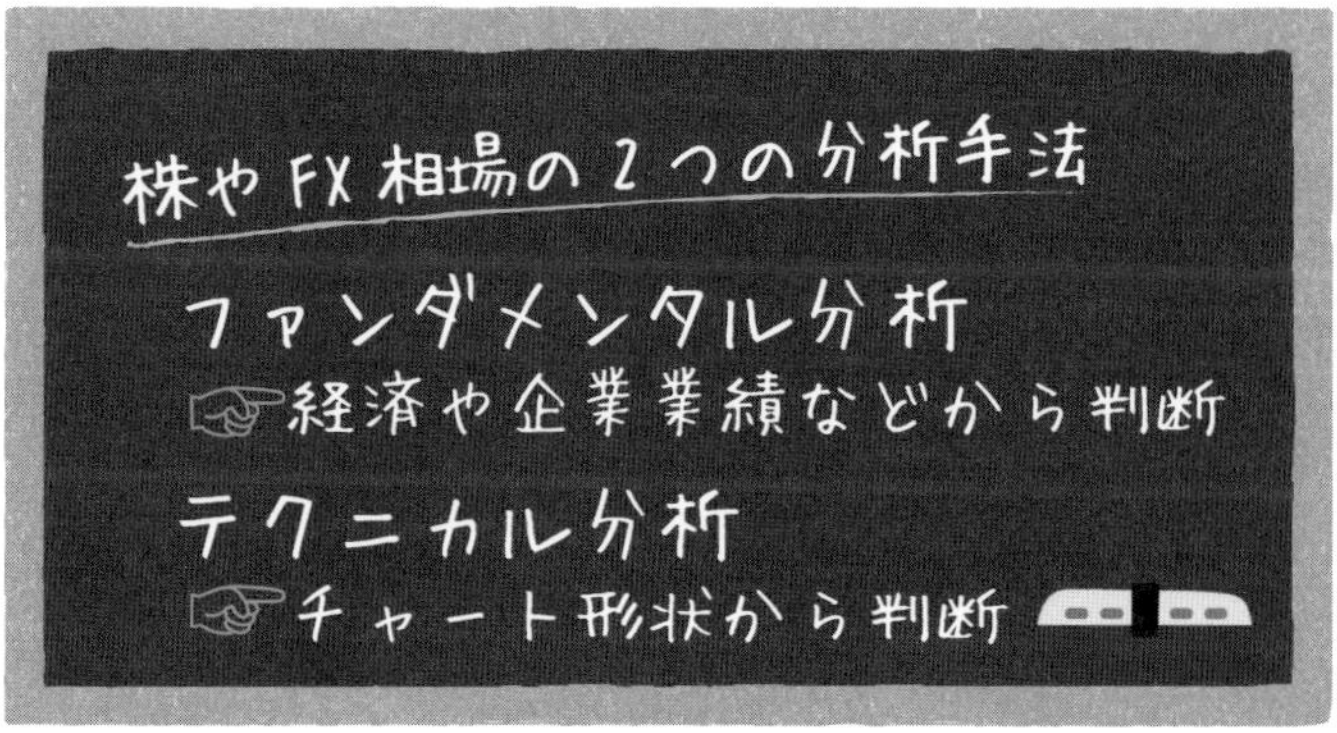
株やFX相場の2つの分析手法
ファンダメンタル分析
経済や企業業績などから判断
テクニカル分析
チャート形状から判断

通貨であっても、自分の決めたルールに厳格に従い売買を繰り返すことで、安定した勝率でトレードできるようになるでしょう。

2 経済や企業業績を読むファンダメンタル分析

ファンダメンタル分析とは、**国の景気や企業の業績、売上や利益、資産を評価**することによって、現在の投資商品が割安か割高か、将来の成長性の有無などから分析する方法です。

例えば、リーマンショックなどの世界的な不況が起きたときには、企業の株価は下がる傾向にあります。中には不況の影響を受けにくい企業や、むしろ不況時のほうが収益が上がる企業の株価まで下がってしまうことがよくあります。ファンダメンタル分析を適用すると、こうした企業の**株価は割安**だと判断できます。

また、企業の決算が予想値と比較して良ければ買い、悪ければ売りといった順張りの投資方法もファンダメンタル分析の基本中の基本です。米国の金利動向、雇用統計、大統領の発言などは、その後の景気に大きな影響を与え、**発表でサプライズがあると株価や通貨は大きく動きます**。

3 投資初心者はテクニカルで勝負すべし

投資初心者はテクニカル分析を中心に株や通貨の相場を分析することをお勧めします。これにはいくつか理由があります。

ファンダメンタル分析はプロが圧倒的に有利

ファンダメンタル分析はプロのトレーダーや投資信託のファンドマネージャーなどの企業分析に長けた専門家が有利と言えます。プロと初心者では手に入る情報の質と量、分析力に差がありますし、そもそも手に入る情報の取捨選択が難しいためです。

テクニカル分析は有利な局面だけで勝負できる初心者の戦術

投資初心者にとってはテクニカル分析は定石や形があり勉強しやすく、チャート分析からの予測は再現性が高いと言えます。

プロトレーダーには利益獲得のノルマがあり、テクニカル的に売買をしないほうがよい局面でもトレードして利益を出さなければなりません。

一方、個人投資家の場合には、テクニカル分析で判断した確実に利益の見込める**有利な局面だけで勝負でき**、**方向感のわからない局面では様子見**を決め込んでトレードしないという選択ができます。

もちろん、個別銘柄では事業内容や決算情報、通貨の売買では、政策金利などの最低限のファンダメンタルの知識が不要というわけではなく、ファンダメンタルの知識がないと、より大きな時間軸での流れが読めません。

07 短期投資と長期投資を組み合わせよう

投資には、大きく分けて**短期投資**と**長期投資**という2つの種類があります。それぞれの特徴やメリット・デメリットはどうなっているでしょうか。

1 売買を繰り返して利益を出す短期投資

短期投資には次のようなスタイルがあります。

❶ スキャルピング　数秒〜数分
❷ デイトレード　1日
❸ スイングトレード　数日から数週間

短期投資は、小さな利益を積み重ねる
スキャルピング
デイトレード
スイングトレード
があります。

スキャルピングとは、個人投資家によるFXで使われるトレードスタイルで、数秒〜数分の間隔で売買、決済を行い、小さな利益を積み重ねていく方法です。

デイトレードは、主に個人投資家によるFXや株式等で使われるトレードスタイルです。基本的に1日のうちに何度も売買を重ね、次の営業日に取引を持ち越さないので、夜間に起こる暴落リスクがありません。

スイングトレードは、数日から数週間単位で投資商品を売買して利益を出していく方法です。

短期投資では一度の利益は小さいものの、**売買を積み重ねていくことで大きく収益を上げる**ことができます。相場や景気にも左右されにくいのも特徴です。

ただ、損失が出たときに**早めに損切り**ができなければ損失が膨らみ、最終的に塩漬けなってしまうリスクもあります。

また、基本的に相場の変動が激しい局面で売買するので、損失が膨らみすぎて相場から強制退場になってしまう怖さもあります。

何度も売買を繰り返す場合、**手数料**がその都度かかってしまうデメリットもあります。

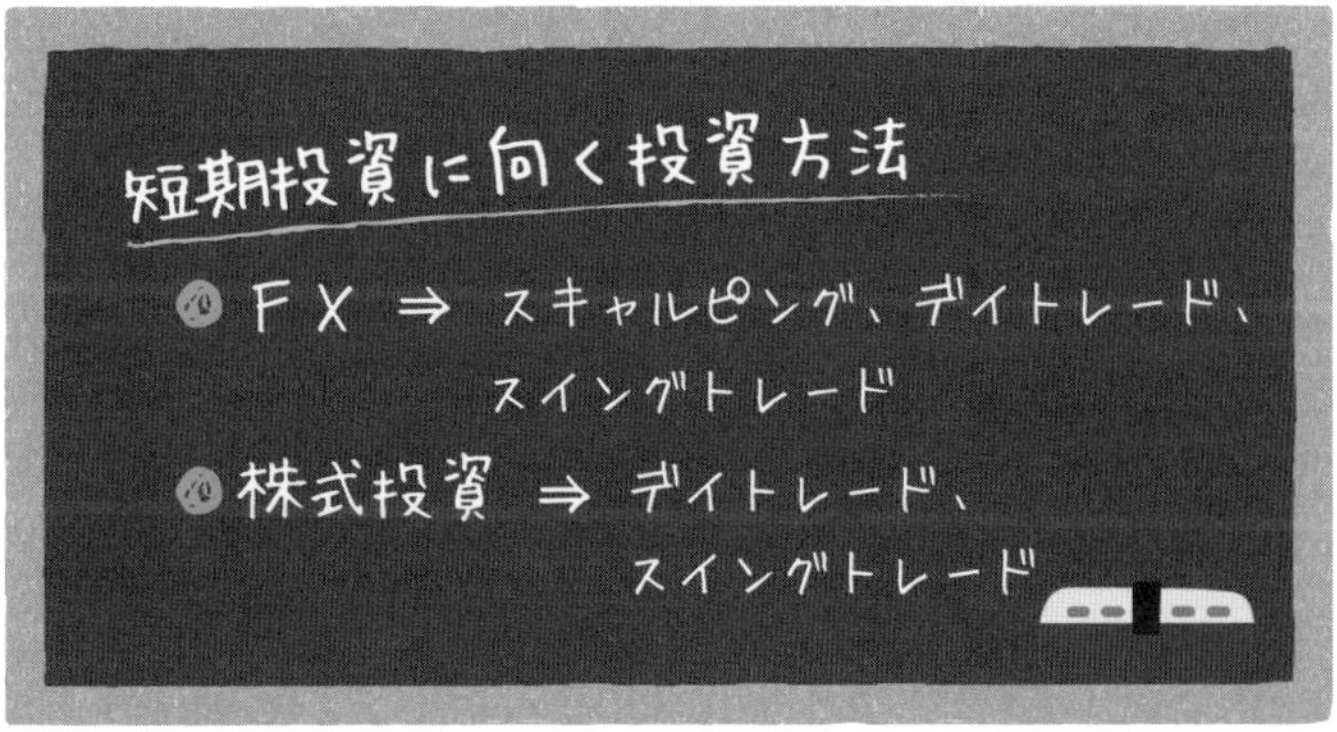
短期投資に向く投資方法
FX ⇒ スキャルピング、デイトレード、スイングトレード
株式投資 ⇒ デイトレード、スイングトレード

2 買ったら持ち続ける長期投資

長期投資は、**2〜3年から数十年単位で購入した商品を保有**する方法です。複利運用の効果も発揮できる投資方法と言えますし、**投資初心者、忙しい人に向いている投資方法**です。

毎日チャートを追いかけたり、相場の動向をチェックしたりしなくてもよい反面、景気の影響を受けるため長期にわたり損失が出る期間もあります。

長期投資は、インデックスファンドとｉＤｅＣｏとセットで積み立て運用し、老後への資産作りを前提に考えてもいいでしょう。

複利効果と安定した収益率がメリット

長期投資は、**複利の効果**がより大きく発揮されるので、短期的に大きな利益は得られませんが、後々の利益は大きくなります。

長期投資では、プラスの年、マイナスの年といったように、損益の振れ幅の大きな年もありますが、10年、20年、30年と長期で保有するとリスクは平均化され安定した収益率になります。

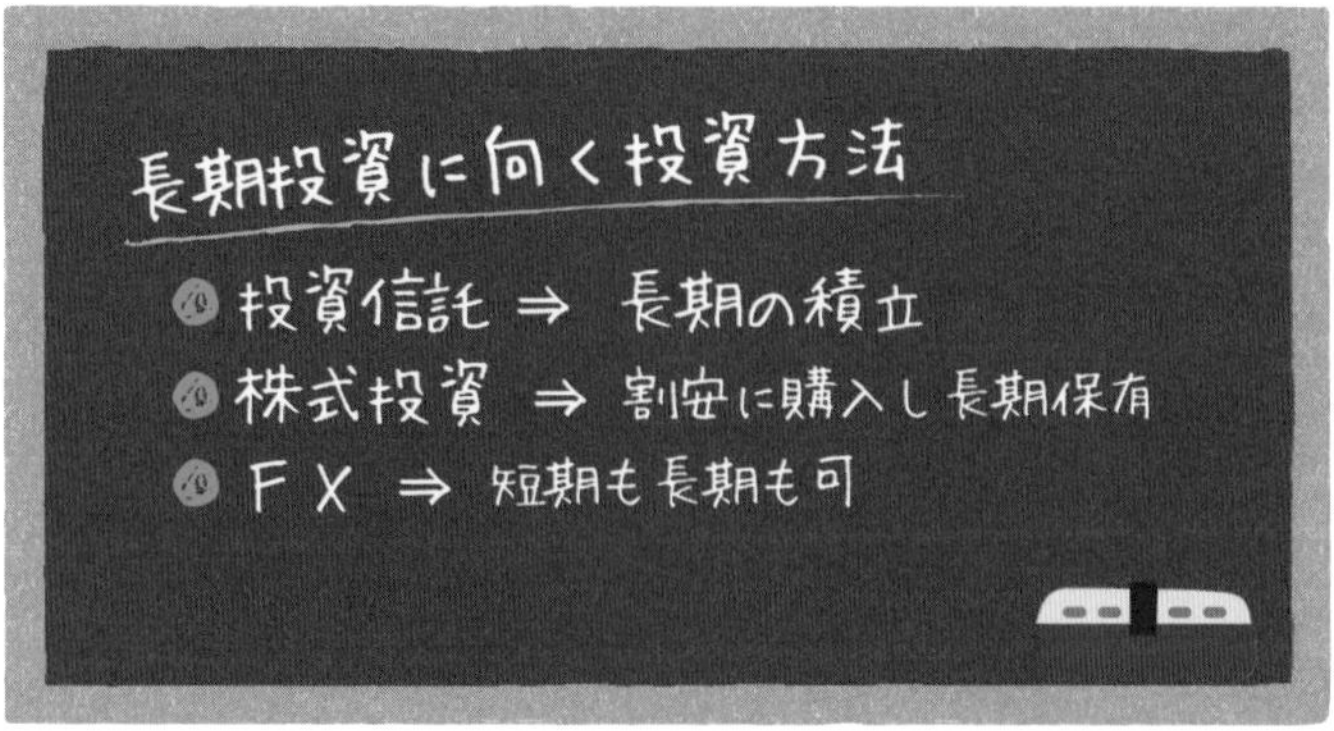
長期投資に向く投資方法
投資信託 ⇒ 長期の積立
株式投資 ⇒ 割安に購入し長期保有
FX ⇒ 短期も長期も可

3 長期と短期の両方でバランスする

効果的に複利運用をして、より多くの資産をできるだけ早く形成するためには、長期投資を行いながら、一方で短期でリスクが高めな株式などへの投資を行うのがお勧めです。

例えば、**長期の投資信託の積立投資と株やFXのデイトレ**、**長期投資として米国ETFや米国投資信託の積立**、**短期で米国の個別銘柄**（グロース株のGAFAMやSaaS銘柄等）といったように、投資信託などで長期投資をしつつ、一方、好きな銘柄やハイリターンの個別銘柄などに短期投資してバランスをとるのがいいでしょう。

ただし、あくまで**ETFやインデックスファンドの長期積立をメイン**（全体の70～80％程度）とし、短期投資で好きな企業、一攫千金のテンバガー銘柄に投資したり、FXで短期売買を繰り返して利益を狙うのはサブにしましょう。

この方法は、**コア・サテライト戦略**としても知られ、コアが守りの長期インデックス投資、サテライトが攻めのリスクテイクする株式投資等で構成します。

どちらも余裕資金での運用が前提となりますが、長期投資で安定的な老後資金の形成を目指しながら、一方で短期的な利益を狙うという二刀流の投資方法と言えるでしょう。

08 短期の投資では損切りのマスターが必須！

先ほど、短期投資と長期投資のメリットとデメリットについて簡単に紹介しました。短期投資を行うときに、必ずマスターすべきなのが**損切り**です。そして**頭でわかっていても心理的になかなかできない**のが損切りです。

1 短期投資は「損小利大」が基本

短期投資の場合は、細かな売買を重ね、損失よりも利益額が勝るようにして最終的に利益を確保します。このときに大切なことが「**損失を最小限に抑える**」ということです。

例えば、10回の売買をして9回勝って利益が出たとしても、**損切りを行わずに**、買った株や通貨の価格が下落していき、どんど

投資で一番むずかしいのが
損切りです。
損切りが上手にできるようになれば、株式でもFXでも
そう負けることはなくなります！

んマイナスが膨らんで利益を上回ってしまったら意味がありません。

逆に、9回は負けて損失が出たとしても、損切りで損失を最小限に抑え、1回の勝ちで得た利益が9回の損失額よりも大きければいいのです。

そう考えると、難しくないようにも思えます。しかし**多くの人が心理的な影響から「損切り」をうまくできずに失敗**してしまいます。

なぜ損切りができないのか？

なぜ損切りをうまくできないかというと、**心理的なハードルが高いから**なのです。

100万円で株を買い、10万円の損失が出てしまったとします。資産の1割もの損失が出てしまったとしても、**損失を確定しなければいつか価格が戻ってくる**かもしれません。

相場がまた上がってくれば、10万円の損失が5万円に減るかもしれません。さらに、相場が逆転して利益

● 損切りができないのは心理的なハードルが高いから

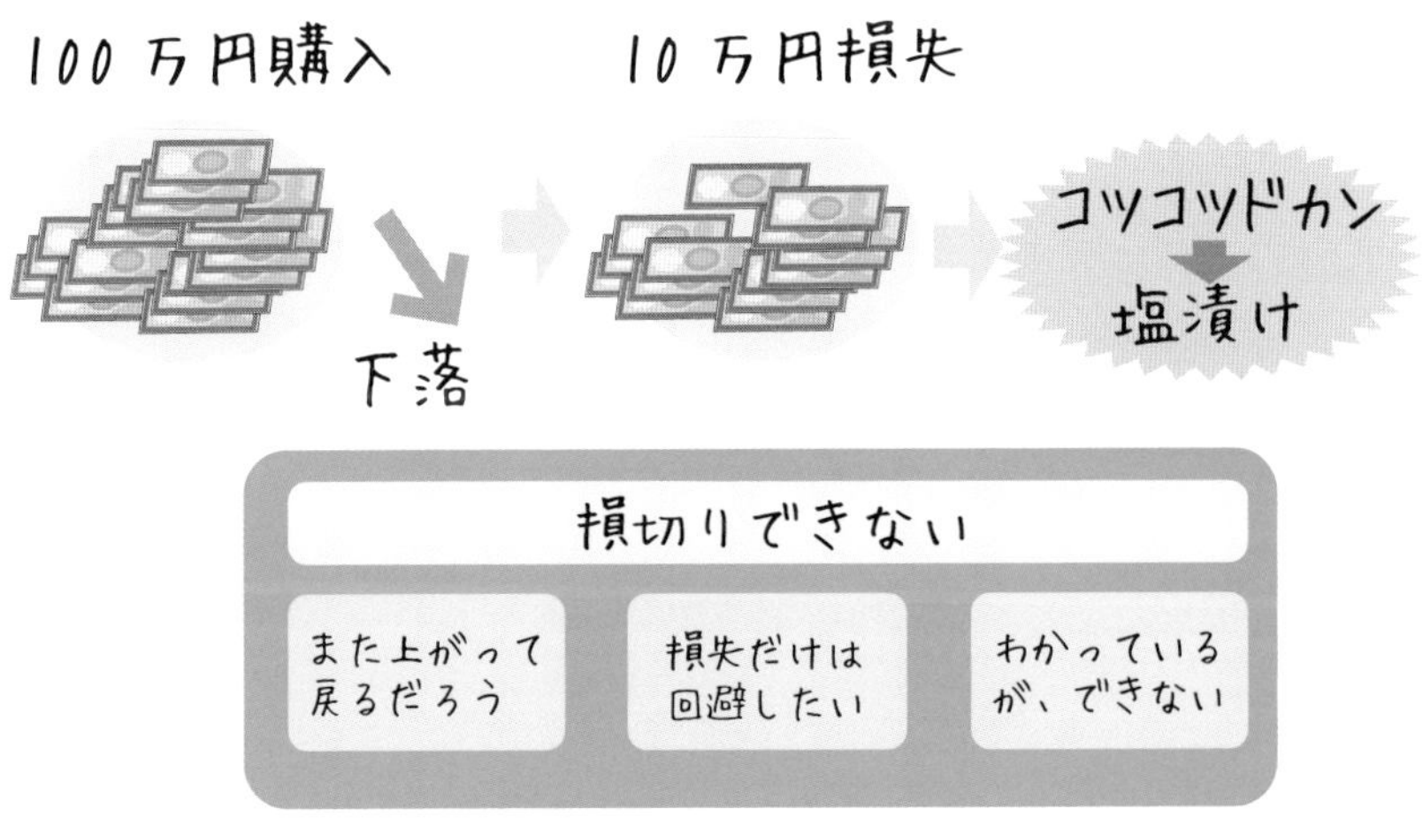

になる可能性だってあります。

こんなふうに**都合のいいストーリーを勝手につくって、なかなか損切りできなくなってしまう**のです。

そして含み損のまま持ち続けてしまい、さらに相場が急落してもっと損失が膨らんでしまう、そんな経験をしていない投資家のほうが珍しいくらいです。

逆に言えば、損切りできないのはまだまだ初心者だと思ってください。トレードにおいて損切りを躊躇《ちゅうちょ》なくできるようになれば、あなたはやっとトレーダーの仲間入りということでもあるのです。

損失回避の認知バイアス

多くの実験結果で、損失の悲しさは、利得の嬉しさの2・5倍程度とされています。

これは**プロスペクト理論**と呼ばれ、行動経済学者のダニエル・カーネマンによる「一つだけの質問による心理学」が有名です。

次のAとBの選択肢があり、どちらかを選びます。

● **プロスペクト理論での価値観数**

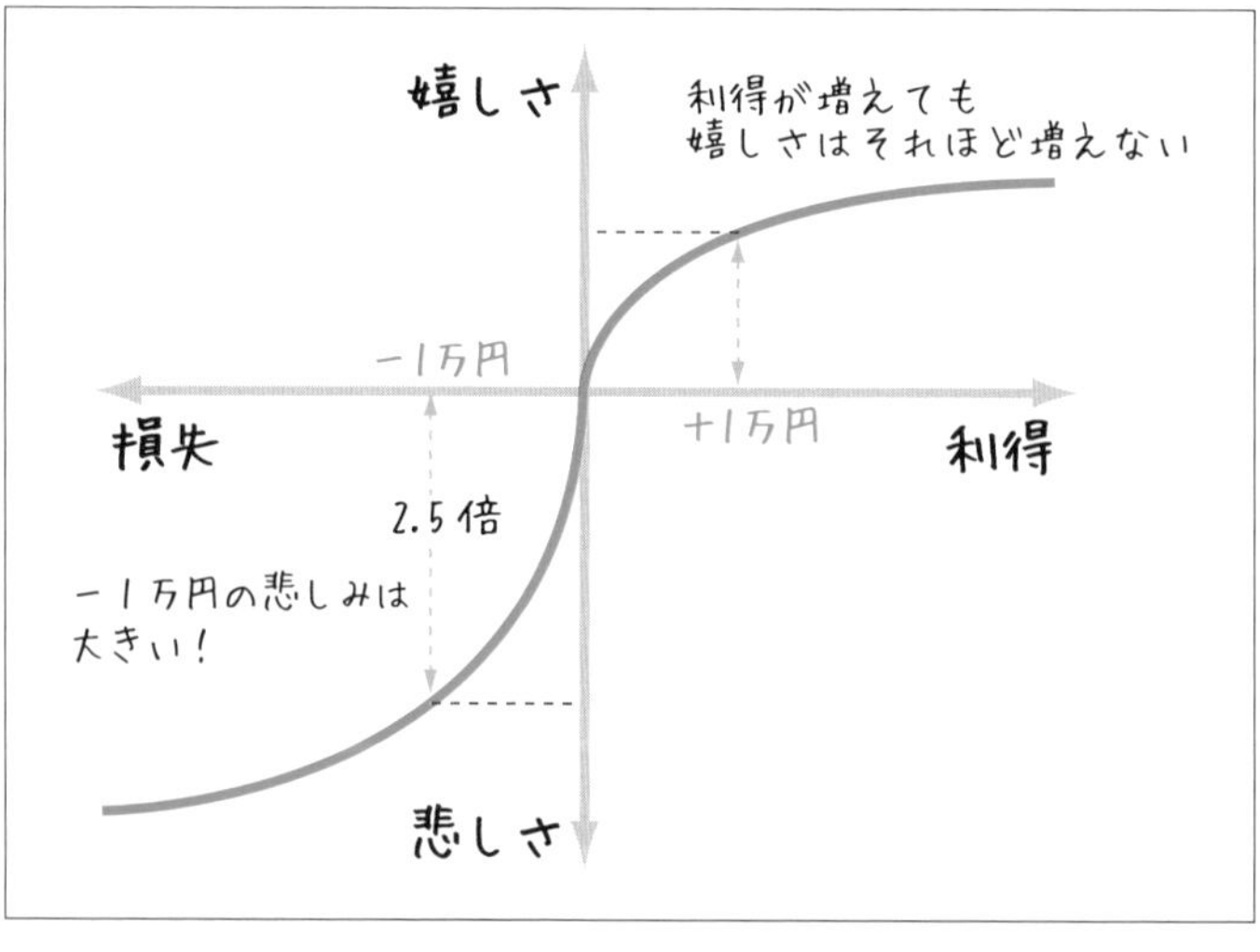

A 無条件で10万円もらえる
B 50％の確率で20万円もらえる

どちらの選択肢も期待値は10万円ですが、**多くの人が確実に利得できるAを選びます。**

これは、確実に利益を得たいと考える心理の表われで、投資の際、少々利益が少なかったとしても利益を確定してしまう心理と似ています。

次の質問です。今、20万円の借金があり、AとBのどちらかを選択します。

A 無条件で10万円の負債を減額できる
B 表が出たら返済が全額免除、裏が出たら負債の減額はされない

この場合、最初の質問で**確実なAを選んだ多くの人が、リスクの高いBを選択する**ことが実証されています。それは、**利益は確実に**手にして（最初の質問）、**損失は回避**したいとする傾向があるということです。

もちろん、Bを選び50％の確率で借金が免除されるかもしれませんが、50％の確率で借金が残ってしまいます。コツコツ確実に利益を重ねても、心理バイアスにより、損切りせずに（損失回避）、損失が大きく膨らんでしまうという不合理な選択行動をとってしまいます。

2 損切りはルールを設定しよう

その場その場の判断で損切りをしていては必ず失敗します。「損したくない」という思いが働くからです。上手に損切りをするためにも、**あらかじめルールを設けておく**ことが大切です。

❶有利な状況でしか売買しない。損切りする機会そのものを減らす
❷「これだけ損が出たら損切りする」というルールを設け機械的に運用する

などの方法があります。

まずは、損切りする局面にできるだけ遭わないよう、**常に有利な局面でのみトレードする**のが一番です。しかし、いくら有利な局面に見えても、だまされることは頻繁にあります。売買の注文をするときには、損切りの設定を必ずするようにしてください。

そして、損切りは、**損切りと利確の比率（リスクリワード）**や**損失額の許容値**などのルールを設けて、状況に応じて自分の都合のいいように**ルールを変更しない**でルールの運用厳守は徹底するようにしてください。

損切りが投資成績を決めると言っても過言ではないほど重要なことですから、意識して取り組んでみてください。

2時限目
証券口座の開設と情報収集

株やFX、投資信託を購入するには、最初に証券会社に申し込んで口座を開設しましょう！
また、便利な情報サイトもここで紹介します！

01 証券会社を選んで口座を開設しよう

1 どの証券会社に口座開設する？

株、投資信託、ＦＸなど投資を始めるときには、まず証券会社を選んで売買のための**証券口座を開設**するのがスタートラインです。証券会社は注文された株や通貨をマーケットを通して売買し、注文者の口座に反映させる仲介を行います。

証券会社は国内に２６０社ほどありますが、大きく次の２つのタイプに分けられます。

- **ネット証券（Ｗｅｂサイトやアプリで注文・管理）**
- **総合証券（対面販売、店頭販売、ネットも）**

実際に株やＦＸで通貨を売買するには、証券会社で取引口座を開設する必要があります。
ここでは、証券会社の選び方を学びましょう！

ネット証券は、実店舗を持たず、手続きから取引まですべてオンラインで完結する証券会社で主に個人が顧客です。反対に、店舗を持って個人・法人に営業しているのが総合証券です。

これから始めるならネット証券の一択です！

ネット証券は実店舗がないため人件費や店舗の賃貸料などのコストがかからないので、**株や投資信託の売買手数料やFXのスプレッド（為替の売買手数料）が低く抑えられています**。

また、楽天証券、SBI証券、マネックス証券など、ネット証券は**米国株や中国株などの取扱いも豊富**です。

一方デメリットは、営業担当者がつかないため、わからないことがあったときに相談しにくい点です。

ただし、初心者や高齢者には証券会社が売りたい商品を推奨して営業することがあるので、必ずしも顧客の要望に沿ったベストな商品が担当者から勧められるわけではありません。

コストの安いネット証券に口座を開き、経済ニュース、ブログやSNSなどから情報収集して、**自分で銘柄を選んで、自分で売買することのほうが身になり、楽しみにもなります**。

● ネット証券と総合証券会社の比較

	ネット証券	総合証券
店舗	なし	あり（担当営業がつく）
取引手数料	安い	高い
投資信託	扱い本数多い	扱い本数限定的
外国株	扱い多い	会社によって異なる

2 手数料では楽天、ＳＢＩが横並び

株式や投資信託など、投資商品の売買には手数料がかかります。株式の場合、売買ごと、金額により手数料が異なります。

ＦＸのスキャルピング（数秒、数十秒での取引）、デイトレなど一日に**何度も取引を繰り返す短期取引**と**中長期の取引**では、一度に行う取引の量、金額や取引の回数が異なるので、それぞれの投資スタイルで有利な手数料の会社を選んでください。

ただ売買手数料は安ければいいわけではなく、それぞれの証券会社ごとに、銘柄数、注文方法の機能、アプリサービス、提供情報などの使いやすさが違うので、**自分に合ったサービスを提供する会社を選び**、手数料はその次の選択肢としましょう。

投資信託は商品や販売会社ごとに、購入時手数料、運用管理費用（信託報酬）が異なります（２０７ページ参照）。

ＦＸでは、**スプレッド**といって、買ったとき、売ったときの金額の差額が証券会社の利益となり、スプレッドが売買の手数料となります（２４８ページ参照）。

● ネット証券の株式売買手数料の比較　(2020 年 9 月現在)

証券会社	楽天証券	マネックス証券	SBI証券 スタンダードプラン	DMM.com証券	松井証券
10 万円まで	90 円	100 円	90 円	80 円	0 円
50 万円まで	250 円	450 円	250 円	180 円	0 円
100 万円まで	487 円	1000 円	487 円	340 円	1000 円
3000 万円まで	921 円	3 万円	921 円	800 円	200 万以上、100 万円ごとに 1000 円加算
3000 万円以上	973 円	取引の 0.1%	973 円	800 円	1 億以上、10 万円（上限）

1 取引にかかる現物株式の注文手数料

3 注文方法で比較しよう

ネット証券であれば、Ｗｅｂサイト、スマートフォン用アプリのいずれからもチャート表示、銘柄情報、経済ニュース、取引、資金管理を行うことができます。

株やＦＸの取引では、指定した値段で売買できる**指値**《さしね》や**逆指値**《ぎゃくさしね》**注文**（２４３ページ参照）が、どの証券会社のサイトやアプリでも用意されています。ＯＣＯ注文、ＩＦＤ注文、ＩＦＯ注文といった条件を指定した注文方法は、株式の取引では用意されている会社と用意されてない会社があります。

短期取引の多いＦＸでは、どの会社もそういった条件指定の注文方法や自動売買の機能が使えます。

指値、逆指値、ＯＣＯなどの注文方法は、株、ＦＸで指定の値段で自動売買したり、損切りに必須の機能ですから、これらの機能のない会社は候補から外しましょう。

米国株や**中国株**では、ＯＣＯ注文、ＩＦＤ注文はできる会社、できない会社があります。

● **ネット証券の機能比較　（2020年９月現在）**

証券会社	楽天証券	マネックス証券	SBI証券 スタンダードプラン	DMM.com証券
投資信託	約2700本	1165本	2654本	未対応
米国株+ETF	3453銘柄	3512銘柄	3590銘柄	932銘柄
信用取引	あり	あり	あり	あり
注文機能	逆指値、OCO、IOC、SOR注文	ツイン指値、連続注文、SOR注文	逆指値、OCO、IFD、SOR、IOC、IFDOCO注文	逆指値、OCO、リスト、バスケット注文
スマホアプリ	iSpeed	トレードステーション	SBI証券 株	DMM 株

4 取引ツールで比較しよう

実際に取引をするときに使う**取引ツール**は、証券会社が独自で開発したアプリケーションやWebサイト、スマートフォン用アプリが用意されています。

例えば**楽天証券ならマーケットスピード**というチャート分析、取引、管理のツールがあり、**SBI証券ならHYPER SBI**（有料・条件により無料）といったツールがあり、スマートフォン用のアプリも用意しています。

パソコン用のアプリケーションは、どの会社もチャートのテクニカル分析から資金・保有銘柄の管理、売買取引、金融情報まで、ほぼフルで機能が搭載されており、初心者には十分すぎるほどの機能です。

自分にとって使いやすいツールであれば、取引をするときにもストレスがありません。ツールは複数の証券会社で口座開設して**複数のツールを使ってみてから絞り込んでみてください。**

● 各社の取引ツール

証券会社	アプリ名	機能	スマホ対応
楽天証券	マーケットスピードII	チャート、取引、銘柄管理、情報ツール。先物・オプションや米国株は対応予定。無料、Win版のみ。	iSpeed
マネックス証券	マネックストレーダー	チャート、取引、銘柄管理、情報ツール。株式取引、先物・オプション取引に対応。無料、Win版のみ。	マネックストレーダーモバイル
SBI証券	HYPER SBI	チャート、取引、銘柄管理、情報ツール。株式取引、信用取引、先物・オプション取引に対応。有料、Win版のみ。	SBI証券 株
DMM.com証券	DMM 株 PRO+	チャート、取引、銘柄管理、情報ツール。株式取引、先物・オプション取引に対応。無料、Win版、Mac版。	DMM 株
松井証券	ネットストック・ハイスピード	チャート、取引、銘柄管理、情報ツール。株式取引、先物・オプション取引に対応。無料、Win版のみ。	株touch

5 複数の会社の口座を使ってメインを決めよう

証券会社を選ぶにあたっては、さきほどのツールを含め、**いくつかの証券会社を使ってみてから絞り込む**ことをお勧めします。どのツールが使いやすいか、どの注文方法をよく使うかなどは、実際に取引してみないと使いやすさはわかりません。まずはいくつか気になる証券会社を選んで、それぞれの証券会社で口座を開いてみるといいでしょう。

例えば、現在ネット証券で1位と2位の楽天証券とSBI証券の両社に口座を開設して、しばらく併用してみましょう。

サーバーダウンやサイトが重くなったときなどの**トラブル**の場合、複数の会社と契約しておけばもう一方の会社で取引が可能です。

実際に少額で取引を始めてみて「Aの証券会社のツールは使いやすいけど、注文方法はBのほうがやりやすいな」と思ったら、A社のツールを使いながらチャート分析して、B社で取引をすればいいのです。

スマートフォンのアプリも各社特徴や見やすさが違うので、実際にダウンロードして使ってみるのがいいでしょう。

口座の開設はどの会社も無料でできます。まずはいくつか口座を開設してみて、証券会社を賢く使い分けましょう。

02 口座を開設する実際の手順を学ぼう

証券会社を決めたら、実際に証券会社に口座を開きましょう。ここでは、証券口座の開設から取引開始までの流れを説明していきます。

1 口座開設を申し込む

ネット証券では、Ｗｅｂサイトから口座開設を申し込めます。スマートフォンからは、個人番号カードなどの必要書類があれば、**書類を送付することなく申し込むことができる**ので、口座開設が比較的短時間で完了します。

ネットなら24時間いつでも口座開設の手続きができますから、ネットから申し込むとスムーズです。口座を開設するときには、次のような情報や書類が必要となるので、確認しておきます。

証券会社の口座開設は
スマートフォンだけで、
書類のやりとりをせずに
完了できます！
すぐに完了するので、
ネット証券は便利です！

楽天証券に開設する場合

楽天証券では、**運転免許証**または**個人番号カード**がある場合、次のような流れで**スマートフォンだけで手続きを完了**できます。

> **❶ メール登録後に送付メールのURLから入力する**
> **❷ 本人確認書類を選択し、アップロード**
> **❸ 氏名・住所などの本人情報を入力**
> **❹ ログインIDの受け取り（メール）**

運転免許証・個人番号カード以外の本人確認書類の場合やパソコンで入力する場合は、郵送でログインIDが送付されてきます。

SBI証券に開設する場合

SBI証券に口座を開設する場合、次のような流れになります。

● **楽天証券での口座開設の流れ**

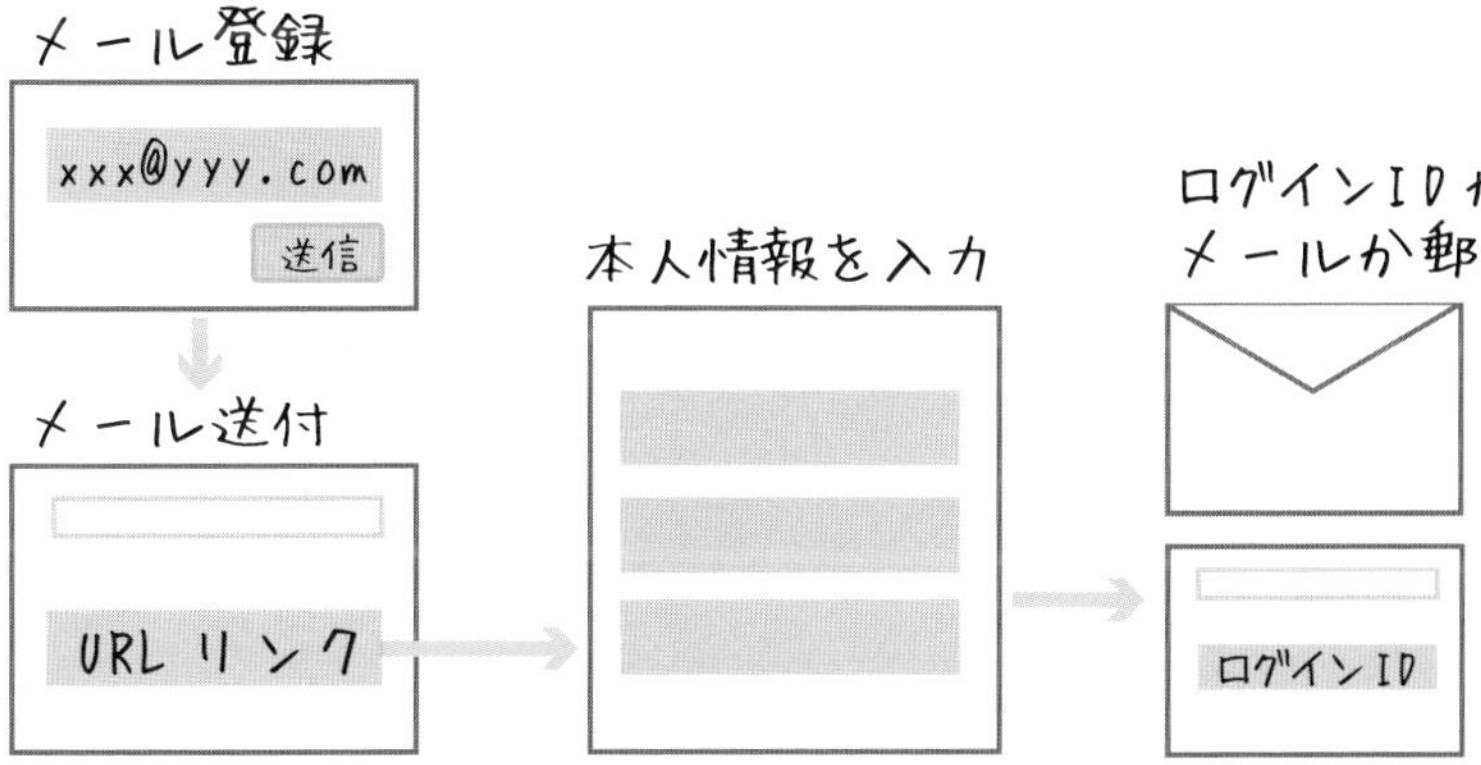

❶メール登録後に認証コードのメール送付
❷住所等の情報を入力
❸開設方法の選択（「ネットで口座開設」を選択）
❹本人確認書類（マイナンバーカードまたは通知カード＋運転免許証）と自身の顔を撮影、アップロード
❺口座開設申込完了時に発行されたユーザーネームとログインパスワードでログイン
❻必要な情報を入力
❼審査完了後に「口座開設完了通知」

2 投資の資金を証券会社に入金しよう

証券口座が開設されたら、Ｗｅｂサイトにアクセスし取得した**ログインＩＤ**と**パスワード**でログインしましょう。証券口座が開設されると、株式（現物）の売買、ＦＸトレード、海外株、信用取引、先物などの取引サービスを利用することができます（会社によってサービス内容は異なりますので必ず確認してください）。

株式を購入するには、**銀行口座の預金から証券口座に、投資に使用する資金を移動する**必要があります。ネット証券では、どの会社もＷｅｂサイトの「入出金」のページで、即時に銀行から

資金を移動することができます（ただし、証券会社が提携している金融機関に限られます）。

　証券口座への入金が完了したら、口座管理の画面で入金された金額が買付余力（買付可能額）に反映されているはずです。

ＦＸの口座開設について

　ＦＸ取引をするには、楽天証券、マネックス証券のように総合口座を開設すればＦＸ取引ができる会社と、ＳＢＩ証券、ＤＭＭ.ｃｏｍ証券のように別途ＦＸ口座を開設する必要がある会社に分かれます。別途に開設する場合でも、総合口座や株式口座と同時にＦＸ口座も開設することができます。

海外株の口座開設について

　米国株や中国株など海外の株式を取引したい場合には、楽天証券、ＤＭＭ.ｃｏｍ証券、マネックス証券等では、総合取引口座を開設すればそのまま外国株も購入可能となります。

　ＳＢＩ証券では総合取引口座を開設時に、外国株取引口座も同時に開設することができます。

● 銀行口座から投資の資金を移動する

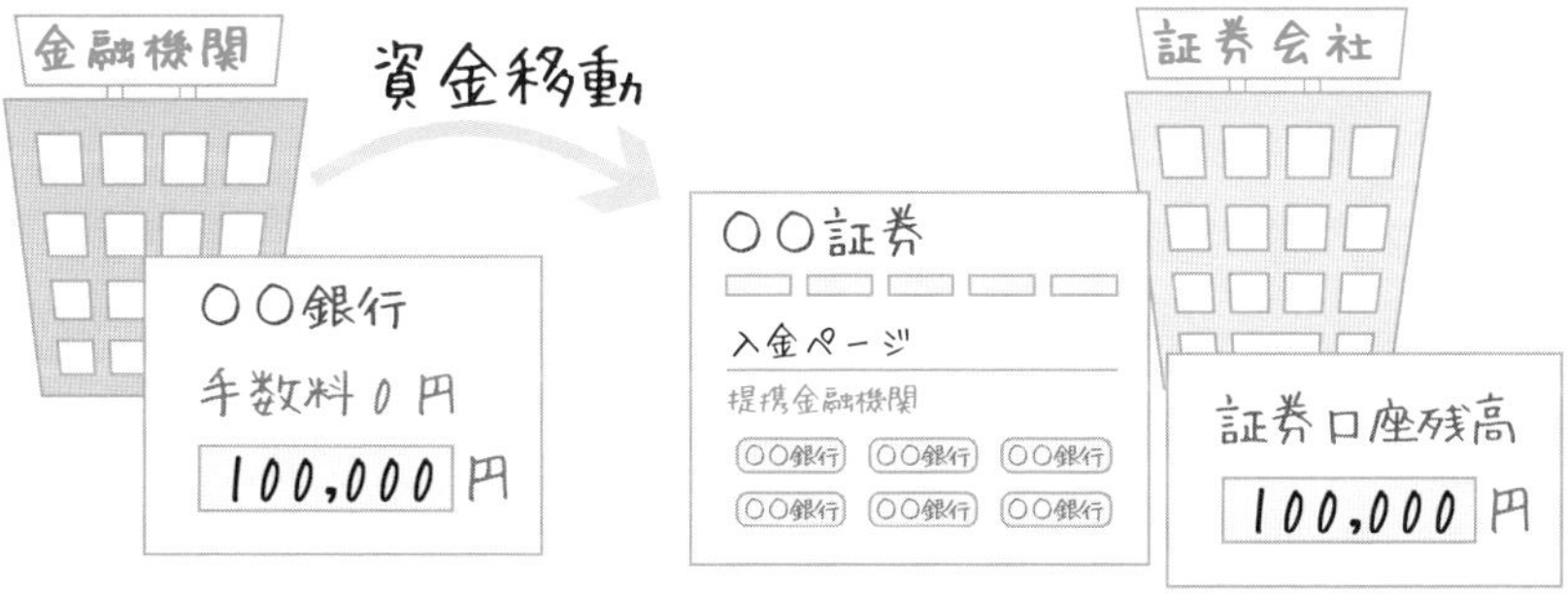

03 スマートフォンでの取引と注意したいこと

1 どこでも取引やチェックが可能なスマホアプリ

ネット証券は、取引用の**スマートフォン用のアプリ**を用意し、アプリにログインすれば、パソコンのアプリケーションのように机上だけでなく、出先やベッドの中でも情報収集や取引が可能になります。

スマートフォンはパソコンと違ってどこにでも持ち運べますし、忙しくても空いた時間を見計らってチェックができるため、取引したいときにすぐできるという便利さが大きなメリットです。

ネット証券各社のアプリ

ネット証券各社は次のようなアプリを用意しています。

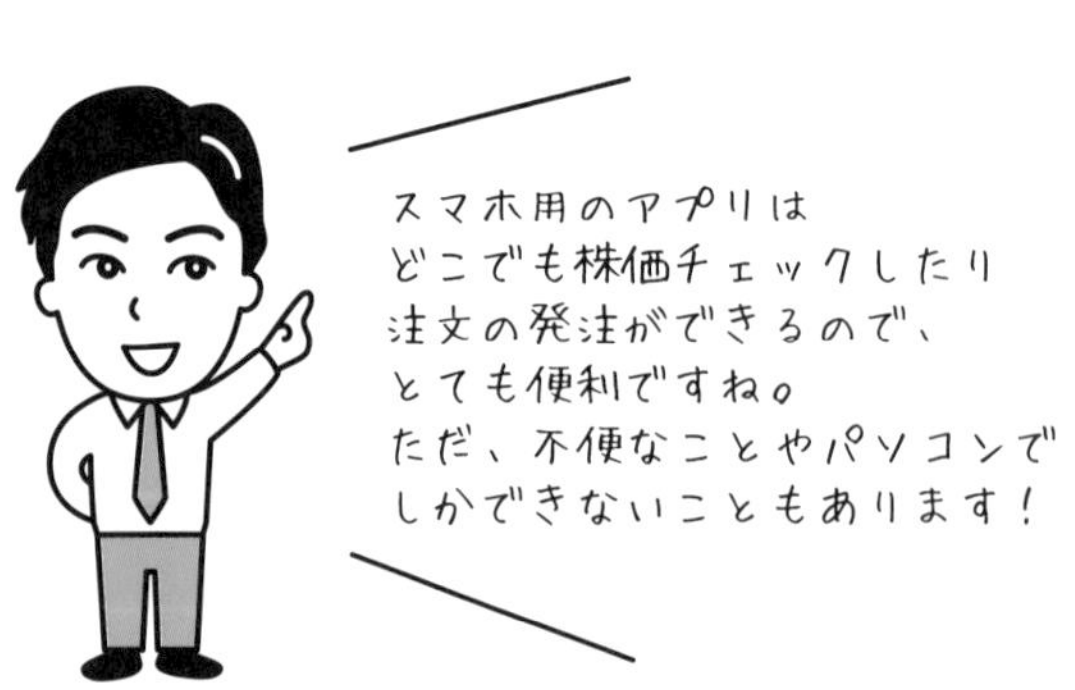
スマホ用のアプリは
どこでも株価チェックしたり
注文の発注ができるので、
とても便利ですね。
ただ、不便なことやパソコンで
しかできないこともあります!

- 楽天証券　iSpeed for iPhone/Android
- SBI証券　SBI証券　株アプリ
- マネックス証券　トレードステーション　株アプリ
- DMM.com証券　DMM株アプリ
- auカブコム証券　kabu.com for iPhone/Android
- 松井証券　株touch

スマホだと複数画面の同時表示ができない

投資を始めたら、見なければならない情報は多岐にわたります。売買注文画面だけでなく、チャートを分析したり、経済や企業のニュースのチェック、ときには会社の四季報やコーポレートサイトなども参考にしながら銘柄を選ぶこともあるかもしれません。

パソコンであれば、複数の時間足の画面を表示し同時に見ながら取引をすることができます。また、画面が大きいので移動平均線やMACD、RSIなどの微妙な傾きやクロスなども容易にチェックが可能です。また、レジスタンス・サポートライン（平行線）、トレンドライン（斜め線）などのラインも正確に書き込めます。

一方、スマートフォンの場合は画面が小さいため、**複数の画面を見ながらの取引はできない**ので、頻繁に時間足を切り替えたり、取引の画面に切り替えながらの作業になります。

すぐに取引ができるので、深く考えずポジって失敗する

スマートフォンのＦＸアプリでは、**ワンクリックで注文ができる**機能が備わっています。瞬時に注文ができることはメリットである一方、**相場の状況がどうなっているのか認識を欠いたまま注文を出してしまうリスク**も生まれます。

特に、損失が出ているとき、チャートが大きく動いているときには、焦って取引をしがちです。この点も意識してスマートフォンを活用するようにしましょう。

スマホではすべての機能は搭載されていません

スマートフォンの特性から、スピード感、簡易で操作のしやすさを重視してアプリが作られています。そのため、パソコンでできることがすべてスマートフォンでもできるというわけではありません。

出先で売買をしたいときにはスマホを使って、チャートを見ながらじっくり考えたり、銘柄を分析しながら戦略を練ったりするような作業はパソコンで行うなど、必要に応じてスマホとパソコンの両方を使い分けるようにしてください。

スマホだけの操作に慣れてしまった方は、一度、パソコンのアプリケーションを起動して、チャート分析を時間をかけて行ってみるのがいいでしょう。

2 スマホアプリの取引画面

ここでは楽天証券のスマホアプリiSpeedの画面・レート画面・新規注文画面を掲載します。

証券会社のトレードツールによって画面構成は変わりますが、基本的にはどのトレードツールも画面構成は同じですので、参考にしてください。

● チャート画面

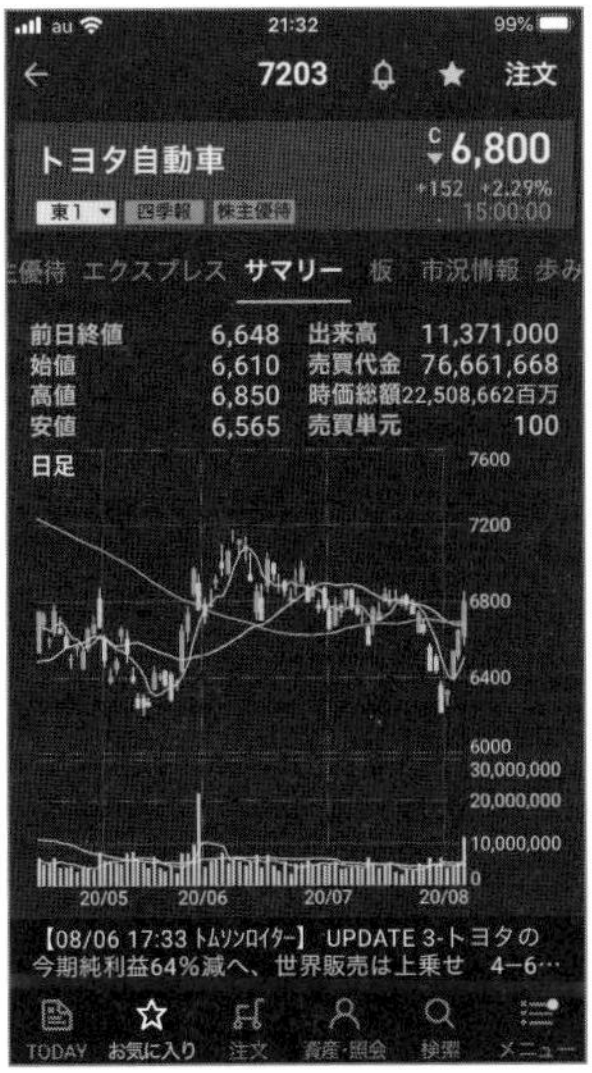

始値、終値、高値、安値、出来高、売買代金などのデータ、ローソク足、各種指標を見ることができます。

● 保有銘柄の管理画面

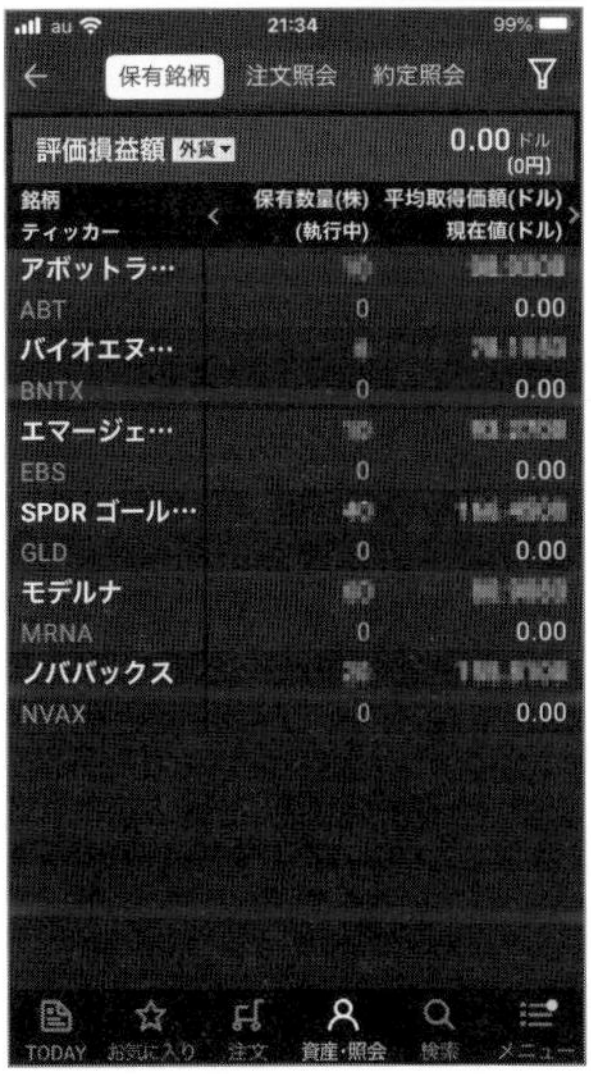

保有銘柄の保有数、価格、含み益を確認できます。

● 新規注文画面

注文方法、数量、価格、指値·成行、執行条件などを指定して注文を入れます。

04 情報収集に便利なサイトやブログ

証券会社の取引のWebサイトやアプリケーションには、経済カレンダー、マーケットニュース、決算情報、銘柄スクリーニングなどの情報収集が行え、使いこなせればこれだけで十分な情報収集が行えます。

ここでは、知っておくと便利で役立つ情報サイトを紹介しましょう。

1 日本株・投資信託に役立つサイト

Yahoo!ファイナンス（https://finance.yahoo.co.jp/）

Yahoo!ファイナンスでは、株式やFX、投資信託に

● Yahoo! ファイナンス

関するさまざまな情報をチェックすることができます。

東洋経済や**フィスコ**などのニュースサイトからトピックを集約しているため、各ニュースサイトに飛ばなくてもその日のめぼしい情報を手に入れることができ、情報収集には便利です。

株探《かぶたん》（https://kabutan.jp/）

多くの投資家が利用しているサイトです。リアルタイムの**決算速報**やニューストピック、**銘柄のランキング**なども1枚のページで見ることができるため、幅広い情報を収集することが可能です。

ストックボイス（https://www.stockvoice.jp/）

日本株式市場だけでなく、海外市場も含めてマーケットに関するあらゆる情報を動画で

● ストックボイス

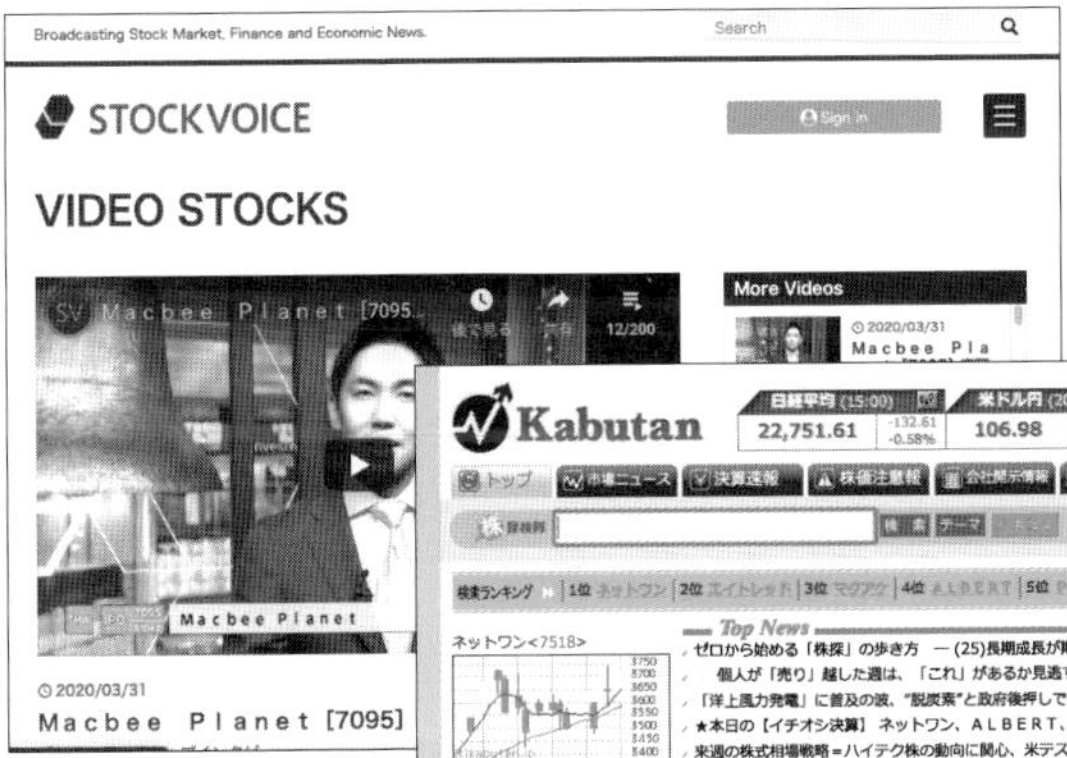

● 株探

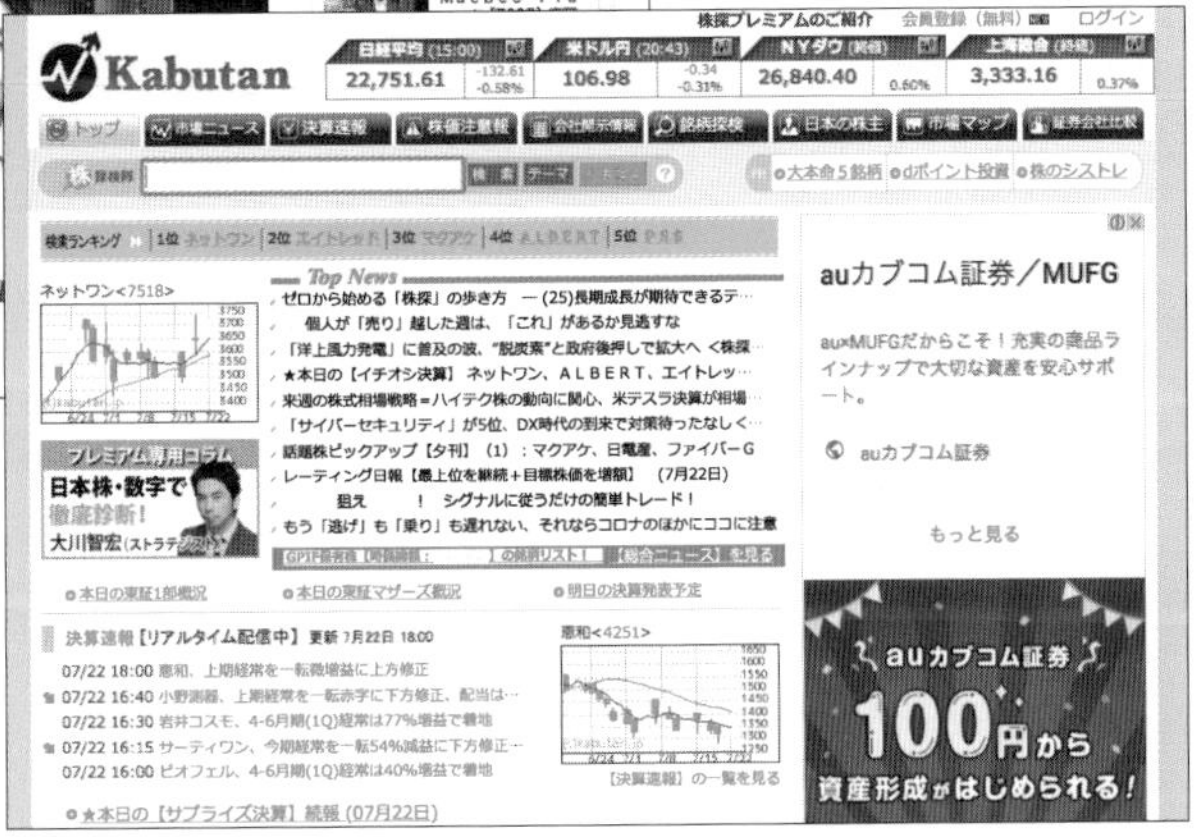

も閲覧できるサイトです。

会社四季報オンライン (https://shikiho.jp/)

会社四季報のオンラインサービスで、無料と有料のコンテンツが用意されています。

銘柄を入力すれば、その会社の業績や特色、連結事業、比較会社などの情報も見ることができます。**業績を詳しく見ながら銘柄を選びたい**人なら使いこなせるようになっておきたいサイトのひとつです。

トレーダーズ・ウェブ (https://www.traders.co.jp/)

トレーダーズ・ウェブは、株式・ＦＸ情報を配信する**総合投資情報サイト**です。

株式ニュース、ＦＸニュース、株価、チャート、経済指標のほか、話題の銘柄、ＩＰＯ情報などの株式情報も無料で読むことができます。

● トレーダーズ・ウェブ

● 会社四季報オンライン

モーニングスター **(https://www.morningstar.co.jp/)**

投資信託の検索、ランキング、分配金情報が充実しています。、株式、**上場投資信託**（ETF）、ニュースやレポートなど多様な情報を提供しています。

ザイ **(https://diamond.jp/zai)**

マネー誌「ザイ」が提供している**お金の総合サイト**です。株式投資にまつわるあらゆる情報を入手することができるほか、テクニカル分析や投資法、ネット証券活用術など、お金にまつわる多様な情報を閲覧することができます。

株式新聞 **(https://kabushiki.jp/)**

創刊70年を超える**日本最大の証券専門紙**。主力銘柄のみならず、中小型株や新興市場などの情報も手に入れることができます。

● モーニングスター

● ザイ

2 米国株に役立つサイト

ブルームバーグ (https://www.bloomberg.co.jp/)

アメリカの金融情報サービス会社が提供するサイトで、多くの機関投資家が利用している海外メディアです。世界の最新金融ニュース、マーケット情報、市場の分析や、マーケットデータ、金融情報を提供しています。ニュースは日本語で読むことができます。

その他米国ニュースサイトには、**ロイター**、**ウォールストリート・ジャーナル**が有名です。こちらもチェックすると世界のニュースが把握できます。

世界の株価 (https://sekai-kabuka.com/)

米国、アジア、欧州、コモディティ、FXな

● 世界の株価

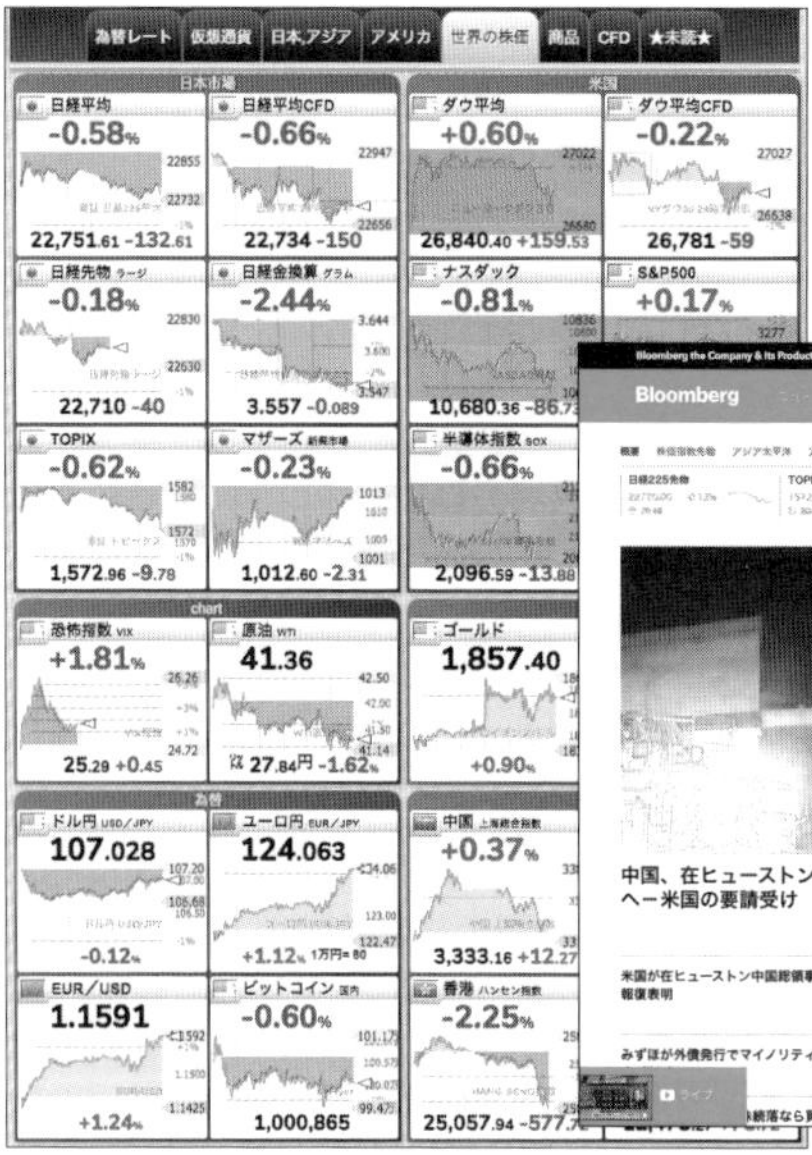

● ブルームバーグ

どさまざまなチャートを一画面に表示できるので、ざっと**世界の株価・通貨・相場状況**を知りたいときに便利なサイトです。スマートフォンでも確認できるので便利です。

Finviz.com (https://finviz.com/)

Finviz《フィンビズ》.comは、Twitterなどでパネルの画面ショットを見たことがあるかもしれません。大型株の値動きを一覧で視覚的にわかりやすく表示してくれるサイトです。米国株のスクリーニングもでき、チャートや財務指標を確認できます。

Vanguard (https://www.vanguardjapan.co.jp/)

VTI、VOOなど**米国ETFを扱う最大手**の会社のサイトです。

投資についての考え方、ニュースの読み方など、投資の王道ともいえるエッセンスがつまっ

● Vanguard

● Finviz.com

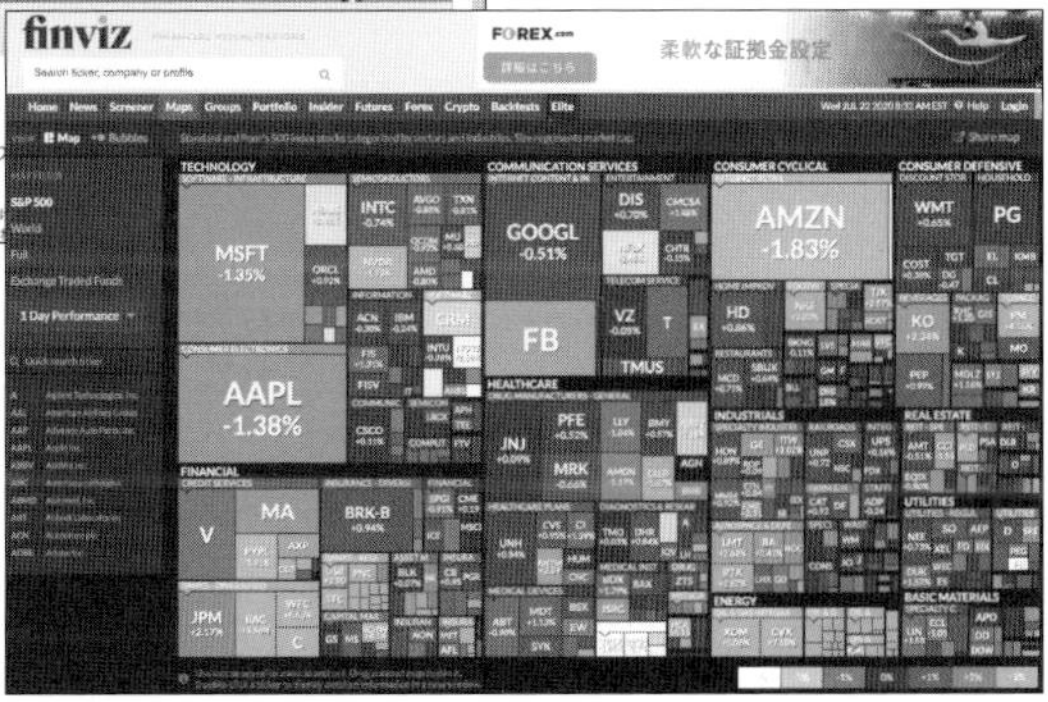

ています。米国株インデックス投資に興味ある方は、見てみましょう。

3 FXに役立つサイト

羊飼いのFXブログ (https://kissfx.com/)

FXに特化した羊飼いブログは、週間の経済指標の予定表、FX経済ニュース、FXトレーダーのトレード戦略など、**FXに必要な情報**が詰まっているサイトです。

みんかぶFX (https://fx.minkabu.jp/)

FX初心者向けの入門記事から、チャート、ニュース、FX会社の紹介まで、FXに関しての総合サイトです。コラムや主要国データなども充実しています。

● みんかぶFX

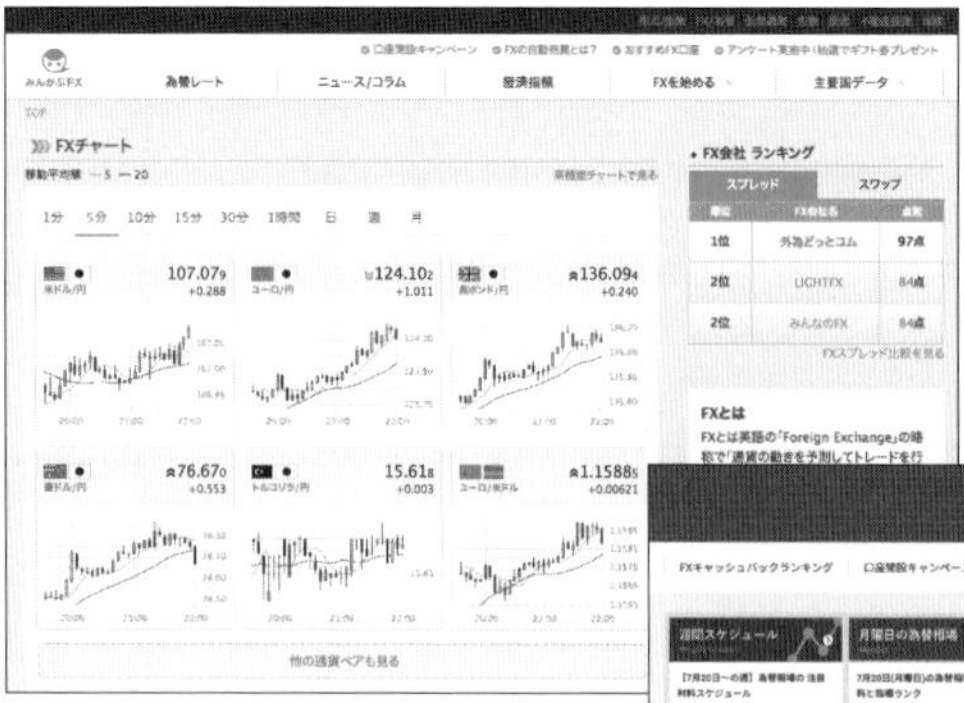

● 羊飼いのFXブログ

3時限目

FX・株式投資で使う チャートの読み方と法則

さあ、株やFXで必須の
チャートの授業です。
投資の結果は、チャートの
読み方と売買のタイミング
です。
一度覚えたら、後は経験を
重ねましょう！

01 チャートの読み方を覚えよう！

1 チャート分析でこんなことができる！

ここからは、投資の成績に直結する具体的な**チャートの読み方**について学んでいきましょう。

チャートとは、**株価やFXの為替レートの動きを時系列でグラフ化**したものです。チャートが読めると、他の投資家の売買の心理がわかり、値動きの的中確度が高くなり、いつ買うか・いつ売るかという戦略を立てることができます。

❶ 短期的な値動きを予想しやすい

チャート分析の大きなメリットは、**短期的な値動きを予想しやすい**

チャートを使いこなせるようになると、株の売買で次のような利点があります。

ということです。

短期の売買では、世界の経済動向や企業の業績等に関係なく、投資家が買いたがっているか、売りたがっているか、という**投資家の心理や売買の結果がチャートに現われます。**

チャート分析は、相場の方向感（トレンド）を捉えたり、投資家の心理を分析し相場を予想できるので、株やＦＸの**デイトレード**や**スイングトレード**（数日から数週間のトレード）などの短期的な値動きの取引に有効で、経済・政治の動き、企業の業績などに依存するファンダメンタル分析よりも**再現性も高く、投資初心者に向く分析方法**です。

❷ 投資家が意識する価格帯

たくさんの投資家が、**同じチャート（日経平均、ＴＯＰＩＸ、個別銘柄、通貨価格など）の値動きを見て売買の判断をしています。**

抵抗線（レジスタンスライン）、**支持線**（サポートライン）と呼ばれる売買が活発化する（**出来高**が増える）価格帯では、「ここで価格が上がる」「ここで価格が下がる」といった同じ判断をする人が多くなり、**意識される価格ライン**ができます。

同じ価格帯で多くの人が同じようなことを考え、

● 支持線と抵抗線が意識され、そこを抜けると

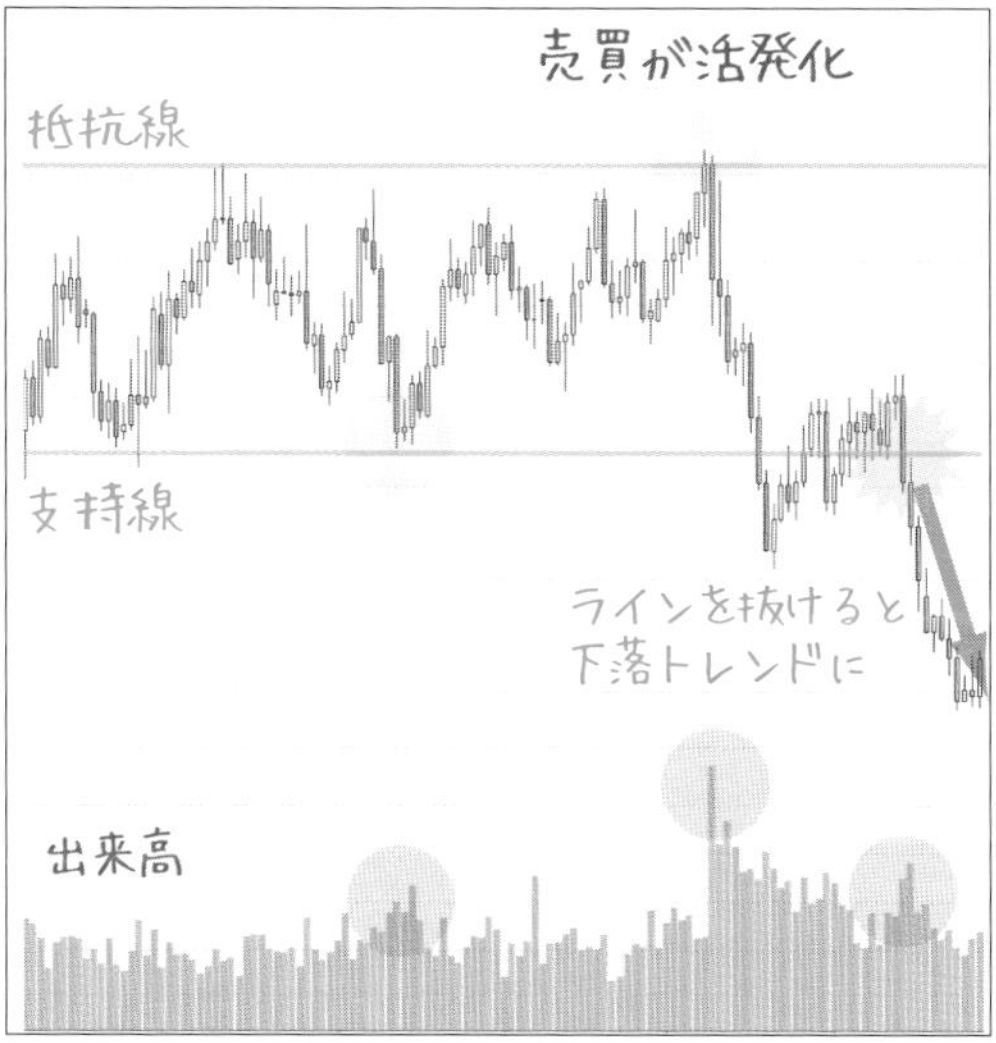

そこで売買が活発になり、支持線、抵抗線では値動きが抑えられたり、そこ抜けると上昇・下落のトレンドとなります。

2 チャート分析のデメリットも押さえておこう

❶ 突発的なニュースに弱い

チャート分析では過去の**相場の動きを読み取りながら将来の動きを予測**していきます。

大きな自然災害、国のデフォルト（債務不履行）、国家間の衝突など、突発的なニュースがあったときには、チャートからでは、その後の動きが予測しにくいというデメリットがあります。

ただし、突発的な出来事による価格変動は、**長期的には元の鞘に収まる傾向**があります。

❷ 出来高が少ない銘柄はチャート分析が効かない場合も

出来高が少ない個別株銘柄だとチャートの示す傾向に関係なく、**特定の売買だけで株価が動いてしまう**ことがあります。**仕手株**といって、資金力がある特定の投資家の売買によって株価が意図的に操作される可能性がある銘柄を言います。

❸ ベストタイミングからワンテンポ遅れることが多い

チャートは過去の値動きを表わしているため、売買のサインがベストタイミングよりも遅れて表示される傾向にあります。移動平均線のゴールデンクロスやデッドクロス（119ページ参照）で判断すると、**ワンテンポ遅れてのサイン**となるので、注意が必要です。特に75日、200日といった長い期間の足ほど遅れが顕著になります。

ちなみにMACD（140ページ）は遅行性が少ないテクニカル指標として知られています。

④ダマシに惑わされることも

チャート分析では、ダマシという一見、**買いに見えたチャートでも、価格が下がってしまう**ことがあるので注意が必要です。株やFXの相場の値動きというのは一貫性がなく、ランダムに動いていています。チャートやオシレーター指標（113ページ）は値動きを変数によって別の表現に変換したものなので、ダマシが出るのは当然といえば当然です。

例えば、抵抗線を越えたので、買いのサインが出たと思い目当ての銘柄を購入したところ、そこから値下がりしてしまい、損失が出てしまった。このようなことは頻繁にあります。

MACDはトレンドをより早く察知できますが、その分、ダマシにも遭いやすくなります。

チャートを使って売買タイミングを察知するには、1種類の指標に頼らず、**複数のテクニカル指標や、短期・長期のチャートを使って分析**し、ダマシを回避する対策が必要です。

ダマシに遭ったら**早めに損切り**（株や通貨を決済して損失を確定すること）するという事後対策も大切です。

3 チャート分析に必須のローソク足を覚えよう

チャートを構成する最小の単位が1本の「**ローソク足**」です。ローソク足は江戸時代に考案され、大阪米商人の取引で使われたのが起源と言われています。

下図が**1本のローソク足**で1時間、1日、1週間など値動きを表わし、それを時間軸で並べて表示したものが**チャート**です。

ローソク足の上下に伸びている線を「**ヒゲ**」といい、ヒゲに囲まれている胴体部分を「**実体**」と言います。

1日の長さのローソク足は**日足**《ひあし》と呼び、日本株では午前9時から午後3時までの値動きを表わしています。ローソク足は開始、終了の値段、最高値、最低値の値で形状が決まります。

- **始値**《はじめね》　**1本の時間帯の開始時点の価格**
- **安値**《やすね》　**ローソクの一番下**
- **高値**《たかね》　**ローソクの一番上**
- **終値**《おわりね》　**1本の時間帯の終了時点の価格**

● 1本のローソク足

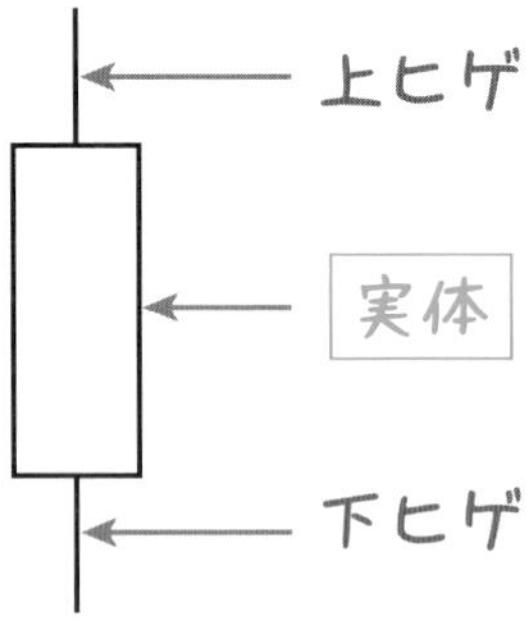

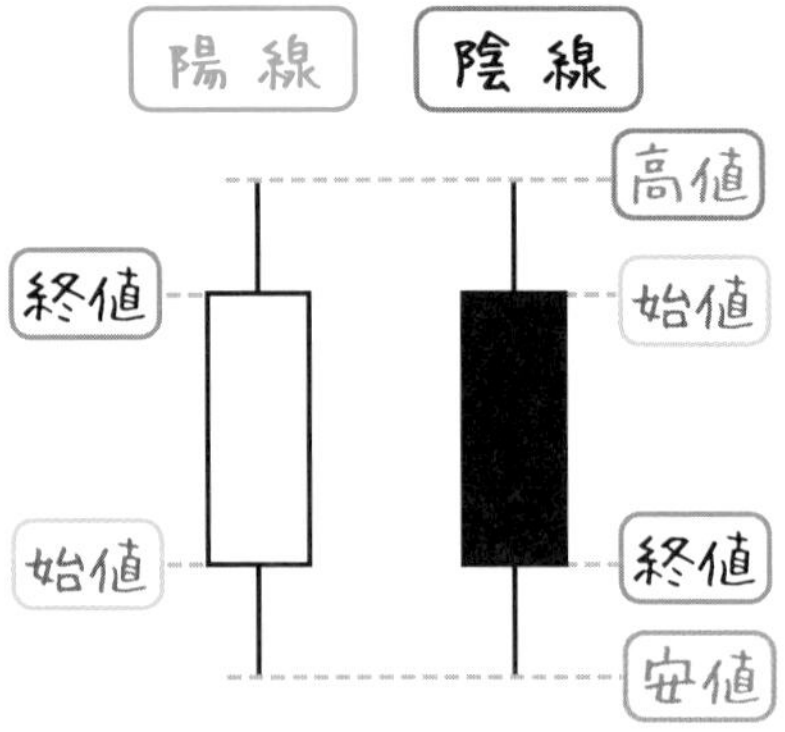

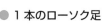

実体が白い陽線

陽線は**始値より終値が高いローソク足**で、実体を一般的に白で表わします。下の例では、始値から下がり安値を付けてから上昇し、高値を付け下落して終値としています。

❶ 始値　300円　❷ 安値　280円
❸ 高値　320円　❹ 終値　310円

実体が黒い陰線

下図は、1日の株価の動きが、始値から上昇し高値を付け、そこから安値まで一気に下落して、少し上がって終了した場合です。

❶ 始値　310円　❷ 高値　320円
❸ 安値　290円　❹ 終値　300円

始値より終値が低いローソク足を「**陰線**」と呼び、一般的に黒

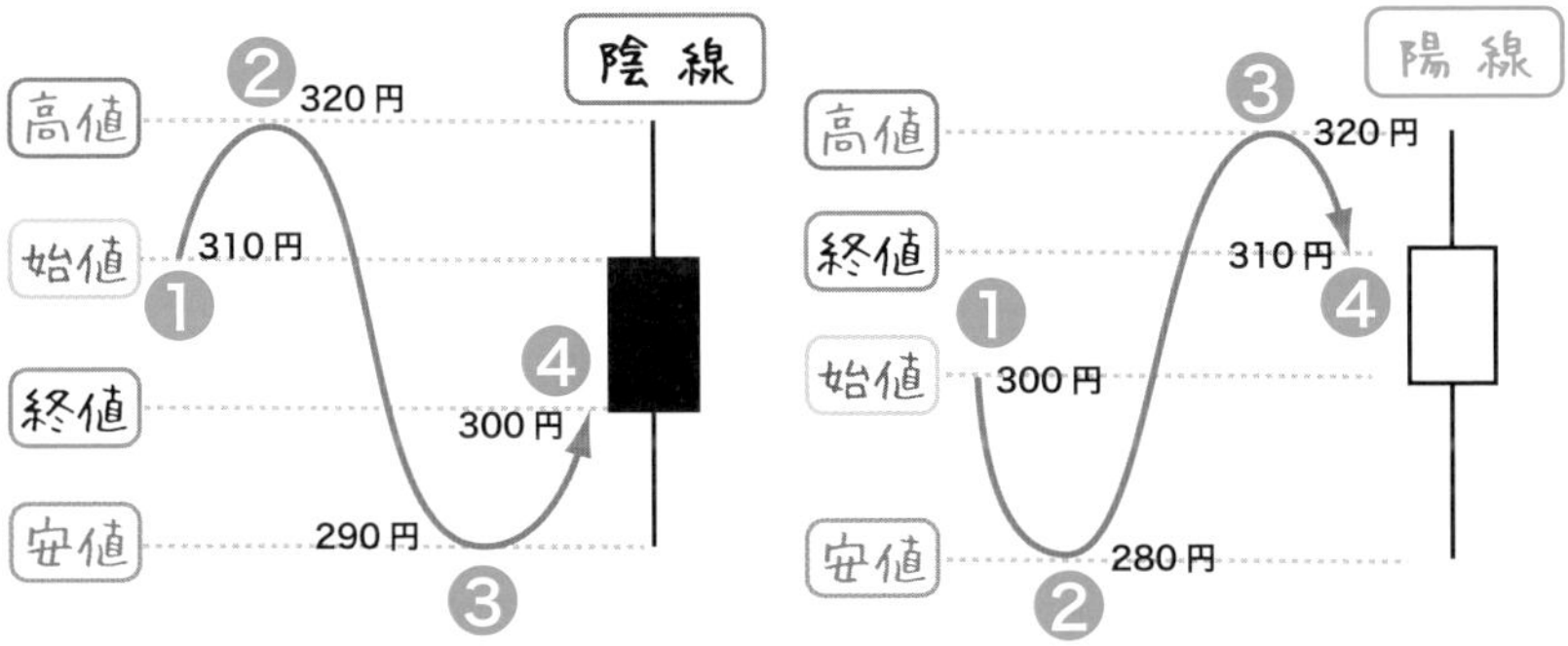

で実体を表示することが多く、実体が白い陽線と併せて覚えておきましょう。

ローソクの実体や線の色は、チャートソフトで自由に設定できるので、必ずしも白と黒で表わされるわけではありません。

4 時間足を変更しながら分析しよう

先ほど紹介したローソク足は、**1日の始値から終値**を表わしたものでした。これを「**日足**《ひあし》」と言います。

ローソク足は1本のローソク足が1か月という長い期間（月足《つきあし》）から、1分足、5分足〜1時間足など、期間を変更しながらチャートに表示し分析を行います。

どの期間のローソク足チャートを表示して分析するかは、トレードスタイルごとに異なります（下表参照）。

例えば、**スイングトレードをしたいのであれば日足、週足**チャートを使い、**長期間保有する場合は月足、週足チャート**を使って長い期間の相場の流れを把握・分析し

● 投資サイクルと表示に適した期間の目安

トレードスタイル	上位足	下位足
スキャルピング 数分〜1時間程度	1時間足 30分足	5分足 1分足
デイトレード 1日	日足 4時間足 1時間足	15分足 5分足
スイングトレード 数日〜数週間	週足 日足	4時間足 1時間足
長期トレード 数か月〜数年	月足 週足	日足

ます。

また、週足、日足、4時間足で分析しつつ、売買の判断は5分足でするというように**複数の期間を見て分析**して取引するのが通常の手法です。

5 ローソク足の種類

ローソク足の形状から、相場がどのように動いていくのかを経験的に予測することができます。**相場転換のシグナルとなる特徴的な形状**を覚えておきましょう。

大陽線《だいようせん》と大陰線《だいいんせん》

大陽線は**ヒゲがなく、**日足の場合、安値で一日が始まり、高値で一日が終わります。すなわち、**始値＝安値、終値＝高値**を表しており、安値から一方的に買われて終値を迎えているためにヒゲがありません。

これは、**買いの力が猛烈に強い**ことを表わしています。

大陰線は大陽線の逆で、売りの力が強いことを示しています。

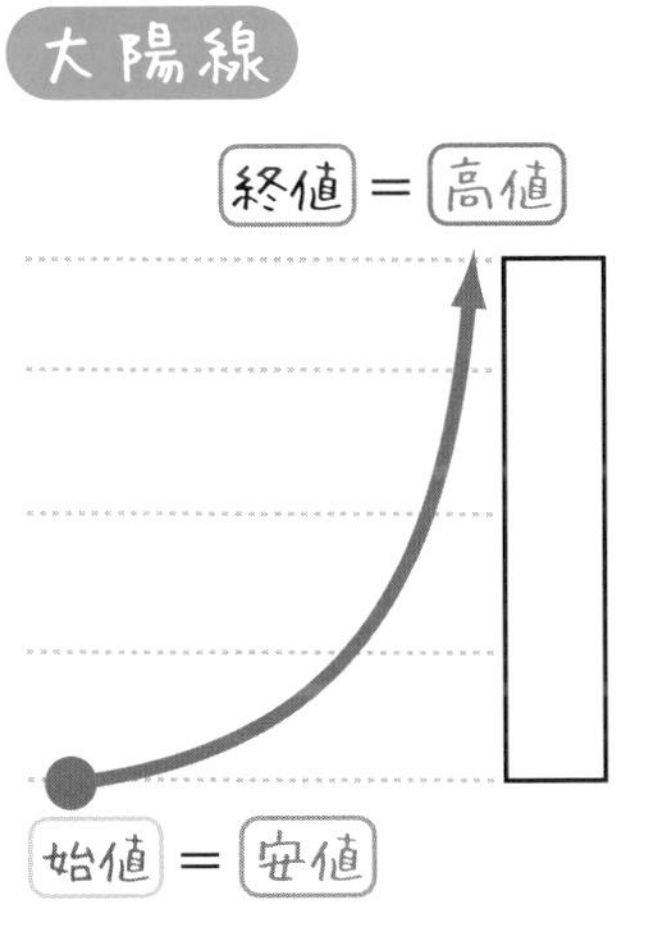

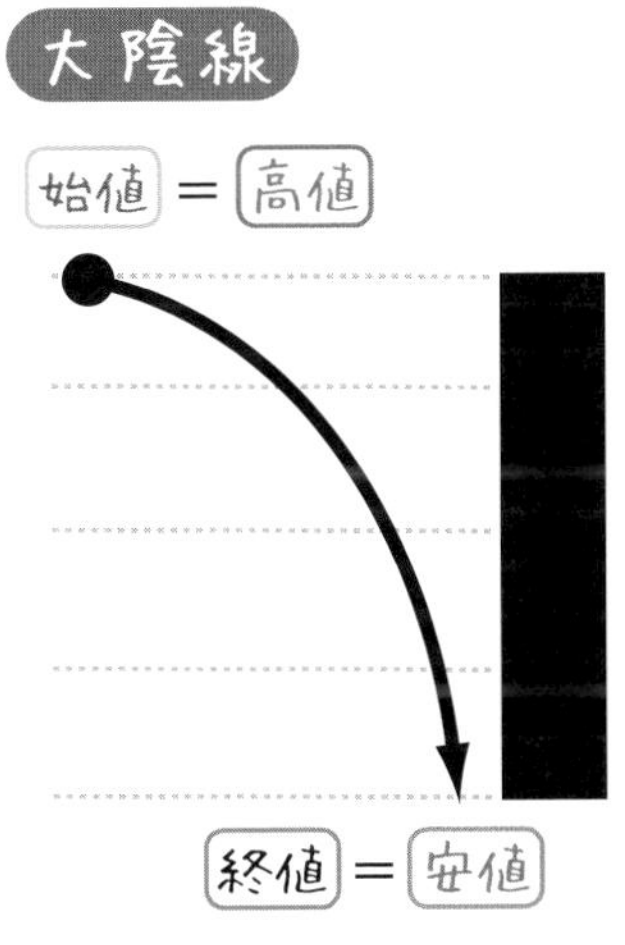

十字線（寄引同時線）

相場が上下に大きく動いたものの、最終的には始値と終値が同じ価格だったときに出てくるローソク足です。

買いたい力と売りたい力が拮抗しているときに出るもので、この形も**相場が転換**することを示しています。

下げ局面で十字線が出てきたときにはその地点が底になる可能性が高く、**上げ局面**で出てきたときには天井になる可能性が高いのです。

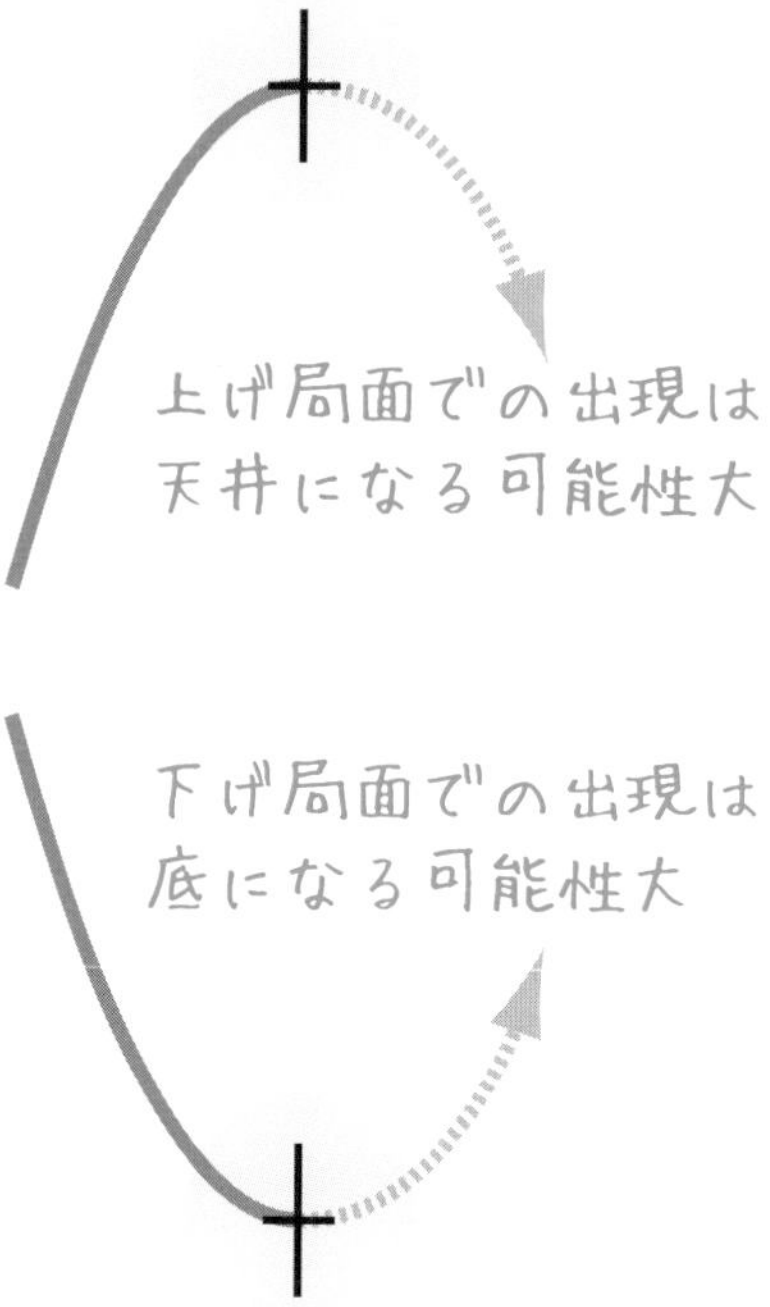
上げ局面での出現は
天井になる可能性大
下げ局面での出現は
底になる可能性大

十字線

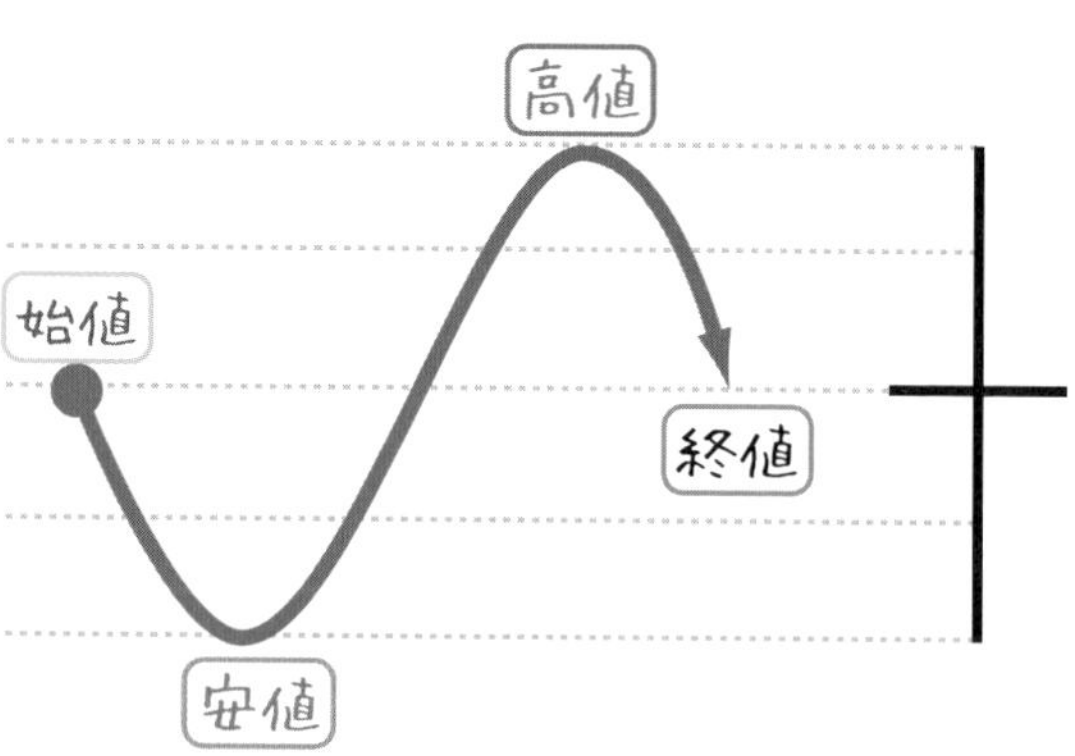
高値
始値
終値
安値

トンカチ

トンカチは、実体が小さく長い上ヒゲの金槌のような形をしています。

陽線・陰線ともにトンカチが現われることがあります。

価格が上昇したところでトンカチが出てきたら、「これ以上値段が上がりそうなら売ろうかな」と考えている人が多いことを示しています。

つまり、トンカチは**相場が切り替わる可能性**を示しています。

ローソク足の形状で、今後、上昇か下落の可能性をある程度予測できます！

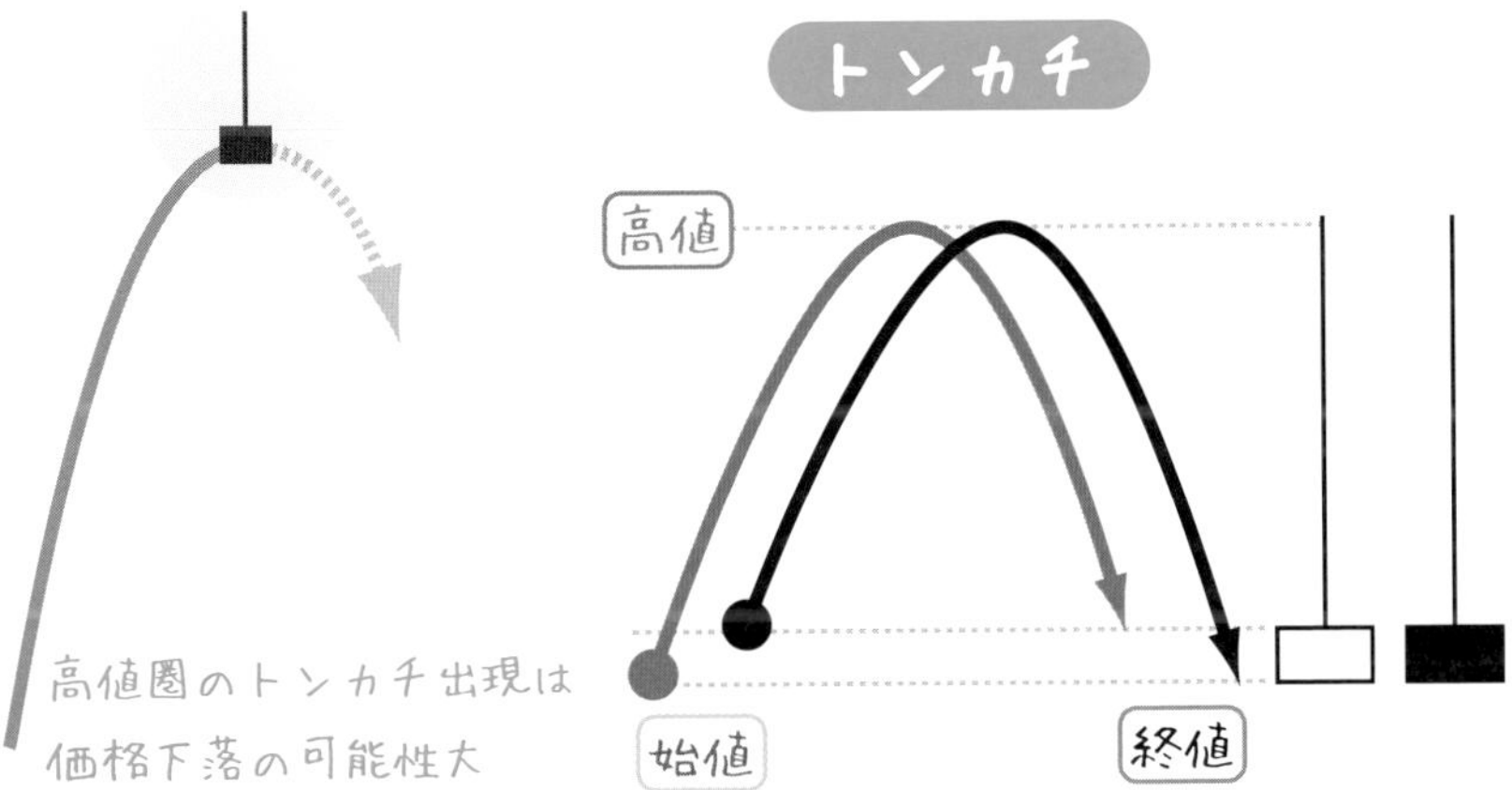
トンカチ
高値
始値
終値
高値圏のトンカチ出現は
価格下落の可能性大

カラカサ

カラカサは、トンカチと逆の形をしています。こちらも陽線・陰線ともに現われます。

カラカサは相場が下がった安値圏で出ることが多いのですが、カラカサが出たら、「これ以上価格が下がったら買いかな」と考えている人が多いことを示しています。

安値圏でカラカサが出たときは、これから**相場が上がる可能性**を示しています。

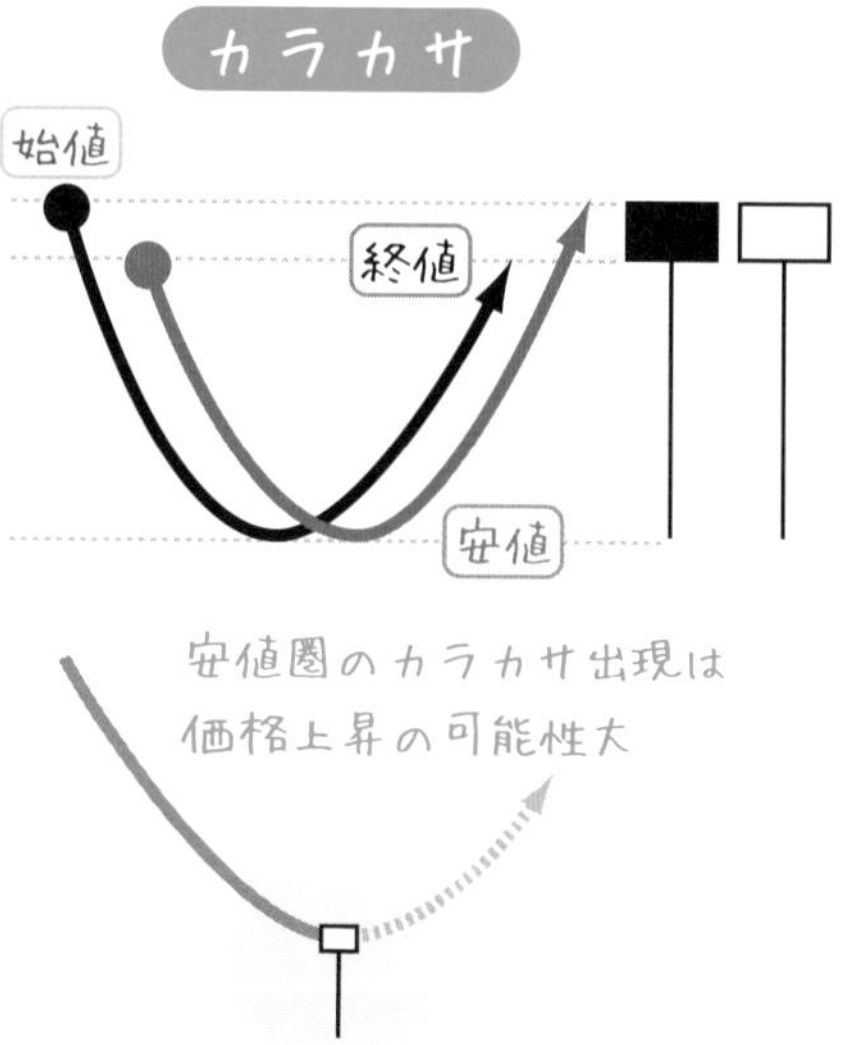

はらみ線

はらみ線は、次のローソク足の赤子をはらんでいるような形状から付けられた名前です。

陰のはらみ線は、大陰線に次の陽線がすっぽり収まった形状です。

下降中にサポートラインで出る

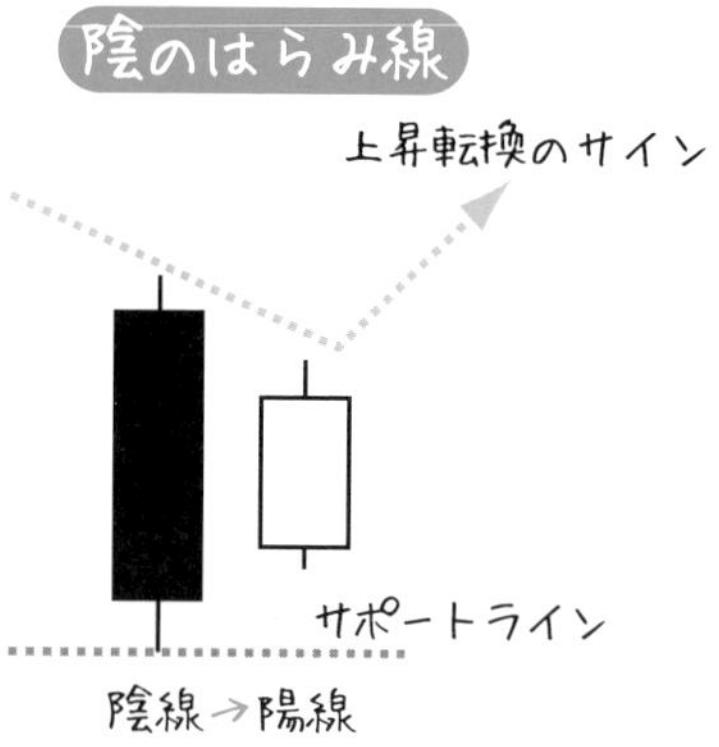

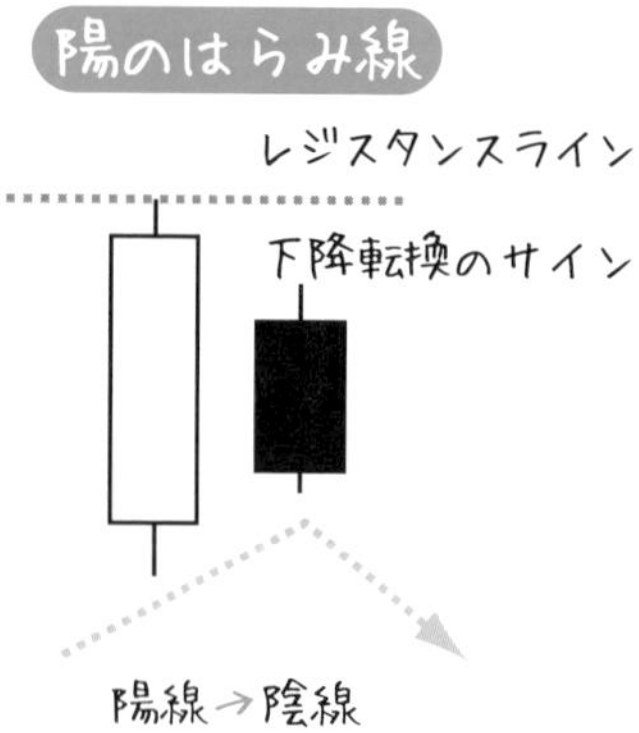

と、底値圏から相場が底を打って転換するシグナルとして捉えられます。

陽のはらみ線は、大陽線に次の陰線が収まった形状です。上昇中にレジスタンスラインで出現すると、天井を打って下落に転じるシグナルの点灯です。

つつみ線

つつみ線は、次のローソク足が前のローソク足をすっぽり包む形状からそのように呼ばれています。

陰のつつみ線は、高値圏やレジスタンスラインの下で出現すると、売りがそれまでの買い勢力を大きく上回り、下落に転換するシグナルとして捉えられます。

陽のつつみ線は、前のローソクを陽線で完全に包む形状です。安値圏やサポートラインの上で出現すると、上昇相場へ転換するシグナルとして捉えられます。

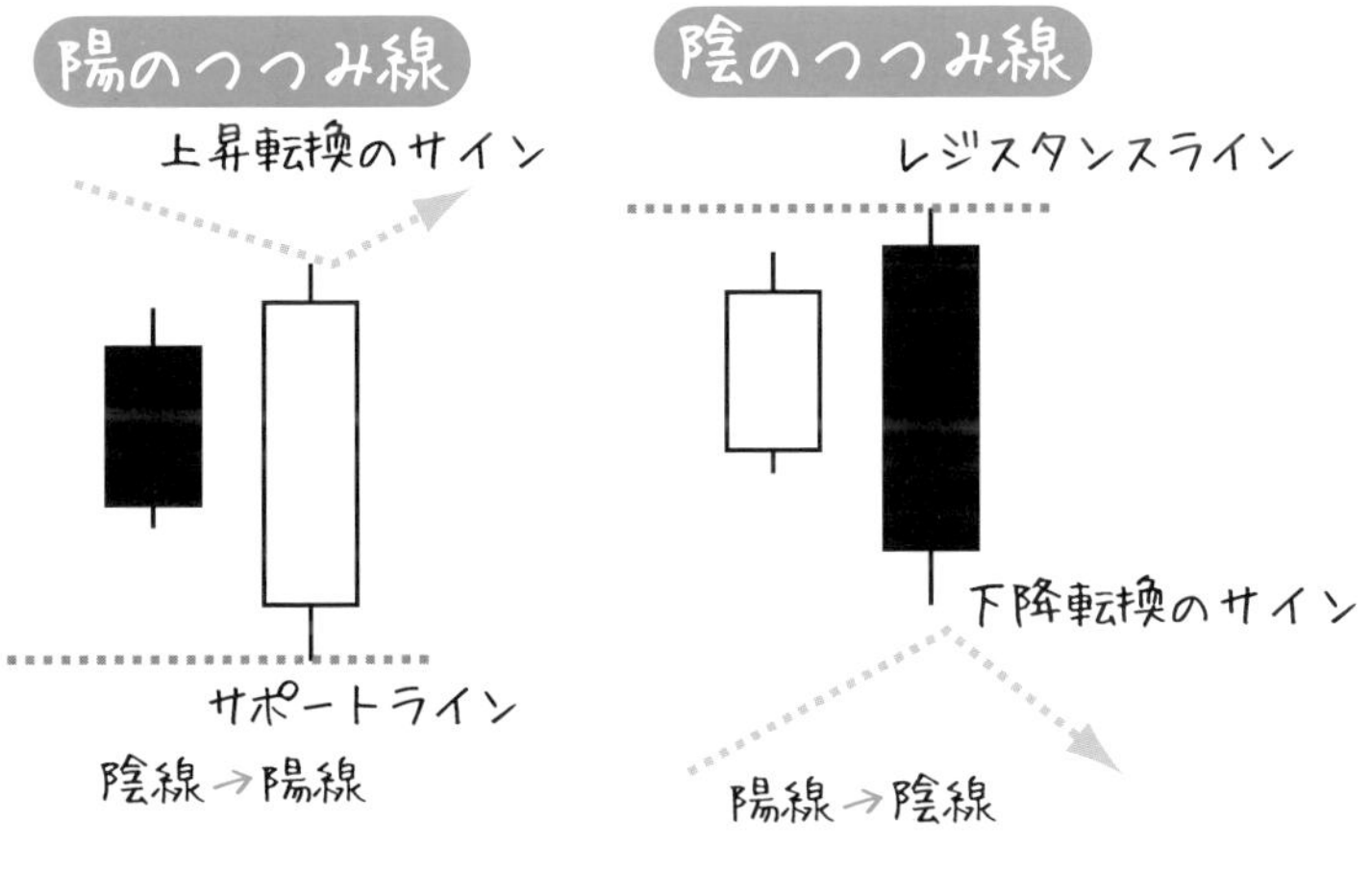

02 テクニカル指標の大枠をつかんで使い分け方をマスターしよう

1 テクニカル指標の基本3パターン

ローソク足は、すべてのテクニカル指標の大元となるデータで、その**値動きから一定の法則に従って表わした便利なテクニカル指標**が数多くあります。

テクニカル指標は種類が多い上にそれぞれ複雑な計算式から導き出され、非常に奥が深いため、すべてを覚えるよりも、まずは**いくつかの基本的なテクニカル指標**について学んで使いこなせるようになることが大切です。

著名な投資家も、基本的な2～3種類のテクニカル指標だけで分析を行いトレード実績をあげています。

テクニカル分析には
・トレンド系
・オシレーター系
・出来高系
の3つの指標の系統があります。

テクニカル指標には、大きく分けて次の3つがあります。それぞれの特徴を学びましょう。

❶トレンド系　相場の方向性、上か下か
❷オシレーター系　相場の強弱
❸出来高系　相場の強弱

2 相場の方向性を把握するトレンド系テクニカル指標

トレンドとは、**相場全体の方向性**のことを言います。トレンドには大きく分けて、

❶上昇トレンド
❷もみ合い状態
❸下落トレンド

という3つのパターンがあります。

トレンド系のテクニカル指標は「**相場がどちらの方向に向かっているのか**」を大まかに把握するために使います。

❶ 上昇トレンドのチャート

大きくチャートが**右上に向かって上昇**していることがわかります。これが上昇トレンドです。

❷ もみ合い状態のチャート

もみ合い状態のチャートは、**横ばいのまま進んでいく**チャートです。もみ合い状態からトレンドが始まる、またはトレンドが終わってもみ合い状態になることが多いのが特徴です。もみ合いチャートでは**積極的な売買は行わない**のが原則です。

❸ 下落トレンドのチャート

右下に向かって下降しているのが**下落トレンド**です。

ちなみに、下落トレンドで利益を出すのは上昇トレンドで利益を出すよりも難易度が高いと言われています（株式市場では**空売り**、FXでは**ショート**）。

初心者は、**上昇トレンドに乗ると利益を出しやすい**

● 上昇トレンドのチャート

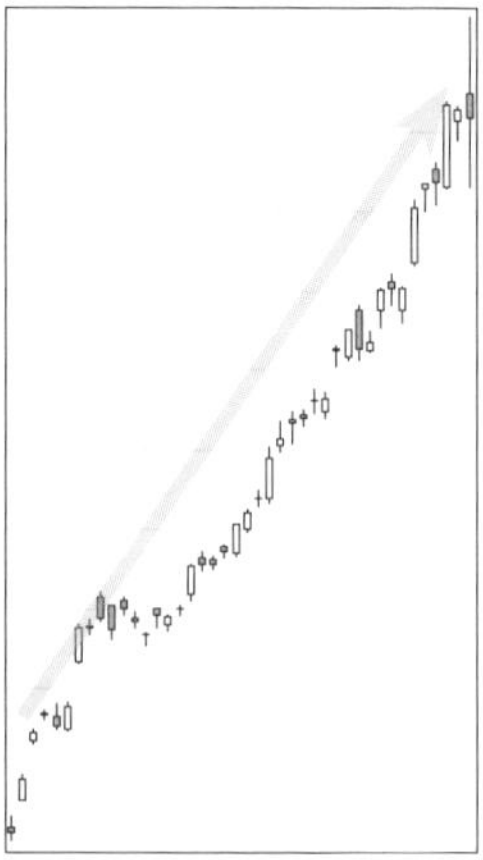

● もみ合い状態のチャート

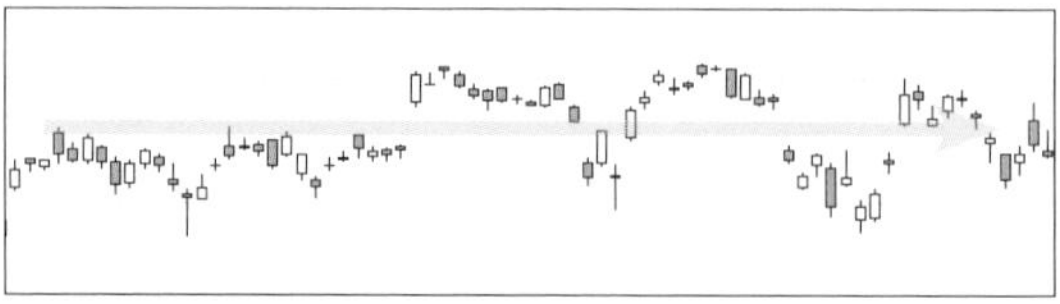

● 下落トレンドのチャート

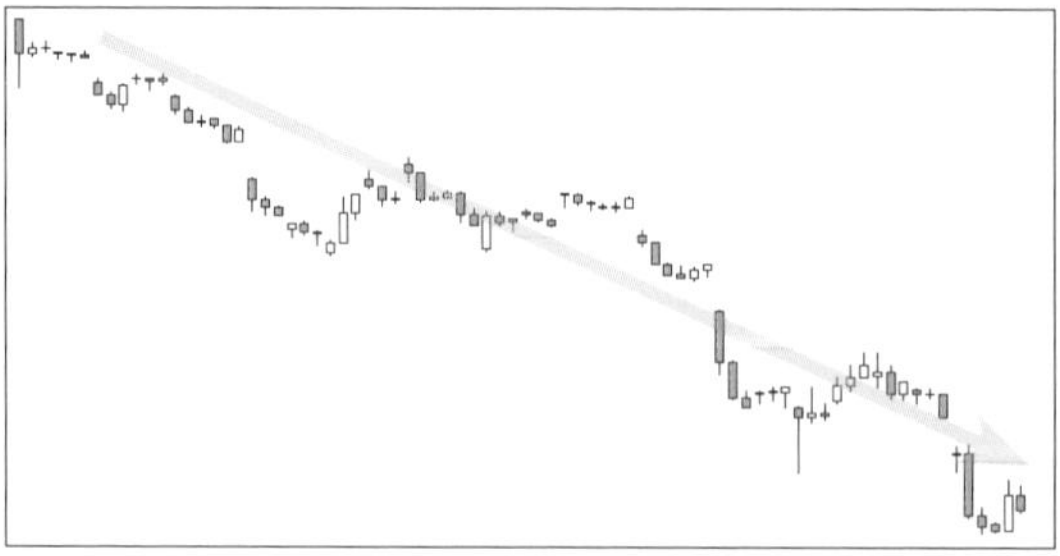

ので、まずは上昇トレンドに乗って**順張りで利益を出す**ことを目指しましょう。

トレンド系テクニカル指標として有名なものに、次のような指標があります。

- **移動平均線** トレンドや売買のタイミングを見る（116ページ）
- **一目均衡表** 相場の方向性とタイミングを把握する（136ページ）
- **ボリンジャーバンド** 今後の株価がどのような動きになるかを把握する（142ページ）

3 相場の過熱感を判別するオシレーター系テクニカル指標

オシレーターとは英語で「**振り子**」を意味します。オシレーター系のテクニカル指標は、**買われすぎているのか、売られすぎているのか**という**相場の過熱感**を判別するための指標です。

- MACD（140ページ）
- ボリンジャーバンド（142ページ）
- RSI（146ページ）
- 移動平均乖離率

のテクニカル指標が有名です。

株を買うときには、今が天井なのか、それともまだ値段が上がっていくのかを判断することがとても重要です。天井で買ってしまうと損をしてしまうからです。この判断をするのに役に立つのがオシレーター系テクニカル指標です。

ただし、**オシレーター系はダマシも多いという弱点**があります。トレンド系テクニカル指標と併せて使うことで精度を高めることができます。

4 出来高系テクニカル指標

出来高とは「**一定期間中に成立した売買の取引数**」を縦棒グラフで示したものです。棒が高いと取引量が多く、売買が活発化しており、棒が低いと取引量が少ない状態で、市場は閑散としている状態です。

出来高系のテクニカル指標を使うことにより、**今後の株価がどのような動きになるか**が把握できます。

出来高は株価に先行する

株式投資では、「**出来高は株価に先行する**」という格言があります。これは、株価が動くよりも先に出来高に変化が生じるという考え方です。

ローソク足チャートの下に描かれているのが**出来高グラフ**です。

下図の薄い青地のところを見ると、**底値で出来高が最大になり、その後に株価が上がっている**ことがわかります。**セリングクライマックス**と言われる状態です。

価格が下降し始めたときには、株保有者が利益確定のための**売り注文**をたくさん出してきます。

ただ、それに対して買う人がいなければ出来高は増えません。

反対に、買う人が多くなれば売り注文が減っていきます。

売り注文に対してそれ以上の数の買い注文が出てくれば売り注文はどんどん消化され、それに伴い出来高が増え、やがて売り注文が少なくなって株価が上昇するというしくみになっているのです。

● 出来高は一日の取引数を縦棒グラフで表わしている

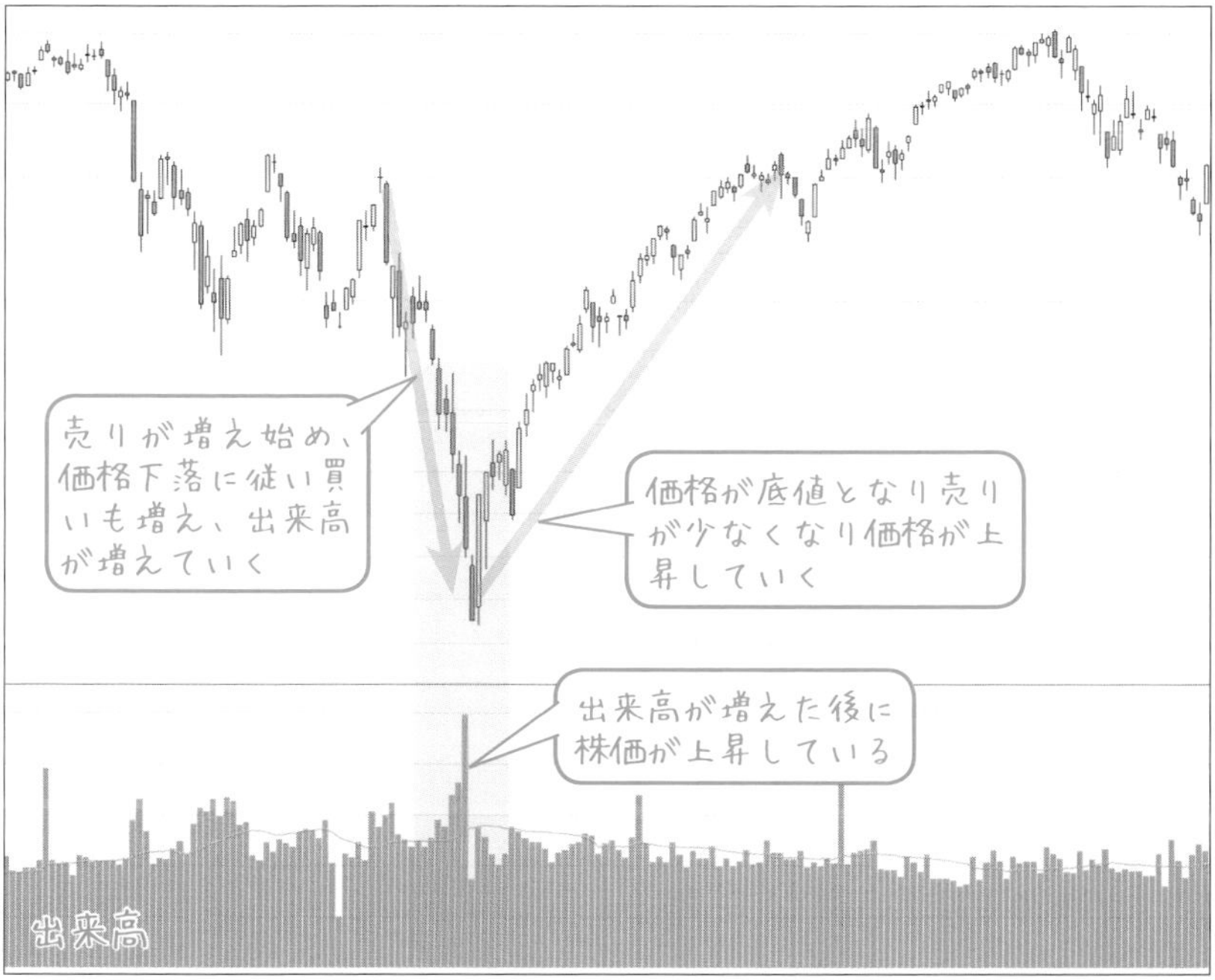
売りが増え始め、価格下落に従い買いも増え、出来高が増えていく
価格が底値となり売りが少なくなり価格が上昇していく
出来高が増えた後に株価が上昇している
出来高

03 トレンドの方向を把握する移動平均線をマスターしよう

1 移動平均線は初心者からプロまで使用する基本中の基本

トレンド系テクニカル指標の代表が**移動平均線**（ＭＡ：Moving Average）です。移動平均線は、テクニカル指標全体の中で最も基本的でよく使われる指標です。ローソク足と同様、著名な投資家から初心者トレーダーまで、ほとんどの投資家が**必ず使用するチャート**です。

一定期間（例えば５日間）の終値の合計をその期間数５で割って平均値を出し、それをつなげてグラフ化したものです。移動平均線では次のような分析ができます。

- 大まかなトレンドを把握できる
- トレンドの勢いがわかる

5日移動平均線（1週間）の場合は、5日分の終値を合計して5で割り、平均値を出します（下図）。5日移動平均線は最も短期なので、ローソク足の軌道に比較的近い軌道で動きます。

75日移動平均線なら、75日分の終値を足して75で割った値を結んだ線です。

5日移動平均線に比べると、75日移動平均線のほうが動きが緩やかになります。移動平均線は、長期になるほどなだらかで動きの少ない線になります。

移動平均線は、

短期移動平均線（5、10日）
長期移動平均線（50、75、100、200日）

の2本、またはそこに

中期移動平均線（20、21、25日）

を加え3本を表示させて使うのが一般的です。

● 10日間の終値と5日移動平均線

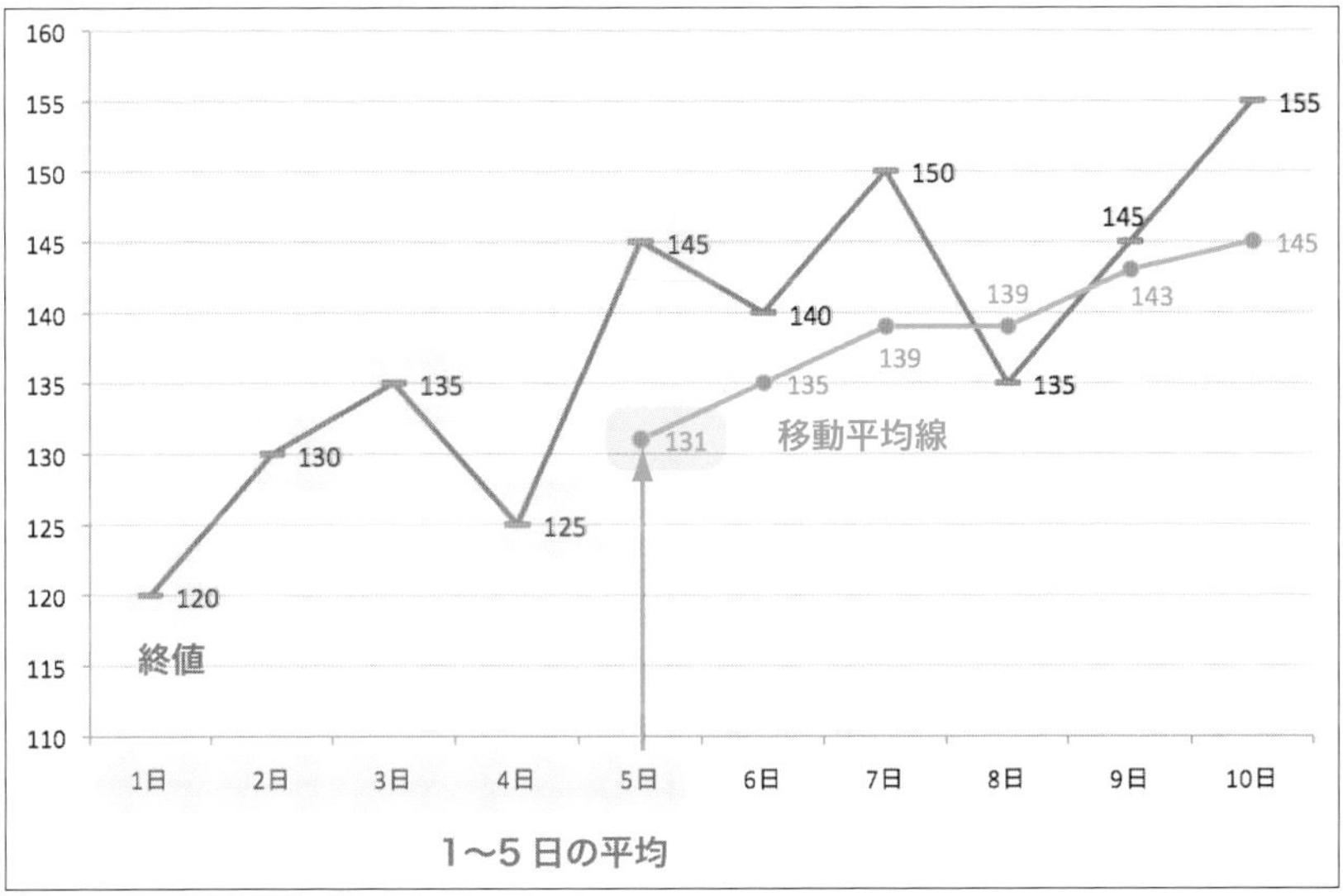

2 移動平均線には3つの種類がある！

移動平均線には、次の3つの種類があります。

- **単純移動平均線**（SMA：Simple Moving Average）
- **加重移動平均線**（WMA：Weighted Moving Average）
- **指数平滑移動平均線**（EMA：Exponential Moving Average）

単純移動平均線は、単純に**終値を合計**して割った平均を結んだ線です。

加重移動平均線は、直近の価格ほど、比重を高めて算出した移動平均線です。単純移動平均線に比べて、**直近の値動きに敏感に反応**するという特徴があります。

指数平滑移動平均線は、直近の終値のみに2倍の比重をかけて算出する移動平均線で、こちらも**より直近の値動きに敏感に反応**するという特徴があります。

多くの投資家が使っていることもあり、はじめは単純移動平均線から使い始めるのがお勧めで、特に問題がなければそのまま使い続けるのが良いでしょう。

単純移動平均線を使っていく中で相性が良くないなと感じたり、より値動きに敏感に反応する移動平均線を使いたいと考えた際には他の移動平均線も試してみるという使い方をしていきましょう。

3 ゴールデンクロスとデッドクロス

短期移動平均線が中期・長期の移動平均線を上に抜けることを「ゴールデンクロス」と呼びます。10日移動平均線が25日、75日、200日の移動平均線を上に抜けるような場合です。

ゴールデンクロスは価格が大きく下がった後によく見られるもので、下落トレンドが上昇トレンドに転じるサインと捉えられ、**買いのサイン**を示すものとして使われています。

短期線、中・長期線ともに上向きで3本同時にクロスした場合はより力強い上昇となります。

ゴールデンクロスと逆に、**短期移動平均線が中期・長期移動平均線を下に抜ける**ことをデッドクロスと呼びます。こちらはトレンドが下降に転じることを示し、**売りのサイン**となります。

ゴールデンクロス・デッドクロスともに、短期移動平均線と長期移動平均線が**交わる角度が大きいほど強い**とされています。

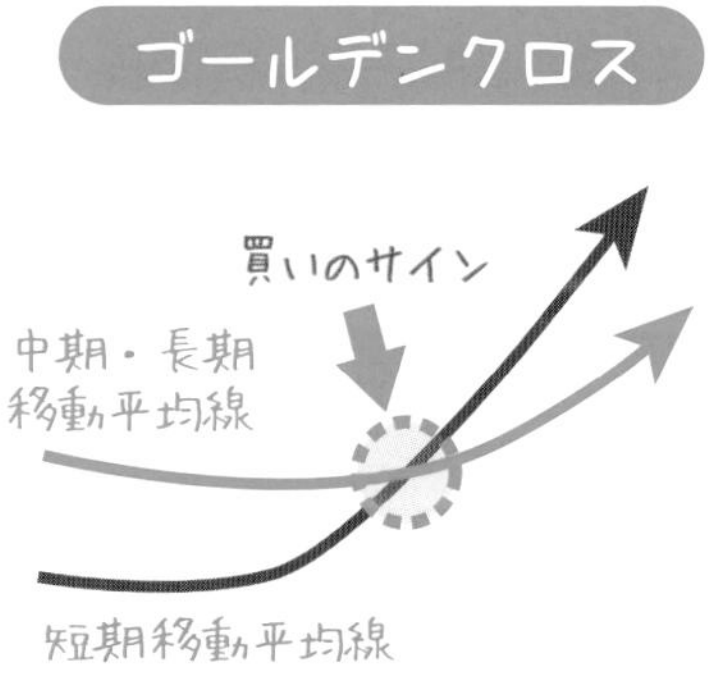

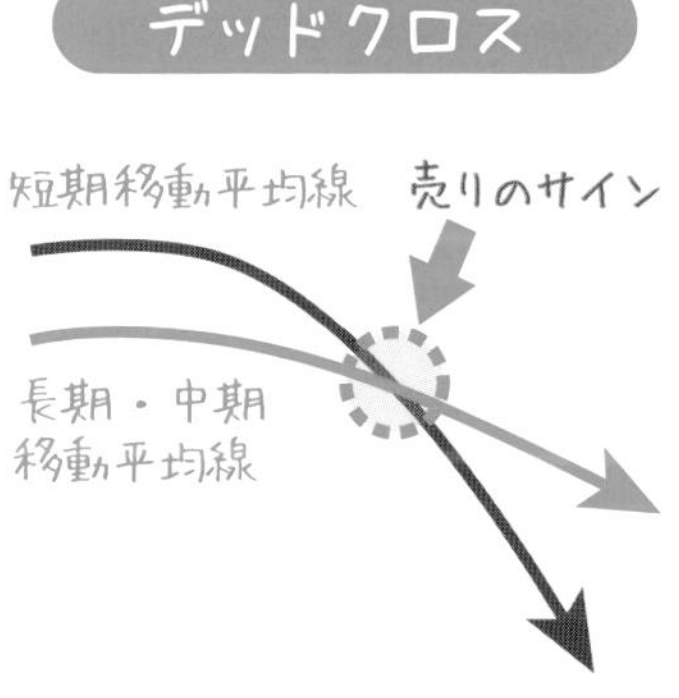

4 移動平均線はサインが遅れる

ゴールデンクロス・デッドクロスの弱点として、**サインにタイムラグがある・ダマシが多い**という特徴があります。下の図を見てください。

株価が底値から上昇し始めて**少ししてから移動平均線のゴールデンクロスのシグナルが出ている**ことがわかります。

移動平均線は過去の株価の平均値から算出されているので、下降、上昇のサインが少し遅れて出ます。

早めにゴールデンクロスとデッドクロスを見つけるためには、**設定期間を短くする**という方法があります。

例えば、それまで10日移動平均線と25日移動平均線の2つを使ってゴールデンクロスとデッドクロスを把握していた場合、5日移動平均線と10日移動平均線を使うようにするという方法です。

こうすれば、10日移動平均線と25日移動平均線を使

● ゴールデンクロス・デッドクロスはサインが遅れる

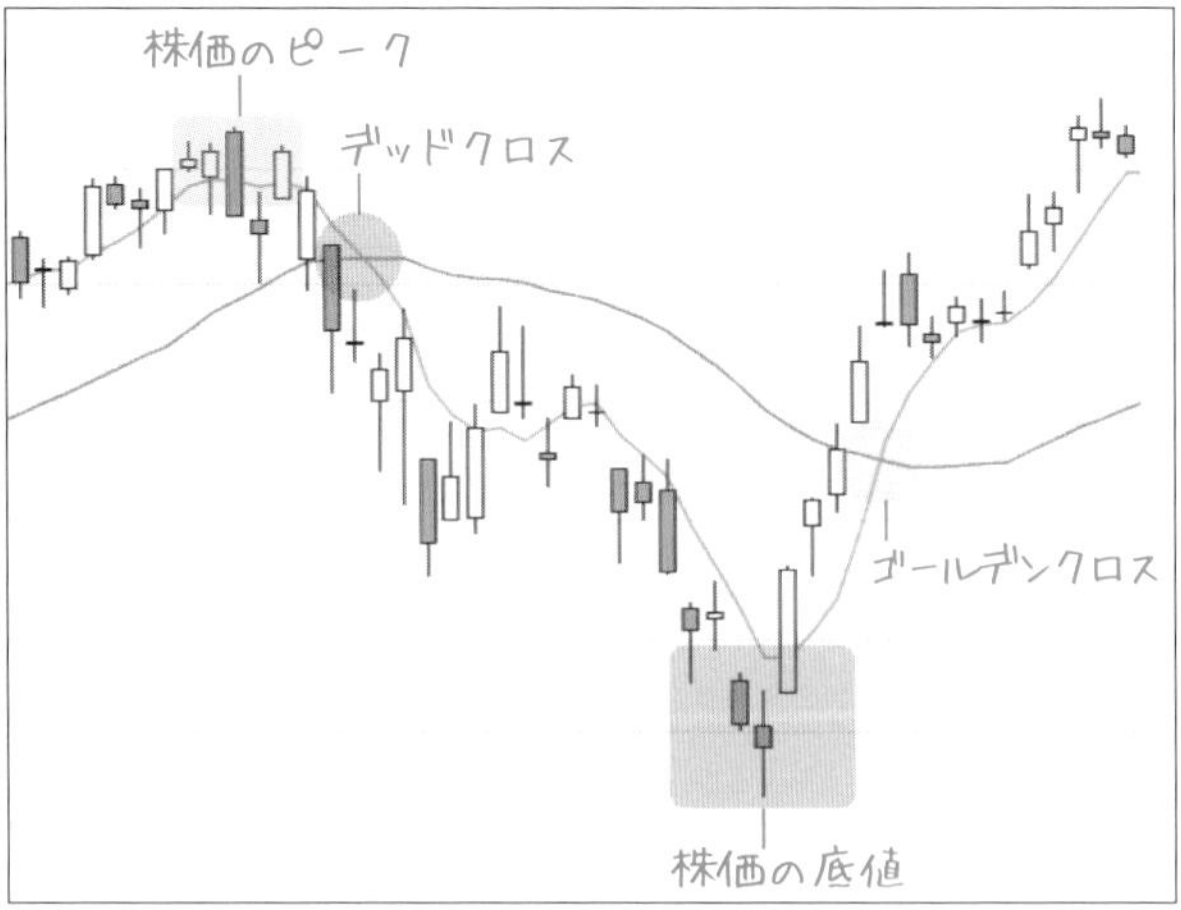

用していた場合に比べて早めにサインを見つけることができます。しかし、**設定期間を短くすると**サインが頻発して**ダマシに遭いやすくなる**という問題があります。

特に株価が上にも下にもあまり動かずにもみ合い状態が続いている場合、その期間中に何度もゴールデンクロスとデッドクロスが繰り返されてしまうことがあるのです。

5 移動平均線はどの期間の設定を使うべきか？

移動平均線の設定数はどのようにしたらいいでしょうか？　短期トレード、スイングトレード、長期トレードなど、トレードスタイルで設定期間が異なります。また、スタイルにより、短期、中期、長期の定義自体も変わると思います。まずは、**自分のトレードスタイルを決めることが先決**となります。

一般的には、短期線（5、10、20、25）、中期線（20、25、50）、長期（75、100、200）からいくつか使ってみて、結果がよかった、使いやすかった設定にするとよいでしょう。

各証券会社が提供する日足チャートの短期、中期、

● 移動平均線の短・中・長期の設定値

	設定値	
短期	5	5営業日、1週間
短期	10	10営業日、2週間
短期・中期	20	20営業日、4週間
短期・中期	25	
中期	50	
中期	65	
長期	75	
長期	100	
長期	130	
長期	200	年間の営業日

長期の初期設定値を見比べてみましょう（下表参照）。短期が5、25、中期が25日、50日、長期が75日としているチャートが多いようです。

短期の**5日**は、日本株では月曜～金曜の**1週間**分の長さになります。10日だと2週間、20日だと4週間（ほぼ1か月）の長さの移動平均線ということです。

移動平均線は、5日だとローソク足の動きに近い分ジグザグし、期間が長くなるほど滑らかな線になります。

週足では、13週（65日）、26週（130日：半年）、52週（260日：1年）という「週」で表わした長さを使用する場合もあります。

投資家の多くはこの初期値でチャートを見て予想を立て売買しているので、意識する価格帯はほぼ同じになります。25日は5週（1か月と1週）、75日は15週（4か月弱）の期間です。

移動平均線の設定値は一概にどれがいいとは言えません。銘柄や相場状況、また投資期間や1回の取引で得たい利益によって使うべき設定値は異なります。

初心者の方は、チャートソフトの初期設定値のまま使い、設

● 各会社の日足チャートの短期、中期、長期のパラーメータ初期値

会社（チャート）	短期	中期	長期
楽天証券 iSpeed	5	25	75
SBI証券 SBI株	25	50	75
Yahooファイナンス	5	25	75
DMM 株	5	25	75
マネックス証券	5	25	75

定値を変えるとどう変わるかなどを試しながら使ってみましょう。

中長期のトレンド判断に使われる200日移動平均線

200日移動平均線は、中長期でのトレンドを見るためには便利な指標です。**200日というのはちょうど休日を除いた年間の営業日**なので、1年間の平均値をつなげたラインです。

200日移動平均線は、株価のサポートライン、レジスタンスラインとして機能し、上昇基調のときは、レジスタンスラインあたりで下降に転じ、下降基調のときは、200日移動平均線がサポートしそこから上昇に転じることが多くなります。

次ページで説明する**グランビルの法則では、伝統的に200日移動平均線を使って売買ポイントを判断**します。

75日と200日移動平均線を他の時間足で表示するには下記の表となります。

例えば、200日移動平均線を週足チャートで表示するには、40の設定値の移動平均線を見るということです。75日移動平均線を週足で見るには15の設定値の移動平均線となります。

● 200日と75日移動平均を他の時間足での換算

時間足	200日移動平均線	75日移動平均線
1時間足	4800時間	1800時間
4時間足	1200時間	450時間
日足	200日	75日
週足	40週	15週
月足	10か月	3.75か月

04 グランビルの法則で売買ポイントが判断できる！

1 グランビルの法則でエントリーポイントがわかる

グランビルの法則とは金融記者だったジョセフ・E・グランビル氏が考案したもので、移動平均線と現在値の動きの位置関係のパターンから**エントリーのタイミングを判断する**方法です。

グランビルの法則をしっかりと理解しておけば、現在のチャートと移動平均線から、いつ買い・売りでエントリーしたらいいかがおおよそ判断できるようになります。

例えば次ページのチャートを見てください。相場が上昇トレンドから下降トレンドに転じる単純なチャートです。このチャート内に、**買いが４回と売りが４回の合計８つの売買タイミング**があ

「グランビルの法則」を実際のチャートと照らし合わせてみると、売買のタイミングがわかるかもしれません。

ります。

黒点線が**ローソク足（価格）**で滑らかな青線が**移動平均線**を表わしています。

そして、売買のタイミングは、**大勢の投資家が意識し売買が交錯する場所**です。

買いでは、新規買い、押し目買い、買い増し、リバウンド期待の短期買いの4回です。

売りは買いと同様、上昇中の短期売り、新規で売り、戻って売り、売り乗せの4回です。

特に大事なのは、買いの❶と売りの❻の新規エントリーのところです。

● グランビルの法則の売りと買いのタイミング

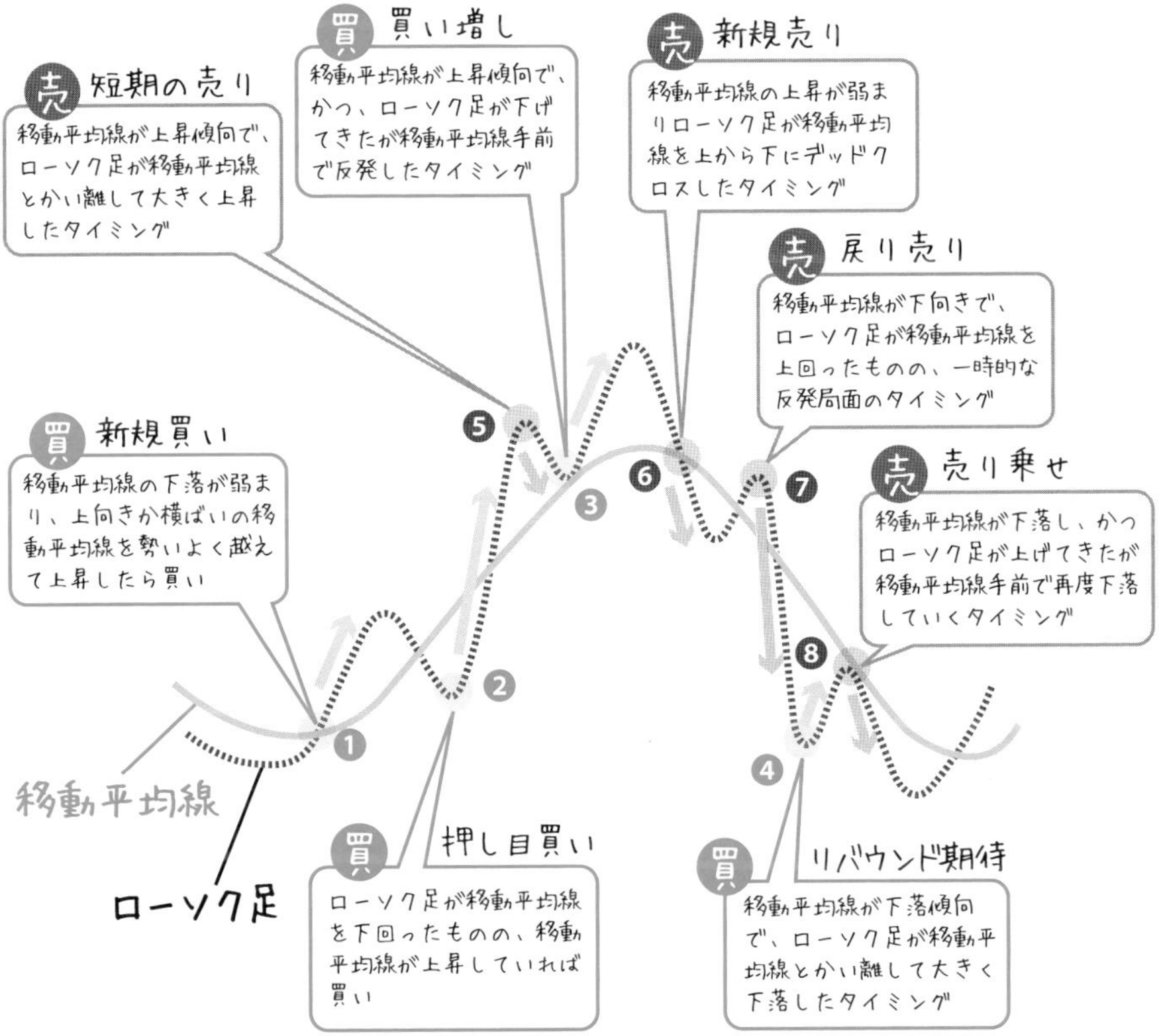

売 短期の売り
移動平均線が上昇傾向で、ローソク足が移動平均線とかい離して大きく上昇したタイミング
買 買い増し
移動平均線が上昇傾向で、かつ、ローソク足が下げてきたが移動平均線手前で反発したタイミング
売 新規売り
移動平均線の上昇が弱まりローソク足が移動平均線を上から下にデッドクロスしたタイミング
売 戻り売り
移動平均線が下向きで、ローソク足が移動平均線を上回ったものの、一時的な反発局面のタイミング
買 新規買い
移動平均線の下落が弱まり、上向きか横ばいの移動平均線を勢いよく越えて上昇したら買い
売 売り乗せ
移動平均線が下落し、かつローソク足が上げてきたが移動平均線手前で再度下落していくタイミング
1
2
3
4
5
6
7
8
移動平均線
ローソク足
買 押し目買い
ローソク足が移動平均線を下回ったものの、移動平均線が上昇していれば買い
買 リバウンド期待
移動平均線が下落傾向で、ローソク足が移動平均線とかい離して大きく下落したタイミング

05 支持線と抵抗線でエントリーポイントを探そう

1 水平線を引いてライン分析してみよう

- **上昇中の株価がいくらまで上がるのか？**
- **下落している株価がいくらで下げ止まるのか？**

これらを把握する際には、チャート上に線を引いておおよその株価の目途を付ける方法が便利です。

過去の株価が、１０００円に下落すると反発し、１２００円に上昇するとそこから反転することが何度かあれば、この１０００円と１２００円という株価で水平に線を引いてみましょう。

この場合、上昇しても跳ね返される１２００円が**抵抗線（レジスタンスライン）**、下落しても下げ止まって反発する１０００円を

上値と上値が同じ価格帯を水平線で結べるとそれが抵抗線、下値同士を結べると支持線として機能することを知っておきましょう！

支持線（サポートライン）としてとらえることができます。

支持線は価格が下落し、反転する2か所以上のポイントを結んで作成します。正確に水平に引けることもあれば、価格がずれることもあります。ずれた場合は、アバウトに引いてもかまいません。

抵抗線は価格が上昇し上値が抑制され反転する2か所以上のポイントを結んで引くことができます。

試しにチャートツールで、ボックスの値動きになっているチャートを探してみましょう。

保有している銘柄の株価が**抵抗線を突き破ったら、**強い買いの力があると判断して**買いのエントリーポイント**になります。

支持線を下に抜けたら、下落がしばらく続くと判断して、これ以上損失が拡大しないよう、**損切り（ロスカット）**を行い売却するといった使い方が一般的です。

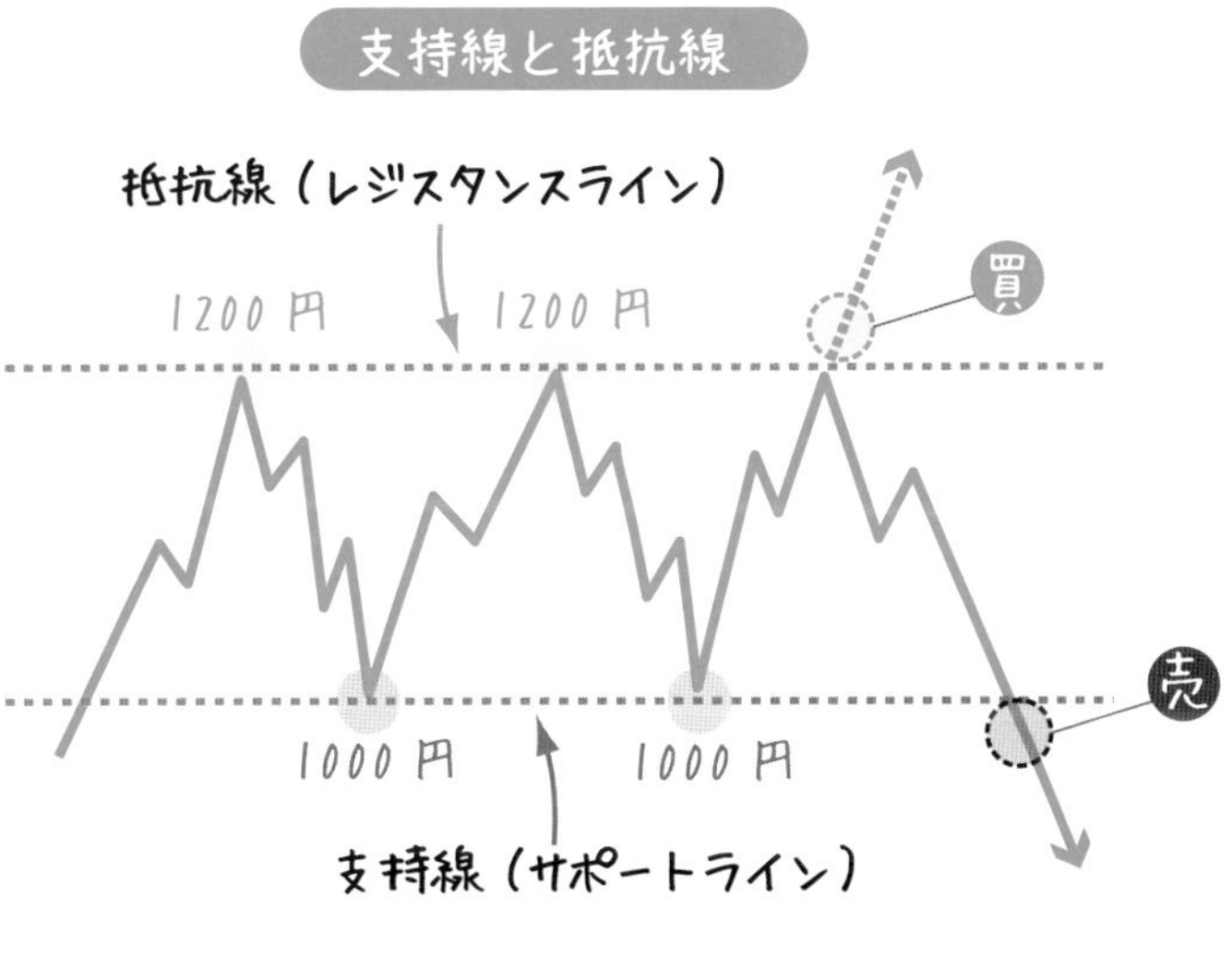

2 レジサポ転換でエントリーを見極める

抵抗線（レジスタンスライン）と支持線（サポートライン）が入れ替わることを**レジサポ転換（リスクリバーサル）**と言います。

例えば先ほどの例のように、株価1000円を下値支持線（サポートライン）として動いている株価について考えてみましょう。

あるとき、株価が下落して1000円を割り込んで950円、900円と下がっていったとします。

その後、どうにか850円で底を打って上昇に転じた後、先ほどの支持線（サポートライン）である1000円という株価で今度は天井を打って跳ね返されるという値動きがあるのです。

今度は1000円という株価が支持線から抵抗線（レジスタンスライン）に変わり、これを**レジサポ転換**と言います。

株価が抵抗線や支持線にあるとき、一般的には売買が増加

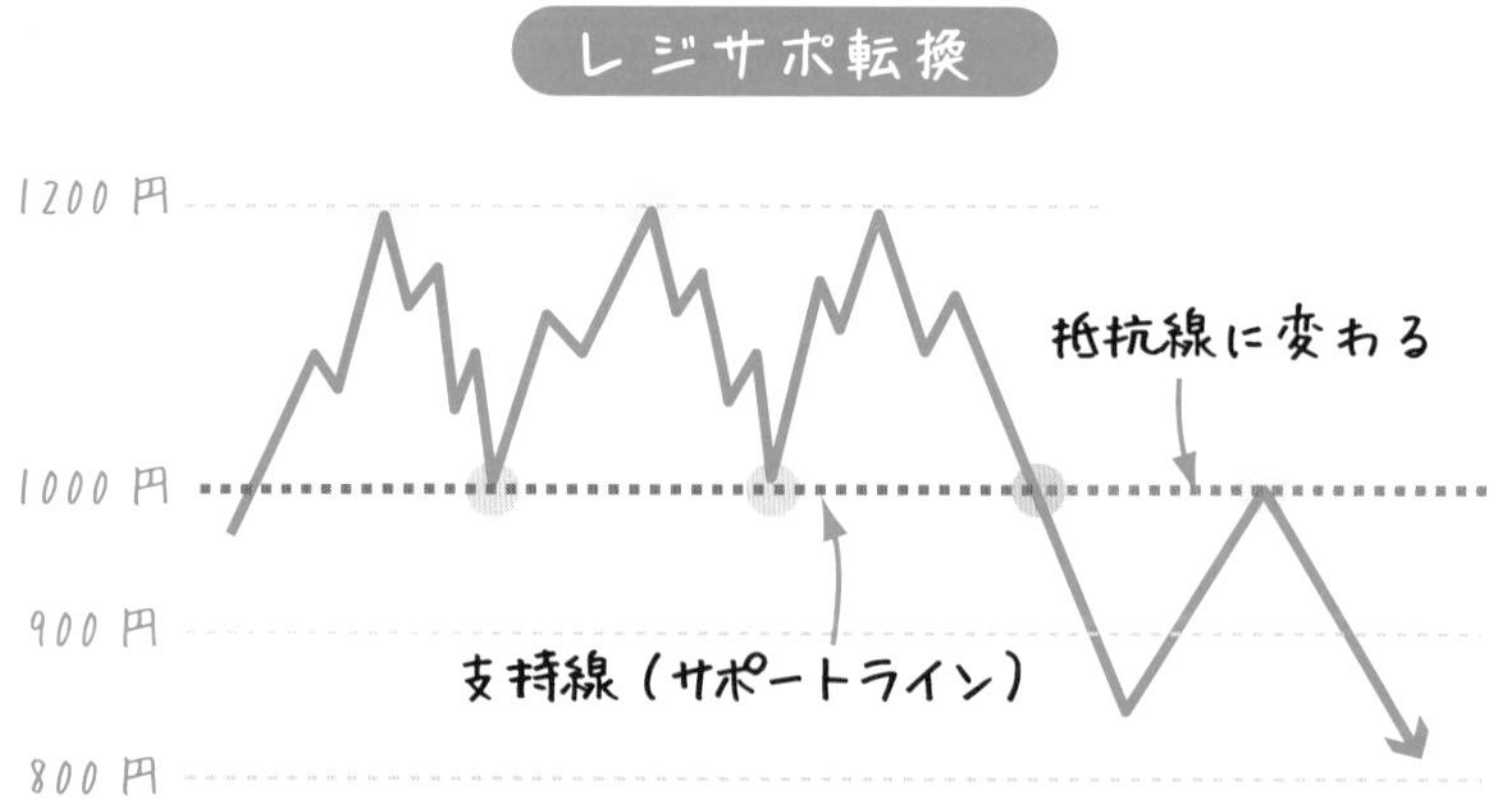

する傾向にあります。これは、その近辺で株を買おうと考えたり、また手放そうと考える人が増えるためです。

例えば支持線で株を購入してその後下落した場合、買値までまた株価が戻ってきたらどう考えるでしょうか？

「大きな損失になりそうだったけど、何とかプラスマイナスゼロで手放せそうだ」

と考えて売却注文を出すことが考えられます。

支持線（サポートライン）近辺で逆張りで株を買った人が今度は、抵抗線として売却注文を出すという構図です。

実際、チャートをたくさん見ていくと、レジサポ転換を数多く見つけることができるはずです。

上値や下値の目途の株価を知ることで、売買の判断はしやすくなります。

チャートで取引の練習をする際には株価がどこで下げ止まりそうか、どこで上げ止まりそうなのかについて、線を引いて考えてみるとよい勉強になります。

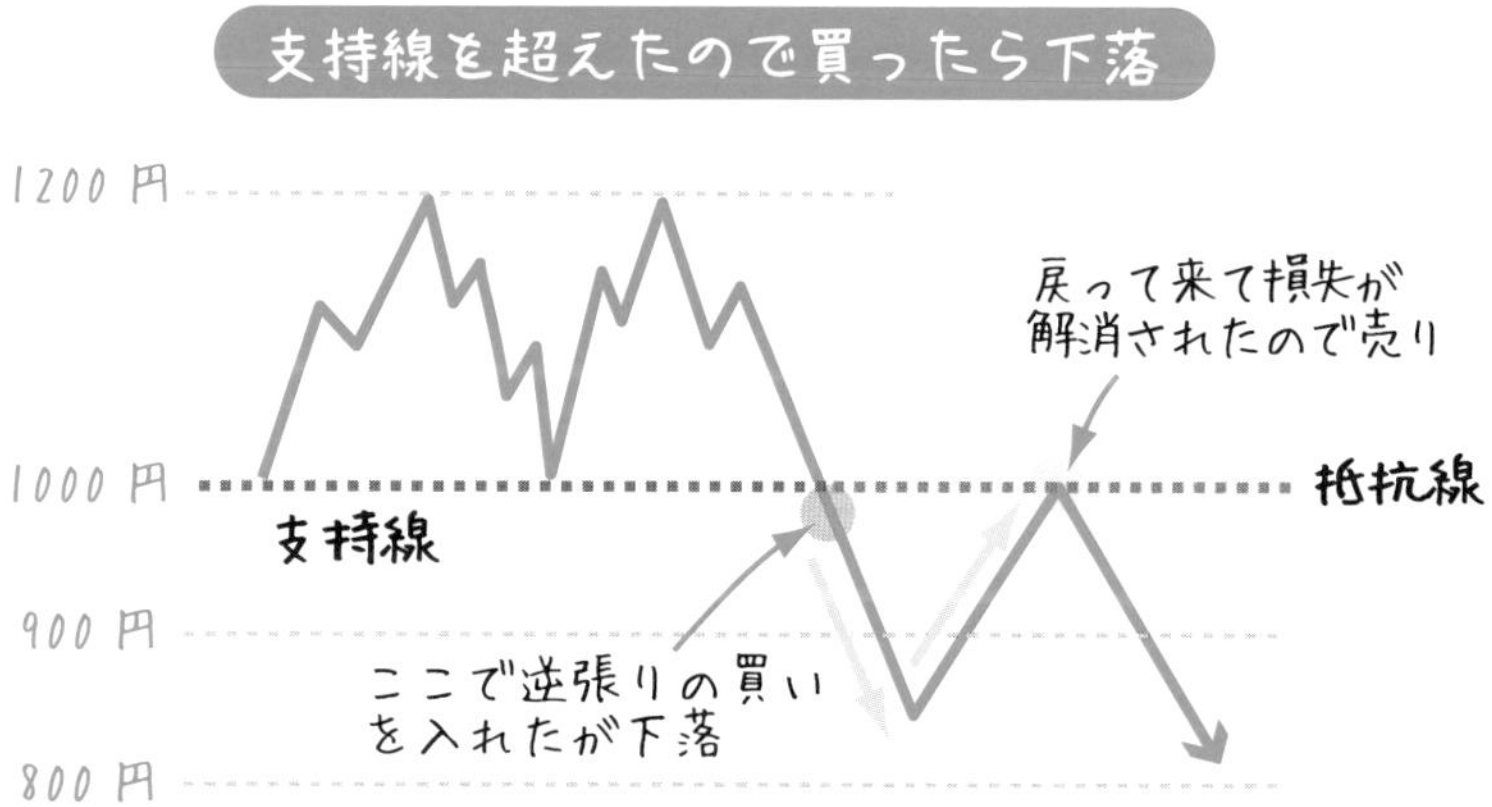

06 トレンドラインを引いて売買のエントリータイミングを知る

1 トレンド発生を検知してエントリーするには

株価が上下を繰り返しながらも**安値を切り上げつつ上昇**していく際、その安値を結ぶ線をトレンドラインと言います。

上昇・下降トレンドを判断する

132ページでも解説しますが、**ダウ理論**には「**トレンドは明確な転換シグナルが発生するまで継続する**」という原則があります。

上昇トレンドだと判断するには、一度高値をつけて下落し、安値から次の高値が前の高値を超えている必要があり、さらに下落したときに前の安値よりも高い安値である必要があります。

上昇トレンド

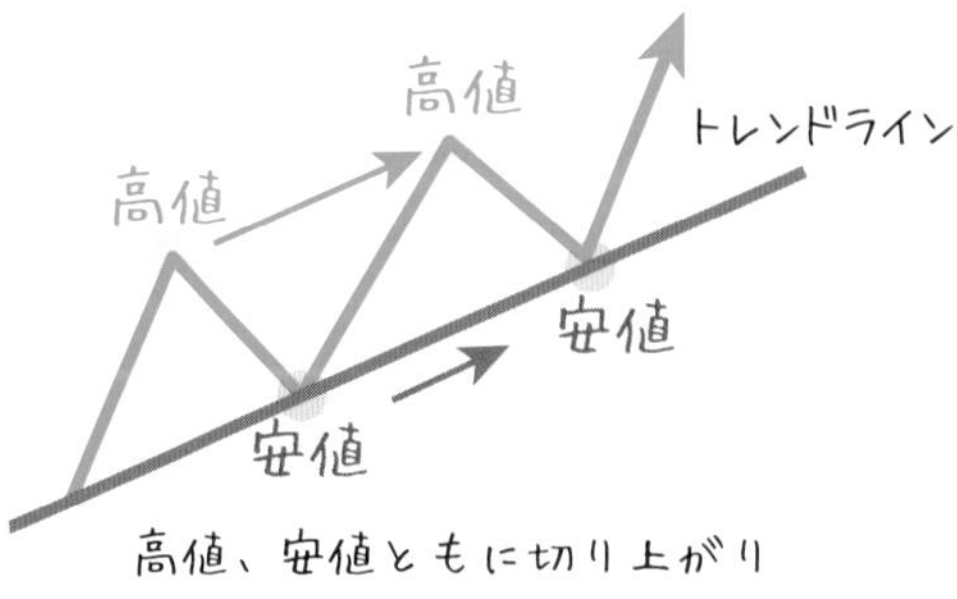

下降トレンドと判断するには、上昇と逆で、高値、安値ともに切り下がる必要があります。

エントリーのタイミング

順張りの場合は、上昇トレンドと判断できたら、**直近の高値を抜けたところがエントリーポイント**となります。

下降トレンドも同様に、直近の安値を抜けたところが売りのエントリーポイントとなります。

2 相場転換のサイン

上昇トレンドで、直近の高値から下落し、**価格が直近の安値を切り下げる**と、上昇トレンドは終了したと判断します。

トレンドはレンジ（もみ合い）に入ったと判断します。

そして、上昇トレンドから下落トレンド、もみ合いから下落トレンドというように、下落トレンドと判断するには、先ほど解説した**ダウ理論のように安値と高値がそれぞれ切り下がれば下降トレンド**に入ったと判断されます。

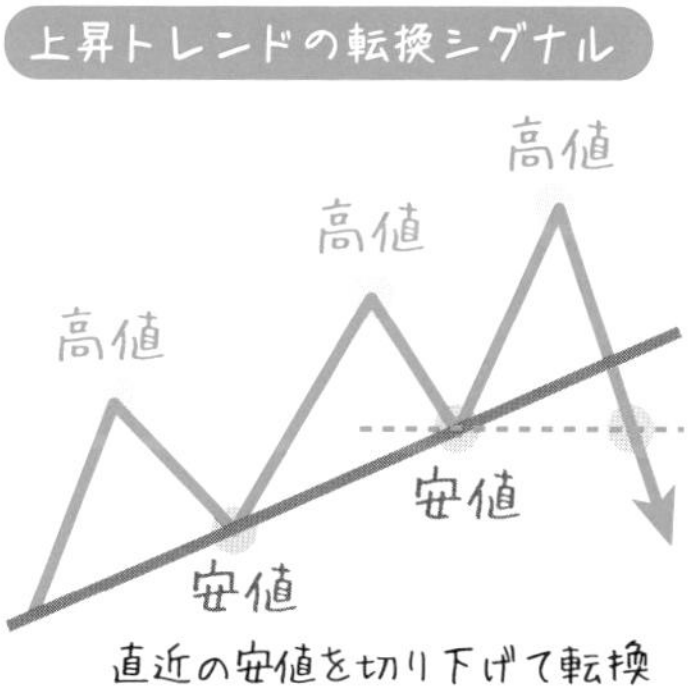

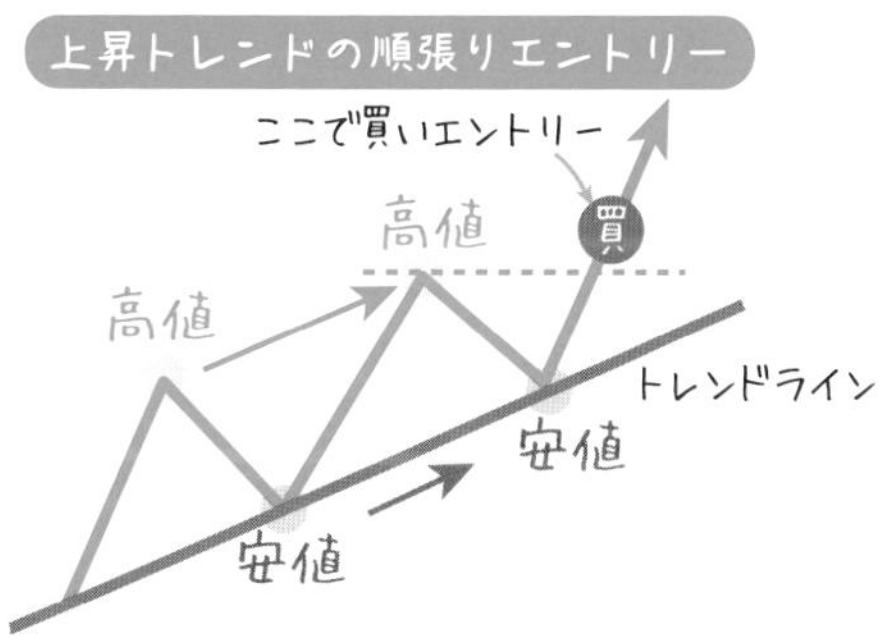

07 テクニカル分析の元祖　ダウ理論

1 ダウ理論の6つの法則

19世紀後半、米国の証券ジャーナリストのチャールズ・ダウは、市場での値動きを評価する体系的な「**ダウ理論**」と呼ばれるチャート分析理論を提唱しました。

ダウって、どこかで聞いたことありませんか？　米国のダウ・ジョーンズ証券取引所の創業者の1人でもある方です。

ダウ理論は6つの基本法則からなり、**テクニカル分析の元祖**とも呼ばれています。

❶ 価格（平均価格）はすべての事象を織り込む

ダウ理論は19世紀後半に考えられましたが、今でもテクニカルの基礎としてチャート分析に利用することができます。

雇用統計、金利、GDP、企業業績などさまざまな経済指標や、要人発言、天災、テロなど、価格決定に関するあらゆる事象が価格には織り込まれているので、ファンダメンタル分析で売買するより、それらがすでに織り込まれたチャート分析が大事だということを示しています。

② トレンドは3種類ある

値動きは次の3つの長期・中期・短期の3つのトレンドに分類されます。二次トレンドは、調整的な逆行で上昇トレンドの中の下降トレンドになります。

ただし、トレンドサイクルの長さに関しては、19世紀に考案されたものであることを考慮し、現代のコンピュータによるトレードのない時代のものなので、厳格に捉える必要はないでしょう。

- **主要トレンド（1年～数年周期のサイクル）**
- **二次トレンド（調整的な逆行。3週間～3か月のサイクル）**
- **小トレンド（3週未満のサイクル）**

● トレンドは3種類ある

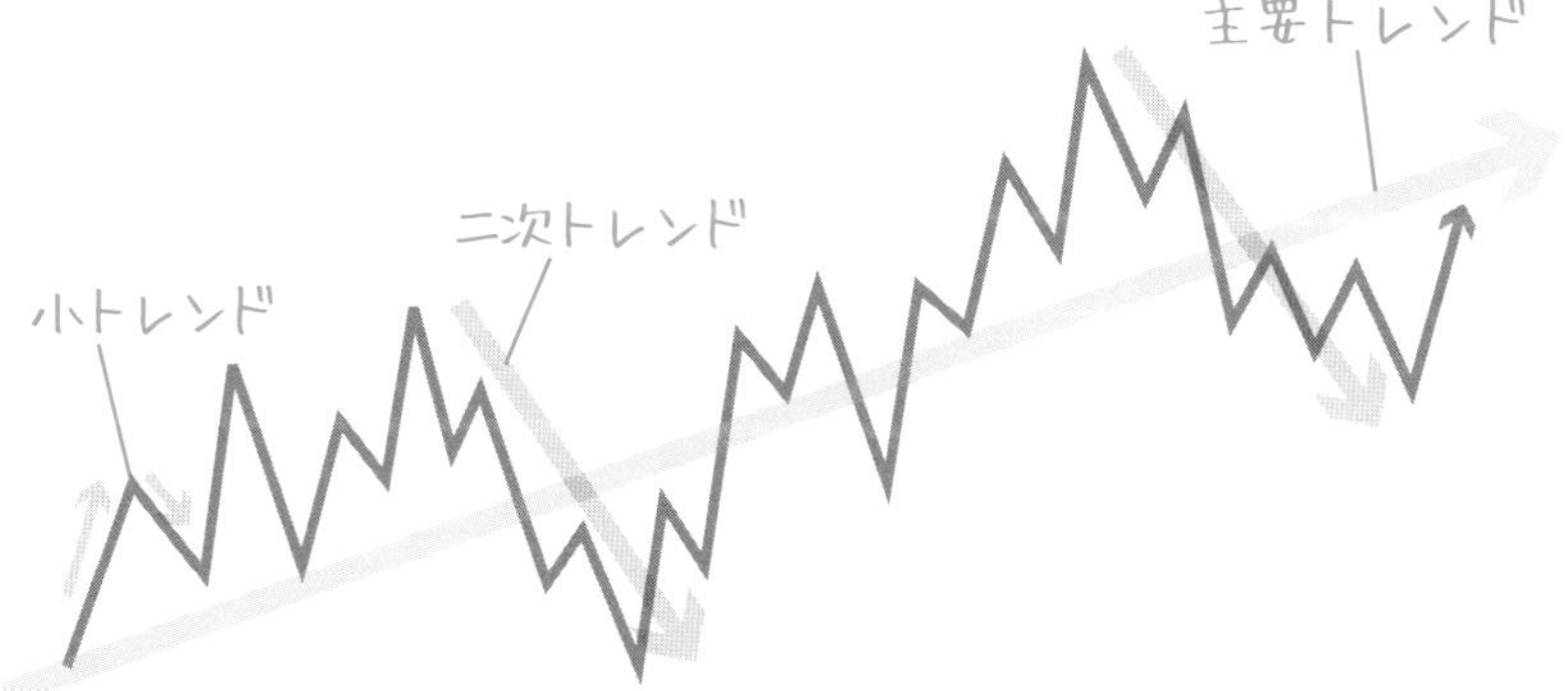

❸ 主要トレンドは3段階からなる

2の長期の主要トレンドは次の3つの段階があるとしました。マーケティングのイノベーター理論のイノベーター、アーリーアダプター、アーリーマジョリティのような商品やサービスの普及率のユーザーの特徴とも似ています。

先行期に底値で買う少数の目淵《めはし》の利く投資家が買う時期、確実なチャートを確認してから追従投資家が買う時期、先行した投資家が売る時期になって一般のレイトマジョリティが参加するといったことです。

- **先行期　価格が下落後、悪材料出尽くしと読んだ少数の投資家が底値買いをする時期**
- **追従期　価格が上昇し始め、追従型の投資家が買い始める時期**
- **利益期　先行して底値買いした投資家が利益確定する時期**

❹ 平均は相互に確認されなければならない

見出しの「平均」とは工業株平均と鉄道株平均のことをダウは言っています。この両方にトレンドが確認されないと本当のトレンドではない。1つの指標ではなく、複数の指標が同じ方向に向かってはじめてトレンドとして捉えられます。

⑤トレンドは出来高でも確認されなければならない

トレンドが発生するときは出来高も多くなります（114ページ参照）。

上昇トレンド	出来高増⬇価格上昇	出来高減⬇価格下落
下落トレンド	出来高増⬇価格下落	出来高減⬇価格上昇

⑥トレンドは明確な転換シグナルが発生するまで継続する

ダウ理論の中で、最も重要な理論です。トレンドは明確な転換のシグナルが出るまでは継続するということです。転換のシグナルが出てはじめてトレンドが変わる判断ができます。

トレンドに従った**順張りの売買が基本**であり、トレンドに逆らった売買（逆張り）は難しい。

以上がダウ理論の6つの原則とそれぞれについての簡単な説明です。グランビルの法則とダウ理論を取引の際の投資判断に取り入れるかどうかは自由ですが、知っておいて損はないでしょう。

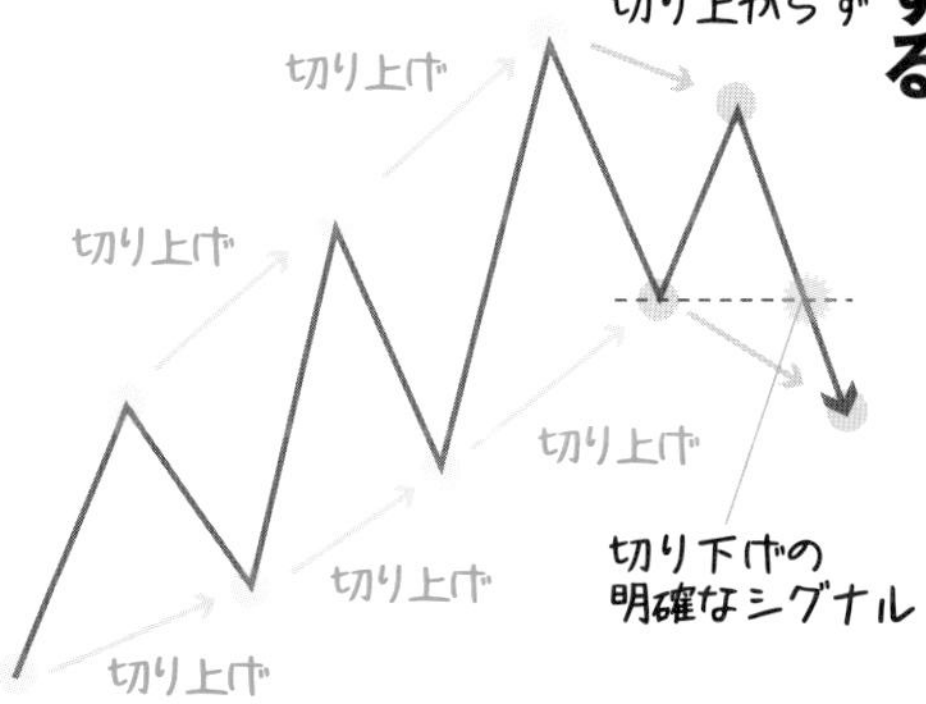

08 世界中で多くの投資家が使用する日本生まれの一目均衡表

1 トレンドの方向性や買いのタイミングを判断

一目均衡表は、都新聞の細田悟一氏が１９３６年に一目山人というペンネームで発表したテクニカル指標です。日本で生まれたテクニカル指標ですが、今では「Ichimoku」として世界中で多くの投資家が使用しています。

一目均衡表もまた、**トレンドの方向性や買いのタイミング**を判断するために使用します。

一目均衡表は５つの線と雲と呼ばれる面から構成され、それぞれの関係性を把握し、チャート予測するのは難しく、移動平均線と比べると難易度が高い指標です。

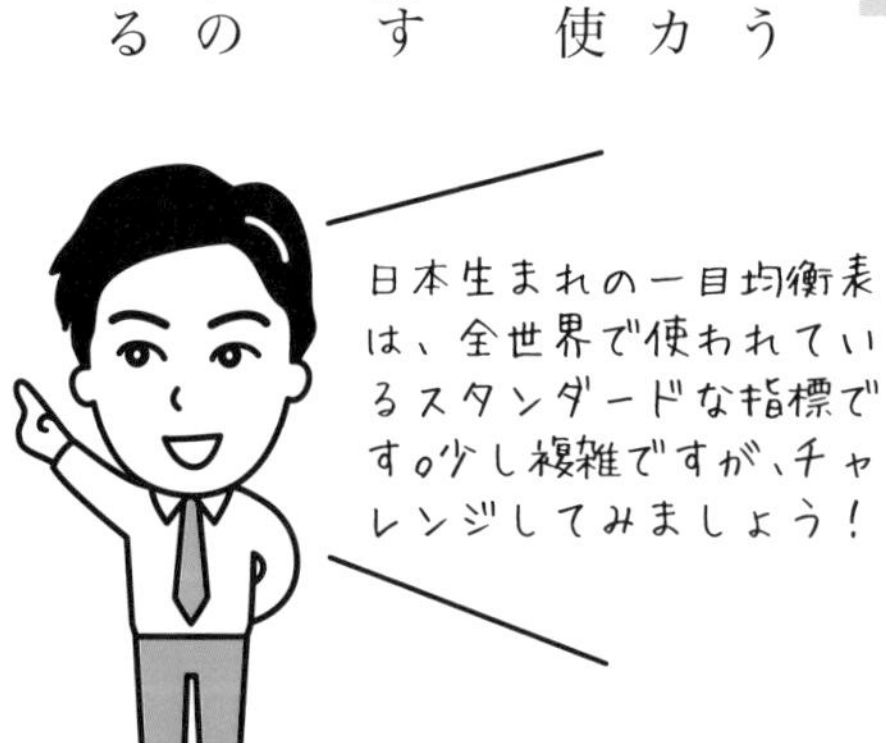
日本生まれの一目均衡表は、全世界で使われているスタンダードな指標です。少し複雑ですが、チャレンジしてみましょう！

基準線：過去26日間の最高値と最安値の中値を結んだ線
転換線：過去9日間の最高値と最安値の中値を結んだ線
先行スパン1（雲）：基準線と転換線の中間点を26日先に記入
先行スパン2（雲）：過去52日間の最高値と最安値の平均を26日先に記入
遅行スパン：当日の終値を26日前に記入

さらに、先行スパン1、先行スパン2の間の部分を「雲」と呼び、ローソク足チャートの支持線や抵抗線のように機能します。

2 基準線と転換線の関係

基準線は長期移動平均線、転換線が短期移動平均線と同じように捉え、基準線を転換線が上

● 一目均衡表の５つの線と雲

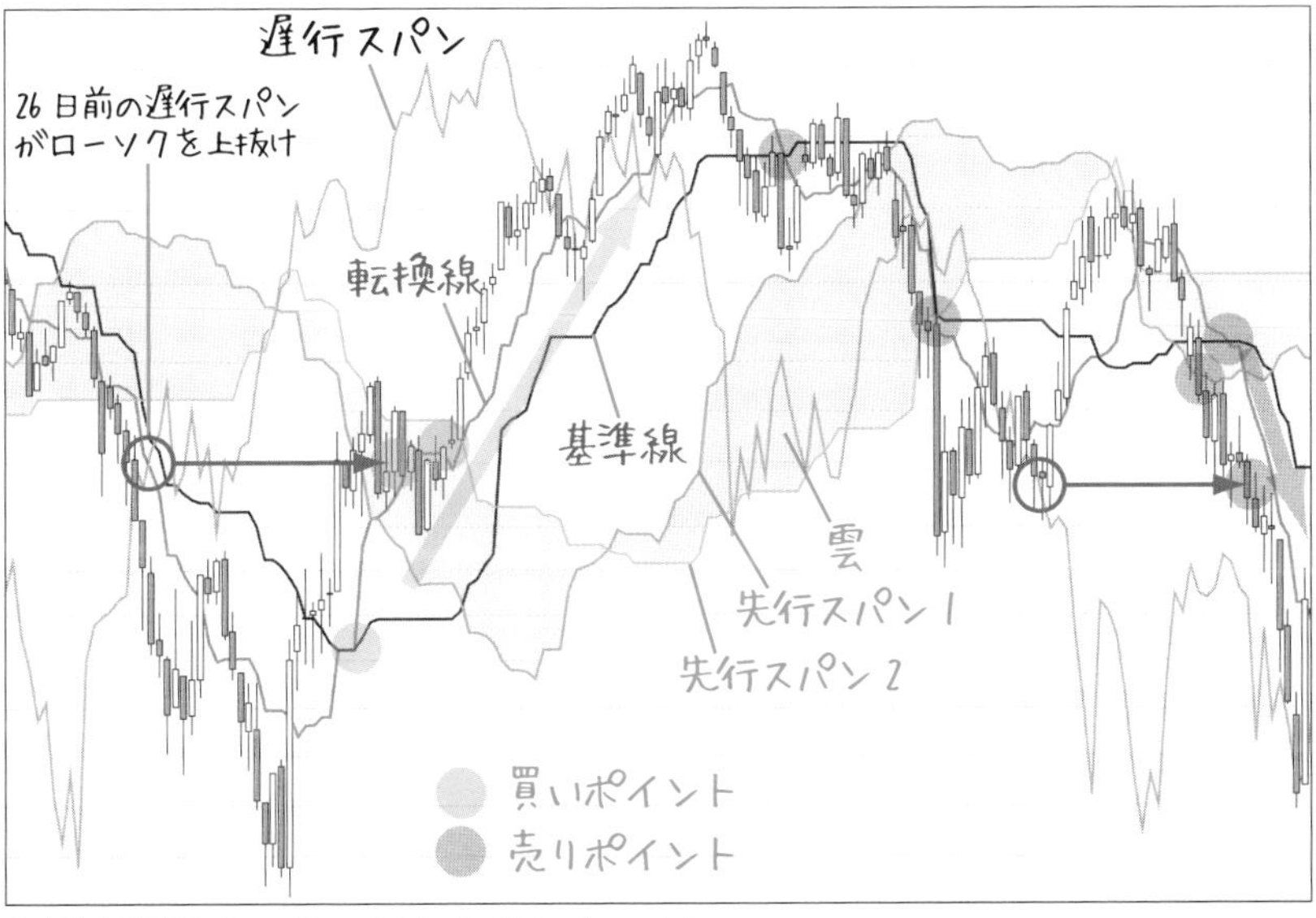

© 経済変動総研　http://www.ichimokukinkouhyou.jp/

抜けると「**好転**」で買いシグナル、下抜けると「**逆転**」で売りシグナルとされます。

転換線が基準線の上にあれば上昇トレンド、下にあれば下降トレンドとされます。

3 遅行スパンと26日前株価の関係

遅行スパンとは、その日の終値を26日後にずらしたものですが、現在値と26日前の終値を比べることによってトレンドや売買のサインを読み取ることもできます。

遅行スパンと26日前株価の関係は下のようになっています。

4 ローソク足と雲との関係

雲とは、先行スパン1と2との間の面のことを言います。

● 基準線と転換線の関係

	投資判断の目安
転換線が基準線を上抜け	買いサイン
転換線が基準線の上にある	上昇トレンド
転換線が基準線の下にある	下降トレンド
転換線が基準線を下抜け	売りサイン

● 遅行スパンと26日前の株価との関係

	投資判断の目安
遅行スパンが26日前の株価を上抜け	買いサイン
遅行スパンが26日前の株価の上にある	上昇トレンド
遅行スパンが26日前の株価の下にある	下落トレンド
遅行スパンが26日前の株価を下抜け	売りサイン

現在値（ローソク）が雲に入るとトレンド転換の目安となり、雲を抜けると上昇、下降のサインとなります。

❶ 雲が上にあるとき

雲が現在の価格より上にあるときは、**雲が抵抗線**となり**上値の目途**と見ることができます。

❷ 雲が下にあるとき

逆に雲が下にあるときは、**支持線**となり**下値の目途**と考えることができます。

現在値に比べて雲がどの辺りにあるかによって、買い注文のタイミングが適切かどうかを判断する指針になります。

この図のように雲が現在値のすぐ下にある場合は、買い注文を入れるのを保留にして様子を見たほうがいいかもしれません。

● 雲が上にあるとき

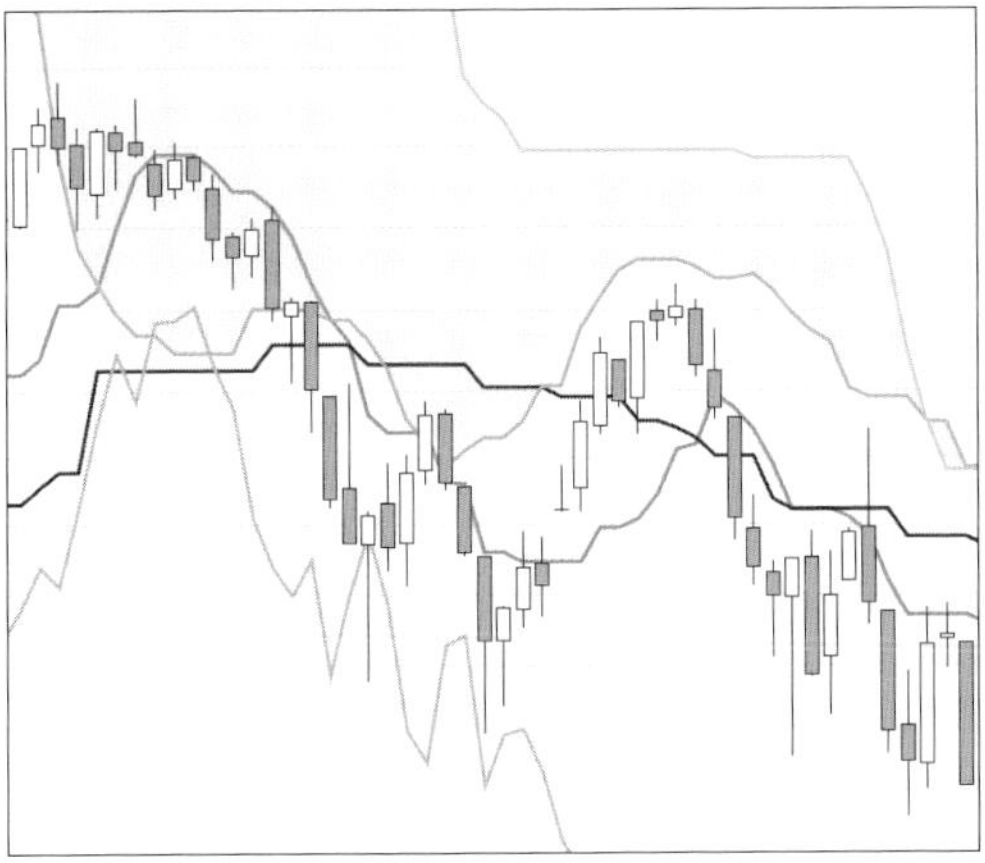

● 雲が下にあるとき

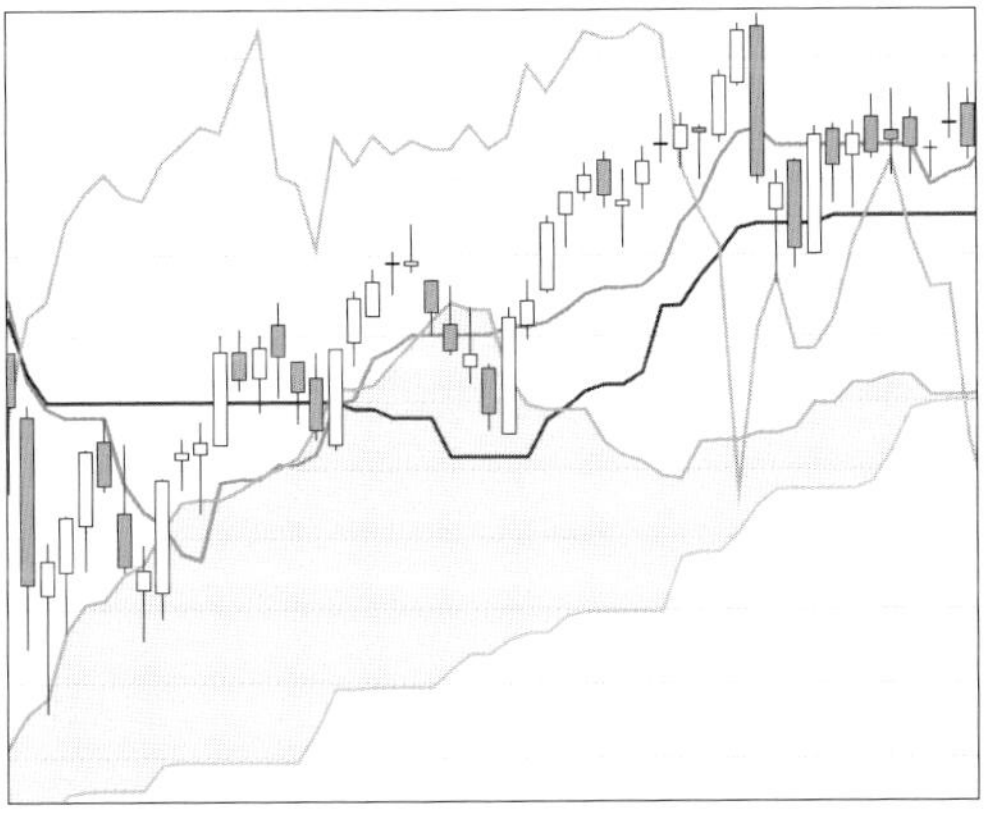

09 MACDで相場の向きとタイミングをつかむ

1 2つの線の位置関係から売買を判断する

MACD《マックディー》（移動平均・収束拡散法）は、移動平均線を発展させ、より精緻化したオシレーター系のテクニカル指標の1つです。

MACDライン（短期線）と**シグナルライン**（長期線）という2本の線を表示させ、2つの線の位置関係から相場の向きとタイミングをつかんで売買の判断を行います。

MACDラインは12日EMA－26日EMA、シグナルラインはMACDの9日SMAです。

棒グラフはMACDラインからシグナルラインを引いた量

● MACDライン、シグナルライン

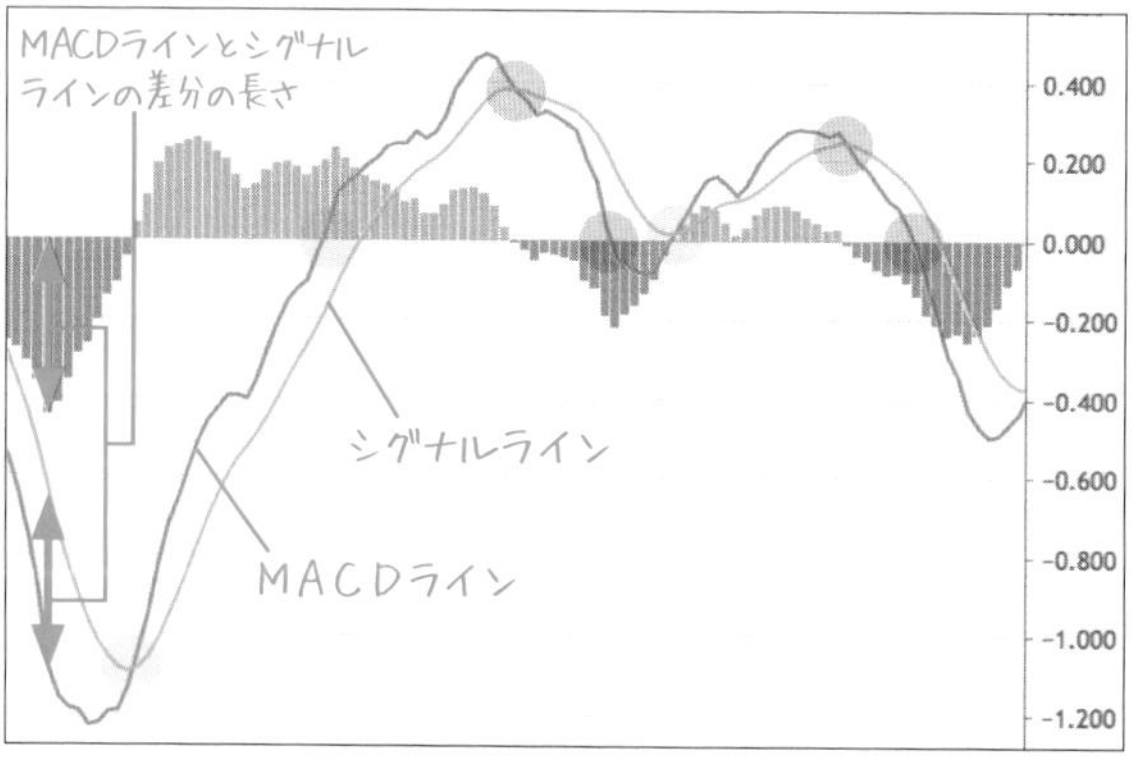

で、クロスしたときに0となっています。**ダマシが少なく使いやすいチャート**なので、初心者のうちからマスターして使いこなせるようになっておきましょう。

MACDを使ったトレンドや売買サインの判断目安は次のとおりです。

- **MACDが0より下でシグナルを上抜けで買いサイン**
- **MACDが0より上でシグナルを下抜けで売りサイン**

MACDは他のチャートに比べてダマシが少ないとはいえ、**もみ合い状態のときにはダマシが発生しやすく**なります。

こちらも他のテクニカル指標と組み合わせて使用するなど、使い方には工夫が必要です。

● MACDでわかる売りと買いポイント

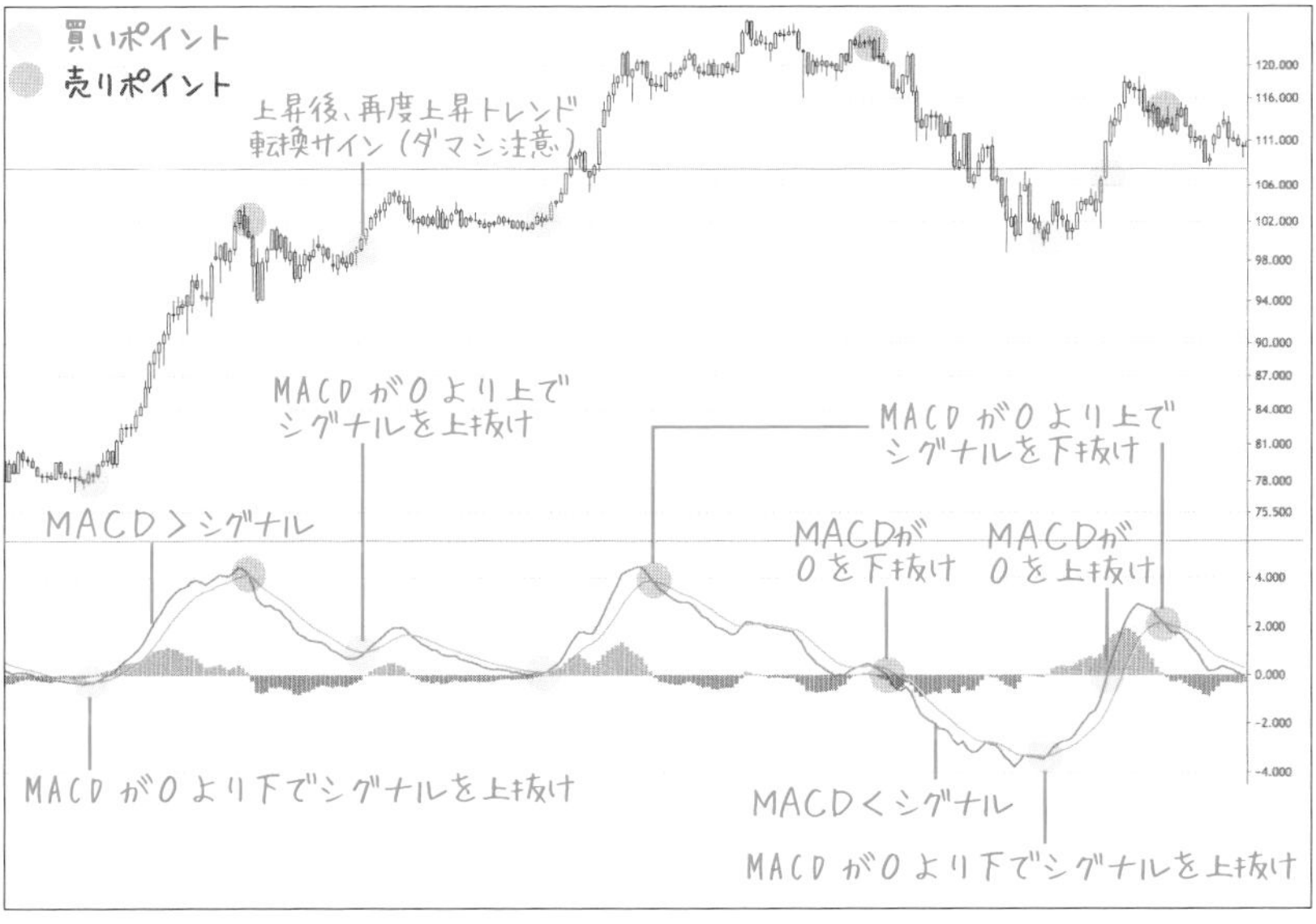

10 ボリンジャーバンドで相場の振れ幅をつかむ

1 移動平均線と標準偏差のバンド

ボリンジャーバンドとは、中央の**移動平均線**とその周りの上下3本ずつの**標準偏差の線**（±1σ《シグマ》・2σ・3σ）で構成されます。

ボリンジャーバンドを使うと、標準偏差の3段の確率を持った振れ幅のどこに現在値があるかを知ることができ、相場のボラティリティが大きい状態か、小さい状態にいるかがわかります。

中央の線（下図では黒）は**移動平均線**です。移動平均線の**上3本、下3本の線がボリンジャーバンド**

● 真ん中の移動平均線の上下にあるボリンジャーバンド

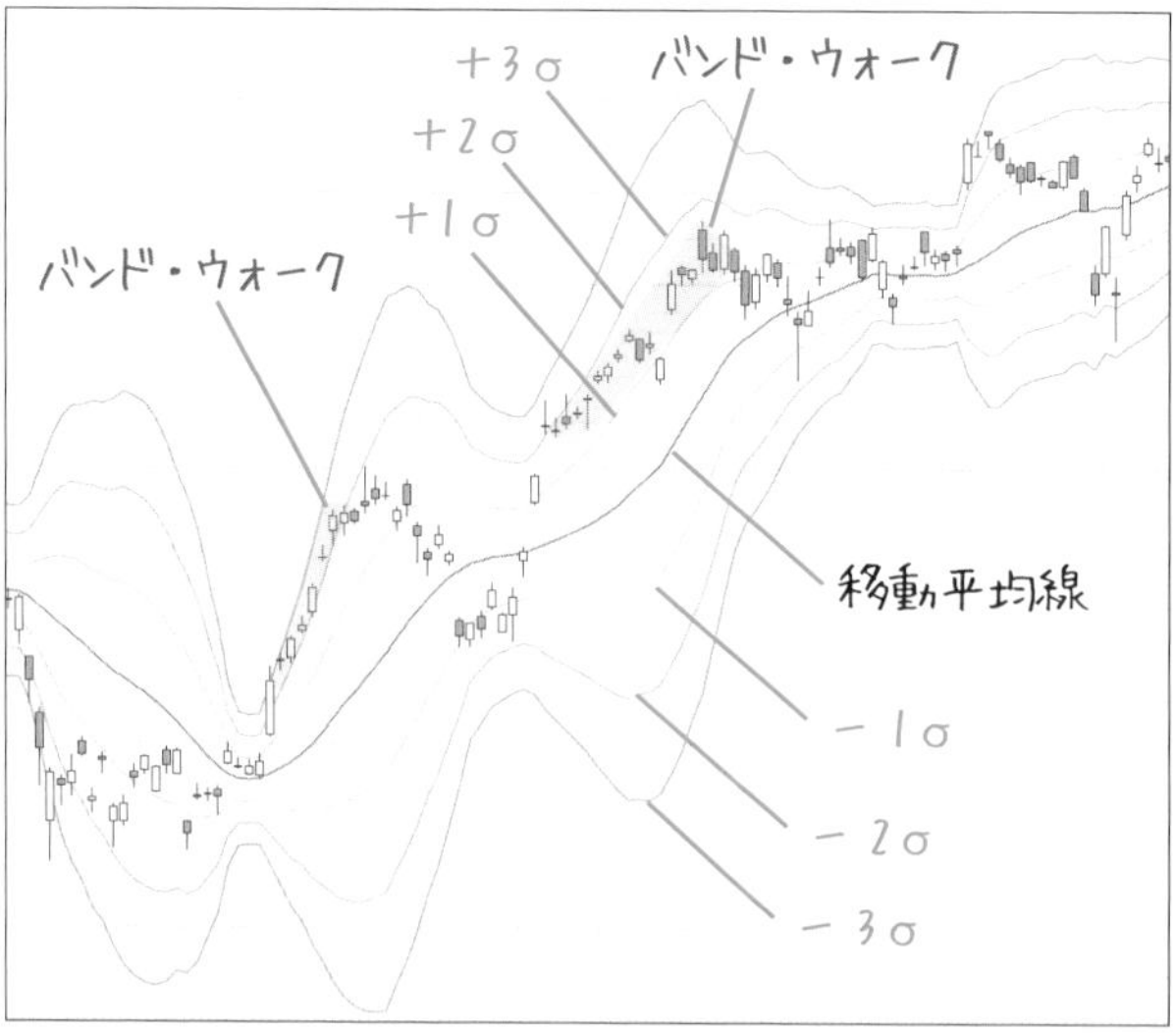

です。

ボリンジャーバンドのそれぞれの線はσ《シグマ》で表わされ、各σ内に収まる確率は次の通りです。

- **ボリンジャーバンドの±1σの範囲内に収まる確率：約68・3％**
- **ボリンジャーバンドの±2σの範囲内に収まる確率：約95・4％**
- **ボリンジャーバンドの±3σの範囲内に収まる確率：約99・7％**

±2σの線の内側にある確率は95％で、その外側に出る確率は5％弱です。

エクスパンションとスクイーズ

ボリンジャーバンドには、相場がこう着状態のときには幅が狭まり（**スクイーズ**）、大きく変動するときには幅が大きく広がる（**エクスパンション**）という特徴があります。

相場力学的には、こう着状態にあるときは次に大きく動くエネルギーを貯めているか、大きく動いて収束した後のどちらかの状態を表わしています。

次頁の図は実際のチャートですが、**こう着状態の後に大きく変動**しているのがわかります。また、ローソク足がバンドをブレイクしてトレンドが発生し、±2σのバンドに沿ってローソク足が並んで上昇または下降トレンドを形成する**バンド・ウォーク**という現象もボリンジャーバンドの特徴です。

2 ボリンジャーバンドの2つの使い方

ボリンジャーバンドは、主に以下の２つの方法で使われます。

> ❶ トレンドの順張りで投資する方法
> ❷ 買われすぎ・売られすぎを判断し、逆張りで投資する方法

❶ トレンドで順張り投資する方法

ボリンジャーバンドは、相場の振れ幅を知ることができると書きました。

こう着状態の後で一方向に動き出すとその方向に大きく動いていくことが多いため、**＋２σバンドの外に出たら順張りの買いを入れます。**

バンド・ウォークで＋２σに沿って上昇後、**反対側**

● ボリンジャーバンドの順張り

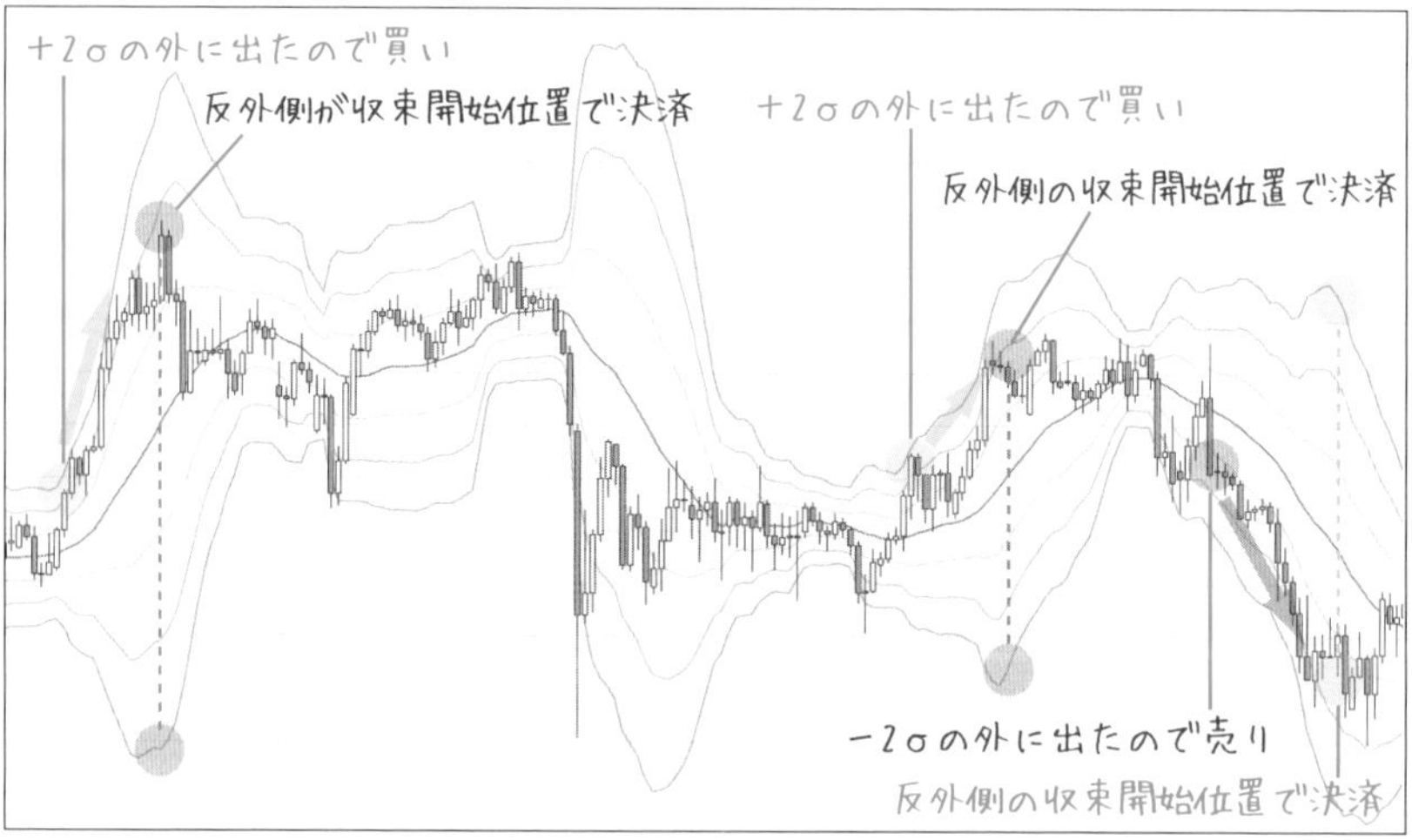

＋2σの外に出たので買い
反外側が収束開始位置で決済
＋2σの外に出たので買い
反外側の収束開始位置で決済
−2σの外に出たので売り
反外側の収束開始位置で決済

のバンドが最も開いて収束を開始したときに決済します。

投資判断の目安として一般的に言われているのがこちらです。

- **+2σを上抜け：順張りとして買いのサイン**
- **+2σ＝株価：中立**
- **−2σを下抜け：順張りとして売りのサイン**

❷ 買われすぎ・売られすぎを判断し、逆張りで投資する方法

標準偏差の確率に従って、＋2σの範囲を超えたときは買われすぎ、−2σの範囲を超えたときは売られすぎと判断して投資を行うのがこの方法です。

- **株価が±3σの外：強い買い・売りサイン**
- **株価が±2σ〜±3σ：買い・売りサイン**
- **株価が±2σ〜±2σ：中立**

この方法は、順張りと逆の方法をとることになります。トレンド収束後は順張りが有効、レンジ相場では逆張りが有効となるケースが多いようです。

11 ＲＳＩで買われすぎ、売られすぎがわかる！

1 買われすぎ、売られすぎ、相場の過熱感がわかるＲＳＩ

ボリンジャーバンドと同じくオシレーター系でよく使われるテクニカル指標が**ＲＳＩ**《アールエスアイ》（Relative Strength Index：相対力指数）です。

ＲＳＩは、**一定期間中**（一般に14日間）**の値上がり・値下がりの幅**を０～１００％で表わし、**買われすぎか、売られすぎているのか、相場の過熱感**を判断します。

出来高と同様にＲＳＩもローソク足チャートの下部に表示されますが、ＲＳＩはローソク足チャートとほぼ連動した動きになっています。

また、ＲＳＩの横２本のラインは下が30％、上が70％を表わし、

RSIを使うと、売買の強弱がわかります。買われすぎ、売られすぎからチャート分析してみましょう。

70％ラインを超えると買われすぎ、30％ラインを下回ると売られすぎと評価されます。

● **70を超えると買われすぎ**
● **30を下回ると売られすぎ**

という評価になるため、ラインに近づくと上昇と下落が止まり、反発する傾向もあるのです。

RSIが70を超えて反転したところで、他の投資家が売りを、30を下回ったところで上に反転したところで買いを入れ、70、30の内側に向かうと予想されます。

ただし、70や30を超えたからといって、**逆張りをするのは危険**です。そのまま同じトレンドで上昇、下降することも多いので、他の指標と組み合わせるなどして判断する必要もあります。

● RSIの売られすぎ、買われすぎサイン

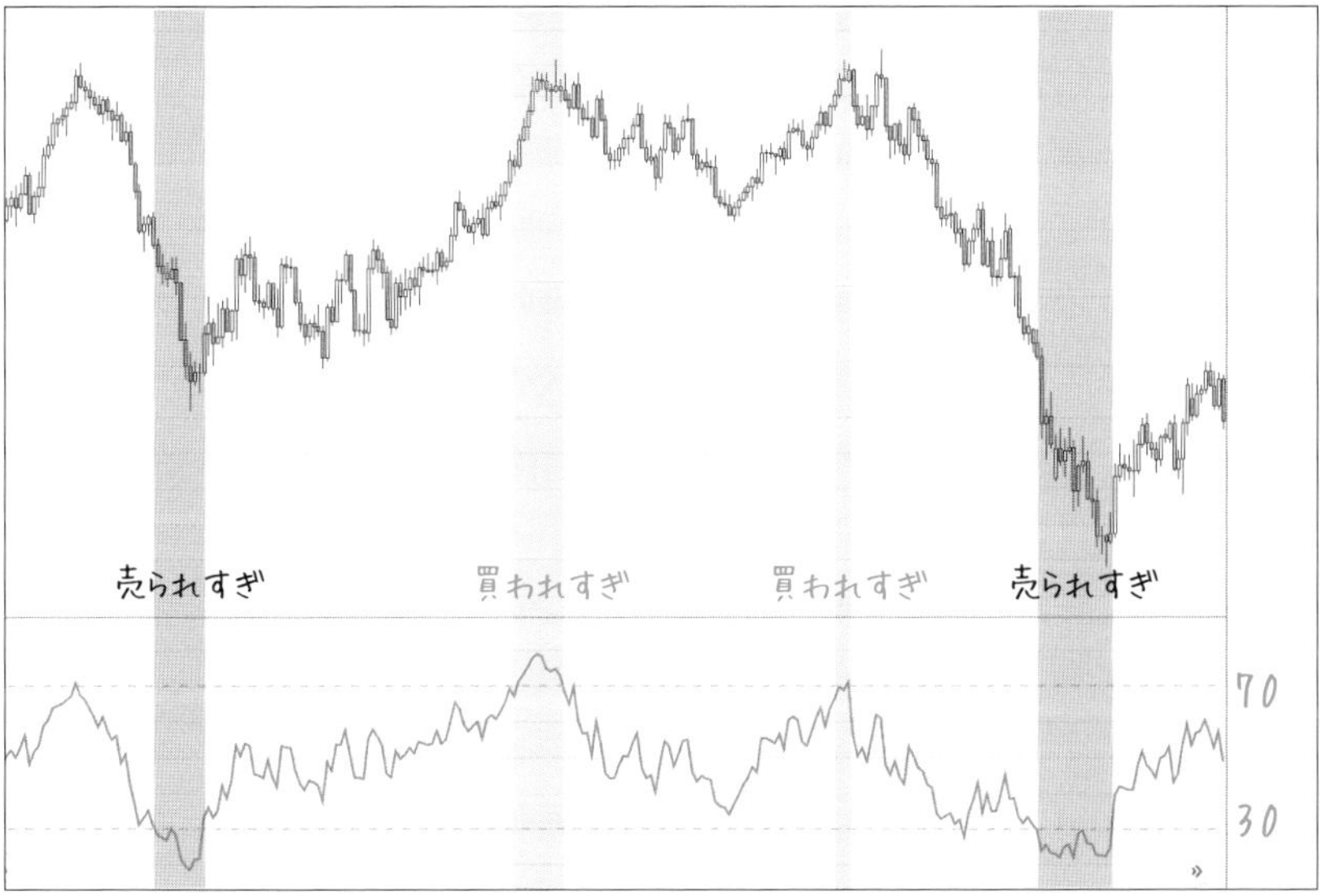

2 RSIの投資判断の目安

RSIの基準ラインは、下が30、上が70というのが一般的ですが、銘柄によって数値は変わってきます。

例えば、ある銘柄のチャートを見てみると、RSIが40のときに反発して上昇に転じていることがよくあります。その場合は、30ではなく40を下値の目途として考える必要があります。

RSIは、株式投資だけでなく、FXでもよく利用されるテクニカル指標です。

使う際には一律の数値で判断するのではなく、過去の値動きのチャートとRSIのチャートを両方表示させて、傾向などを確認してから使用していきましょう。

3 RSIとダイバージェンス

RSIとMACDを使用していく際には、**ダイバージェンス（逆行現象）**と呼ばれる現象についても併せて覚えておきましょ

● RSIの投資判断の目安

RSIの数字	投資判断の目安
RSI＜30	売られすぎ
RSI 30～40	少し売られすぎ
RSI 40～60	おおむね中立
RSI 60～70	少し買われすぎ

う。

ダイバージェンスは値動きのチャートとRSIやMACDの動きが逆になることを言い、ダイバージェンス後、**近いうちに相場転換があることを示唆**しています。

例えば、値動きが上昇傾向にありながらもRSIやMACDが少しずつ下落していく傾向が見られた際には、近いうちに相場が天井を打って下落に転じるのでは?と考えるのが普通です。

ダイバージェンスだけで投資判断をしていくことはなかなか難しいかもしれません。株や通貨の売買を検討した際には、RSIやMACDを見てダイバージェンスが起きていないかを確認してから判断してみてはいかがでしょう。

● **ダイバージェンスは相場転換のシグナル**

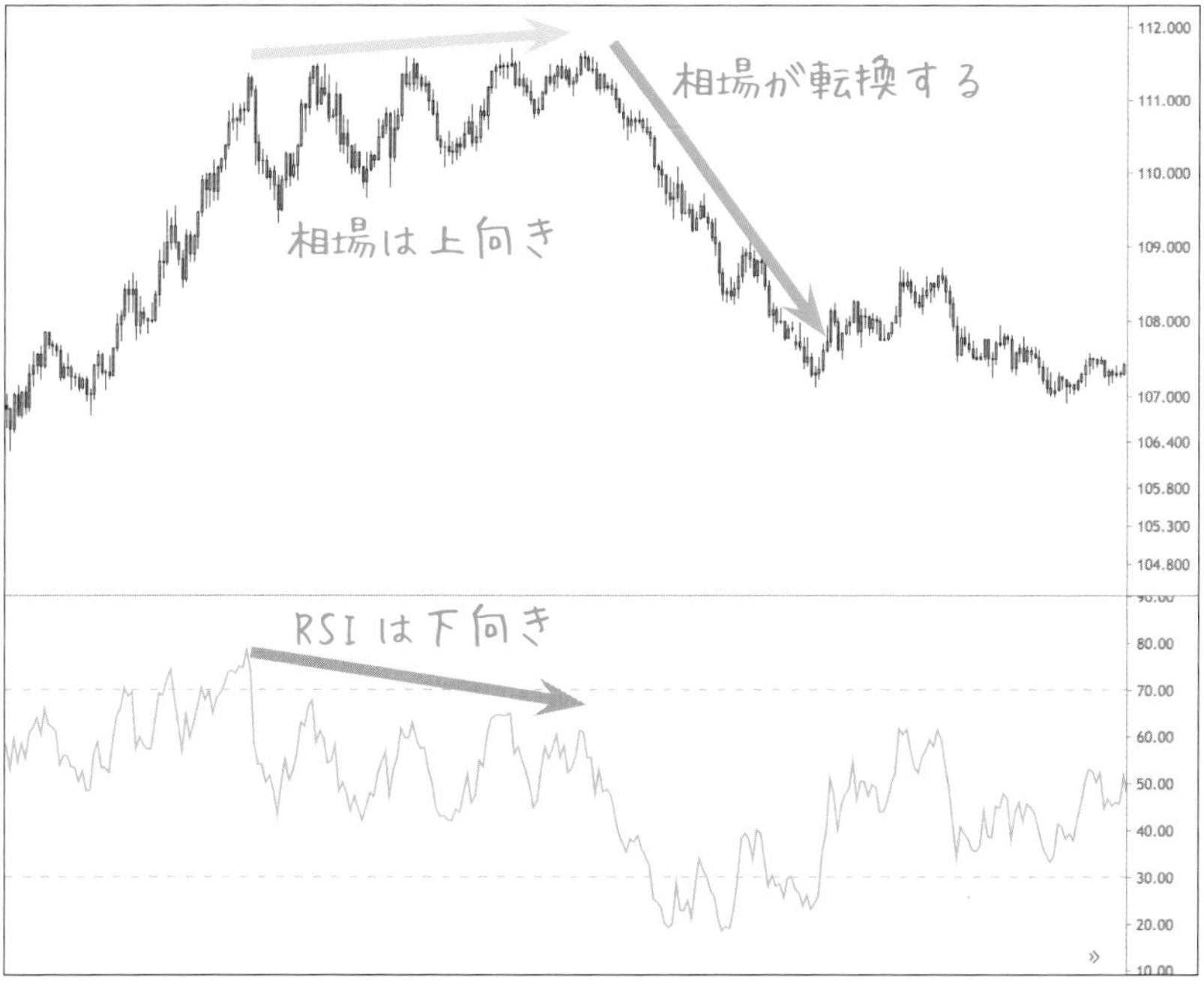

12 チャートパターンを覚えよう

1 三角保《も》ち合い

チャートパターンは相場の方向を示す為替レートの値動きの形です。まずは**三角保ち合い**というチャートパターンです。

三角保ち合いとは、下図のように**上下の値動きの幅が徐々に小さくなっていく形**です。上下の補助線は自分で引きますが、補助線を引くと動きがわかります。そして最終的に上か下かのどちらかに補助線を抜けていくという形をとります。

上に抜ければ買いのサイン、**下に抜ければ売り**のサインとして考えることができます。この表の○で囲った部分が買いのポイントです。

三角保ち合い

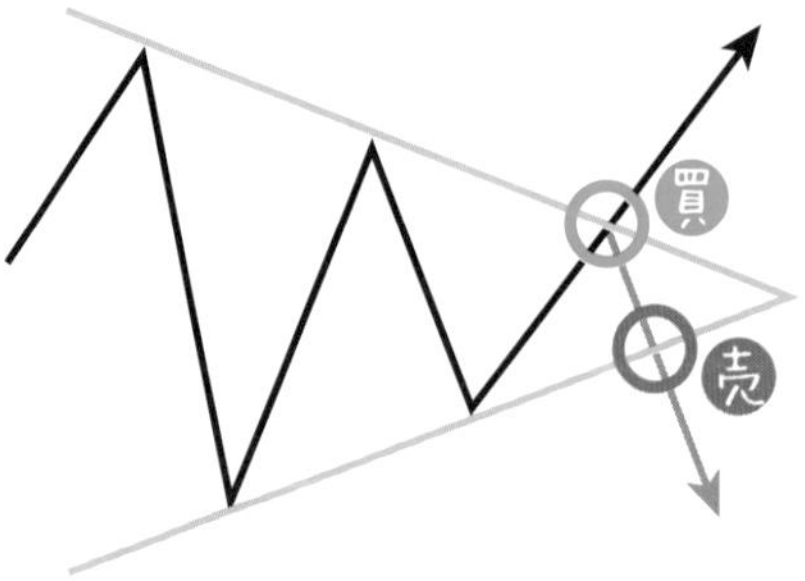

強気の三角保ち合い

上値はほぼ横ばいですが、**安値が徐々に切り上がって**います。
○で囲っているように、上方向に抜けてブレイクする可能性が高くなっています。

弱気の三角保ち合い

今度は逆に、安値は変わらないものの、**上値が徐々に下がってきています**。これは下方にブレイクする可能性が高く、このまま下落トレンドに入る危険性があります。

このように、徐々に値動きの幅が狭くなっている三角保ち合いを見つけた場合は、その後ブレイクしてトレンドが発生する可能性を秘めています。

2 ヘッドアンドショルダー（三尊）

ヘッドアンドショルダーは**三尊**とも呼ばれ、**両側に頂点より低い山を形成**するチャートです。

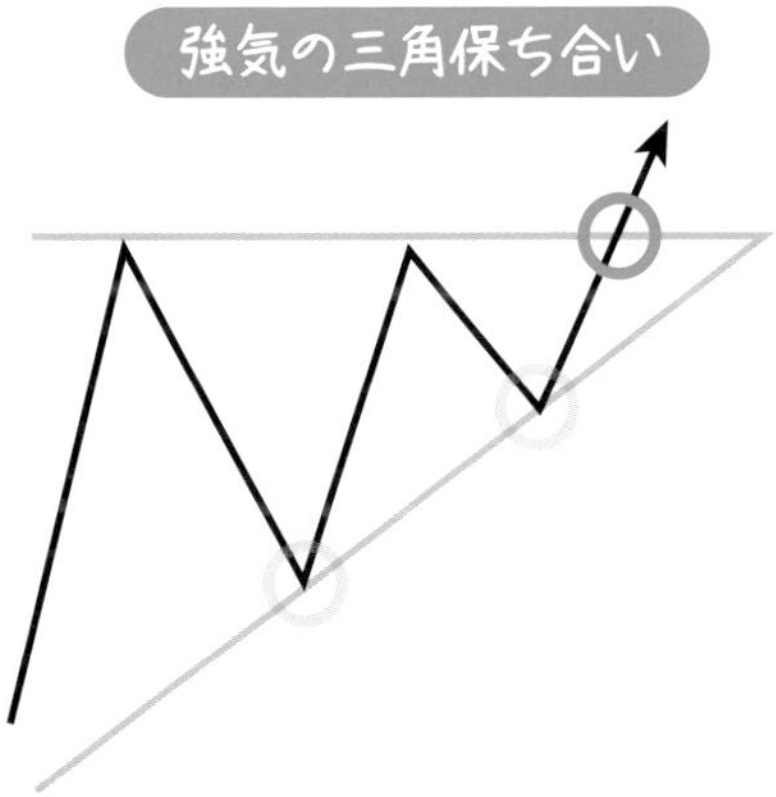

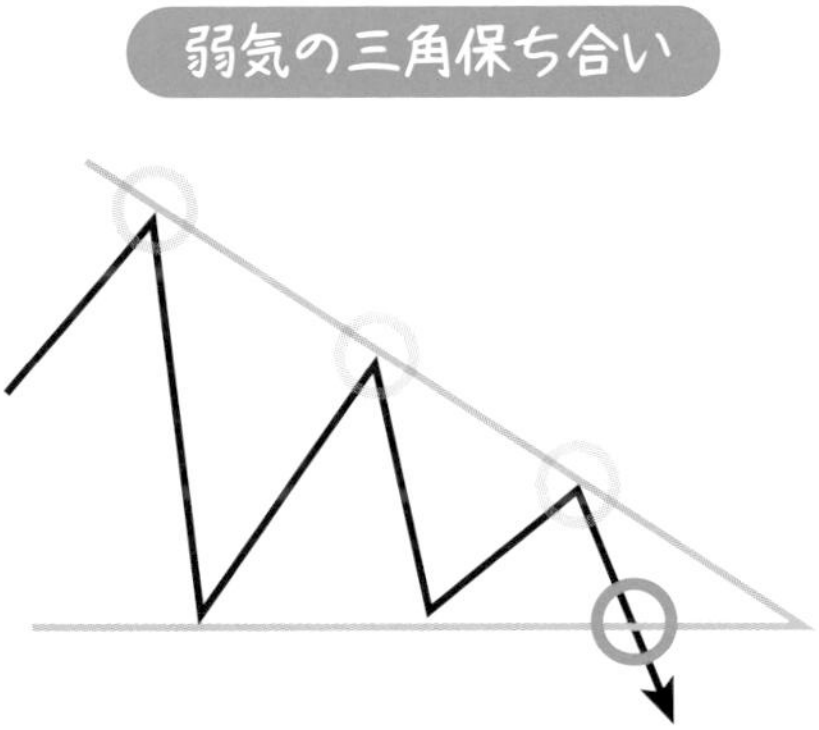

中央を人の頭、両側を肩に見立てて「ヘッドアンドショルダー」という名前がついてます。また、三体の仏に見立てて日本語では**「三尊」**と呼ばれることもあります。

高値のときにヘッドアンドショルダートップが出現したら、そこが**天井となる可能性が高まる**ので注意が必要となります。

ヘッドアンドショルダートップ

ヘッドアンドショルダートップは、基本的に上昇トレンドに現われます。

左ページの図の2つの安値❷❹を結んだ線を**ネックライン**と呼びますが、**3回目の上昇後の下落がネックラインを割り込んだら**❻、**上昇トレンドが終了**し、売りのサインと見なします。

目安としては、トップの高値とネックラインまでの幅が❻からの下落幅の目安とされていますが、あくまでも目安として捉えておきましょう。

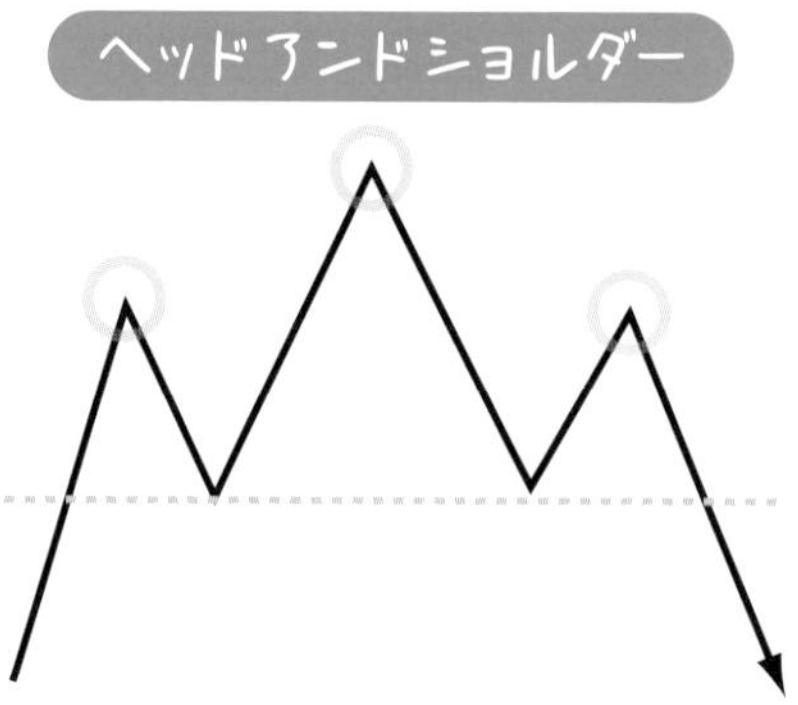

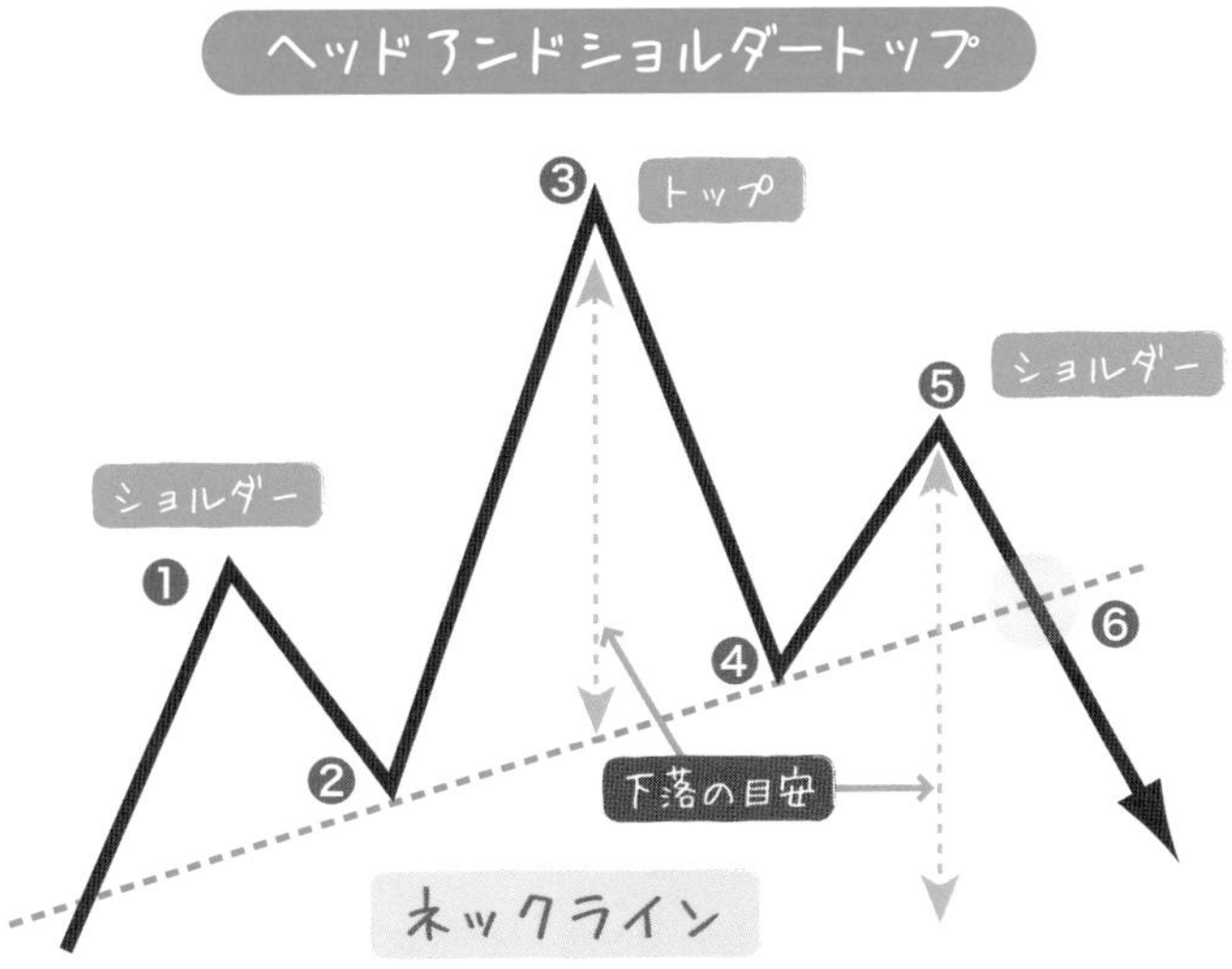

❶ 出来高を伴いながら最初の山（ショルダーを形成します）
❷ 最初の山を形成した後、少し調整が入り下落
❸ その後、反発してまた出来高を伴いながら新高値をつける（トップの形成）
❹ トップを形成した後、下落して谷を形成
❺ ３度目の上昇を見せるものの、あまり出来高が盛り上がらずにトップに達することなく反落
❻ ネックラインを割り込んで上昇トレンドが終了

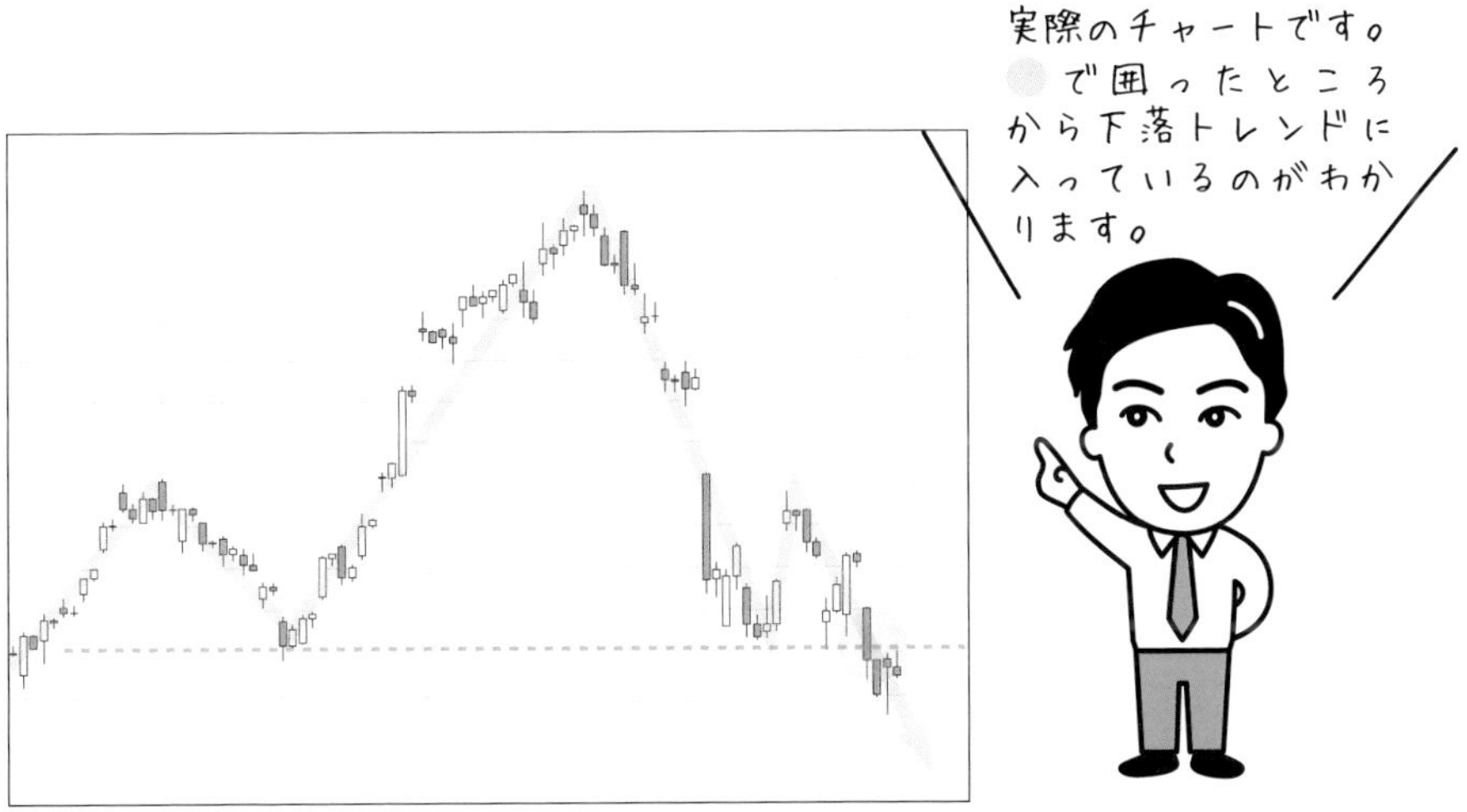

ヘッドアンドショルダーボトム

ヘッドアンドショルダートップは高値圏に現われるチャートの形でした。これを反転し、**底値圏で見られるのがヘッドアンドショルダーボトム**です。

こちらもヘッドアンドショルダートップと同じようにネックラインを引き、ネックラインを上抜けたところが買いのサインと見なします。

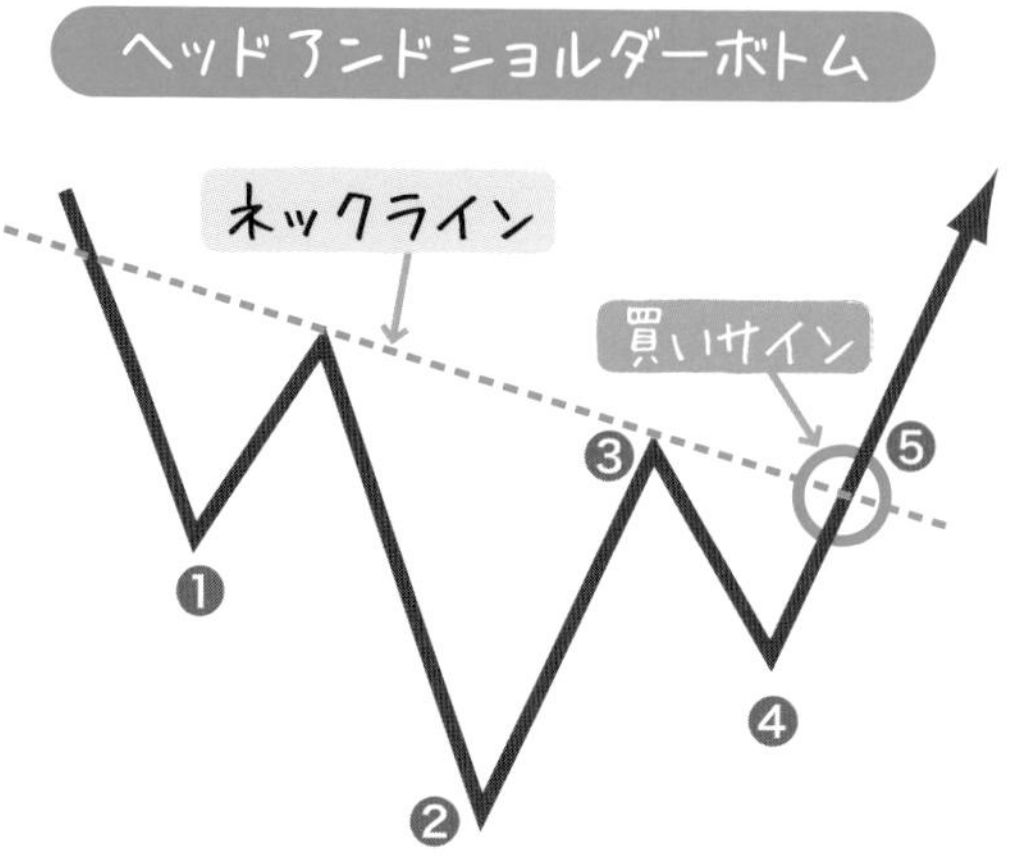

ヘッドアンドショルダーボトム
ネックライン
買いサイン
❶
❷
❸
❹
❺

❶ 下落トレンドで最初の谷を形成した後、小反発
❷ 小反発するものの再度売られて安値を更新
❸ 安値をつけた後、出来高が増えて少し反発
❹ 再度下落するものの、❷の安値を割ることができずに下落の勢いが弱まっていることが確認できる
❺ ネックラインを上に抜けることで下降トレンドが終わり、買いサインとなる

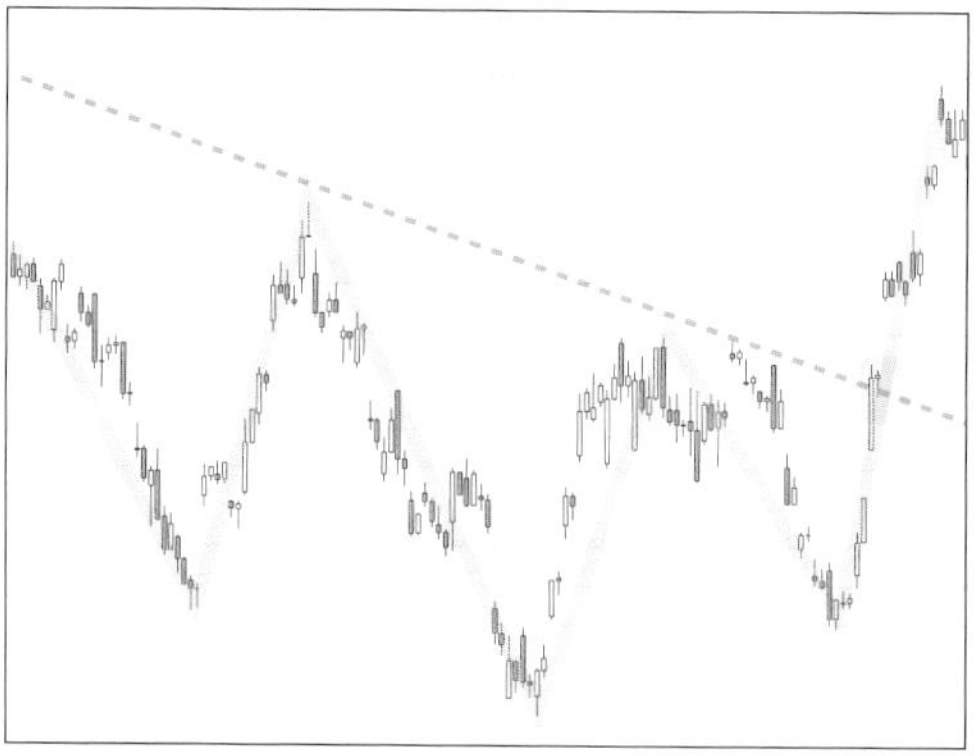

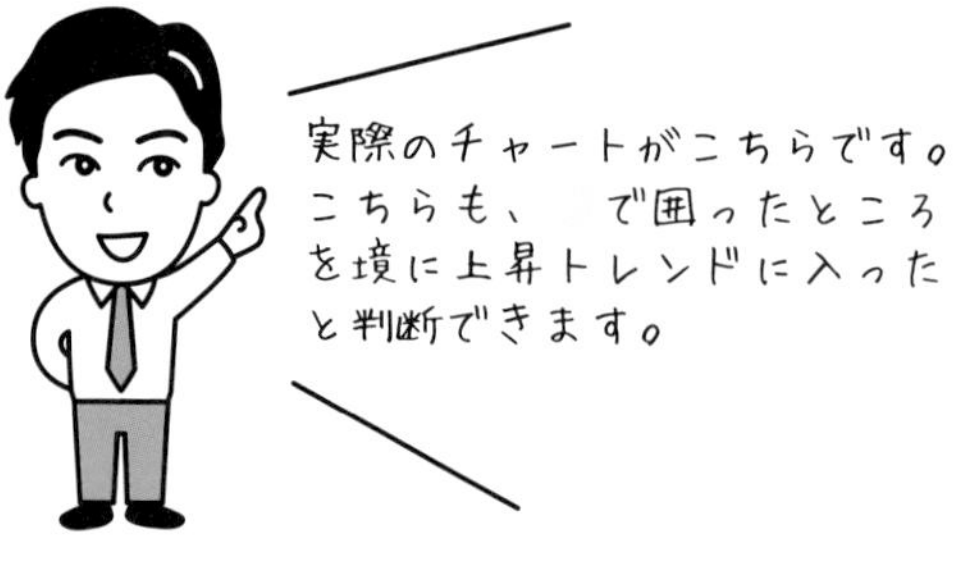

実際のチャートがこちらです。こちらも、　で囲ったところを境に上昇トレンドに入ったと判断できます。

3 ダブルトップ・ダブルボトム

ダブルトップ・ダブルボトムも代表的なチャートパターンです。こちらはヘッドアンドショルダーと違い、**山が2つの形**です。名前そのままなのでわかりやすいです。

ヘッドアンドショルダートップ、ヘッドアンドショルダーボトムのほうが信頼性は高いものの、**チャート上でよく出現する**のがダブルトップ、ダブルボトムです。

買いのサイン・売りのサイン

買いのサイン・売りのサインのポイントを探る方法ですが、こちらもヘッドアンドショルダートップと同じように**ネックラインを引き、売買のポイントを探ります**。

2つ目の高値から値が下がり、ネックラインを下に抜けるポイントが売りのサインとなります。下落幅も、高値とネックラインまでの幅と同じ幅の下落幅が目安とされています。ただ、こちらもあくまで目安として捉えておきましょう。

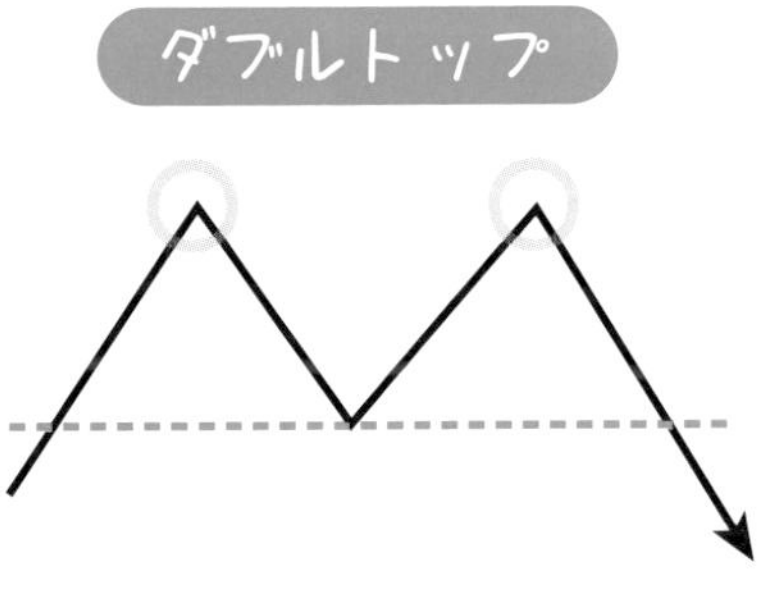

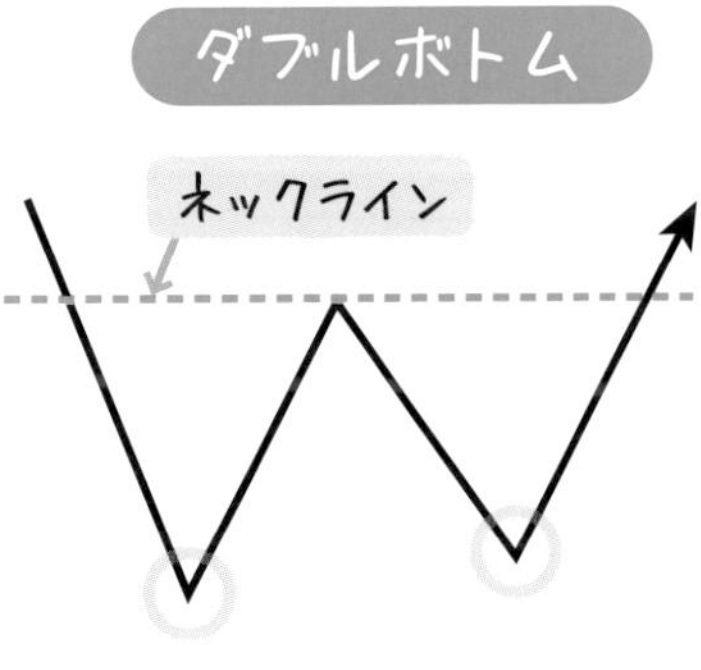

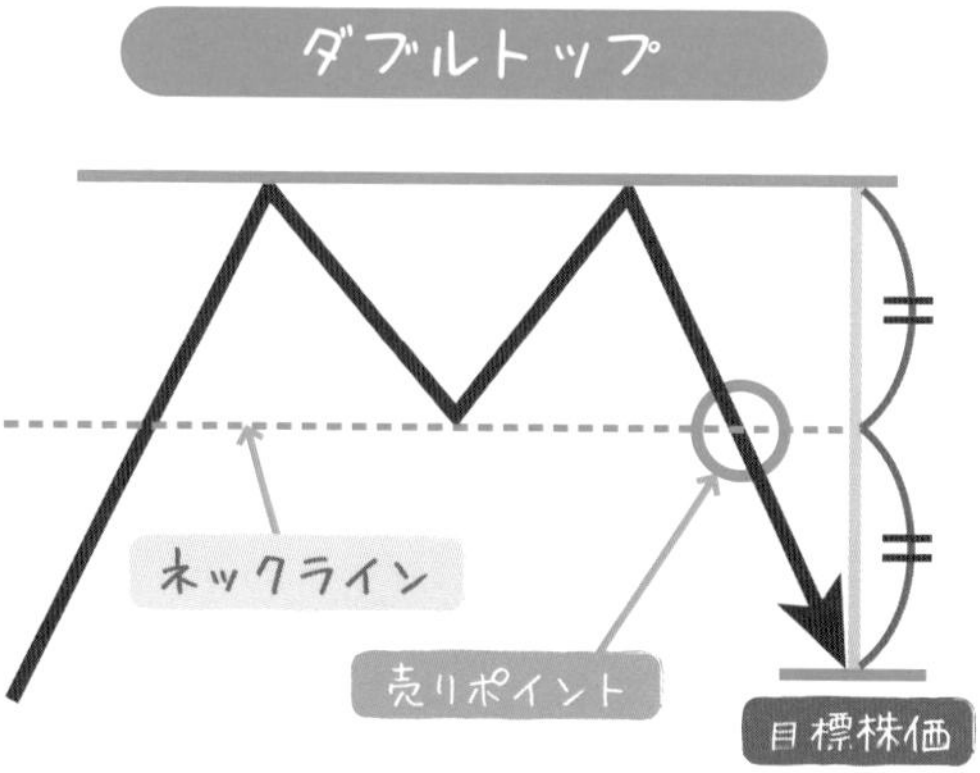
ダブルトップ
ネックライン
売りポイント
目標株価

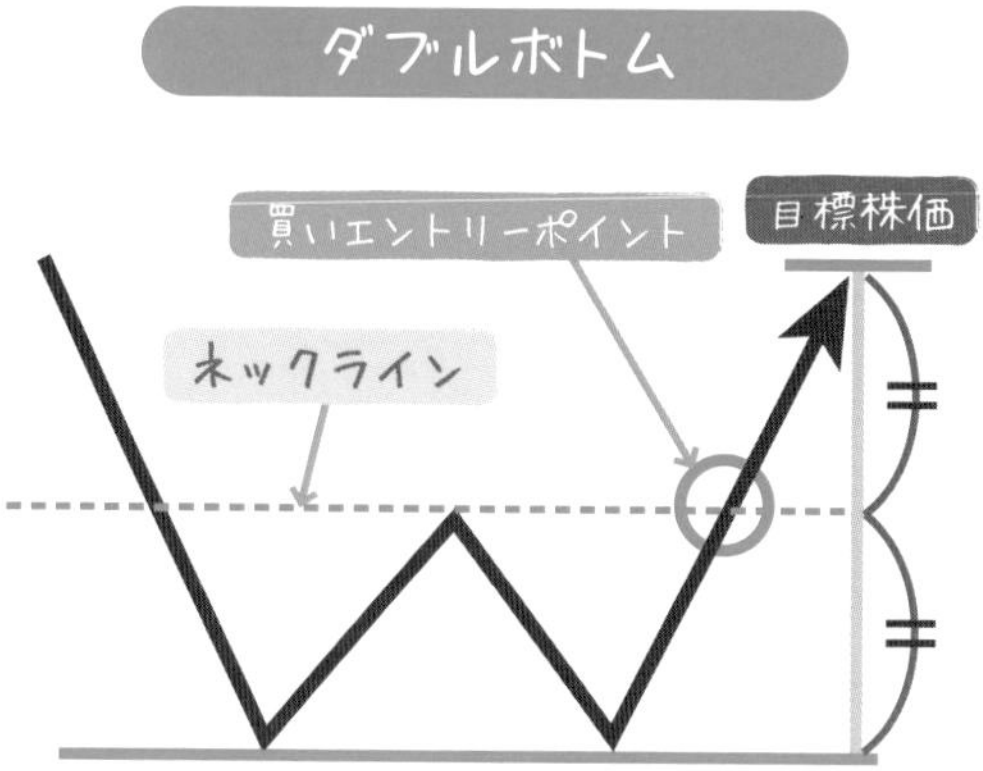
ダブルボトム
買いエントリーポイント
目標株価
ネックライン

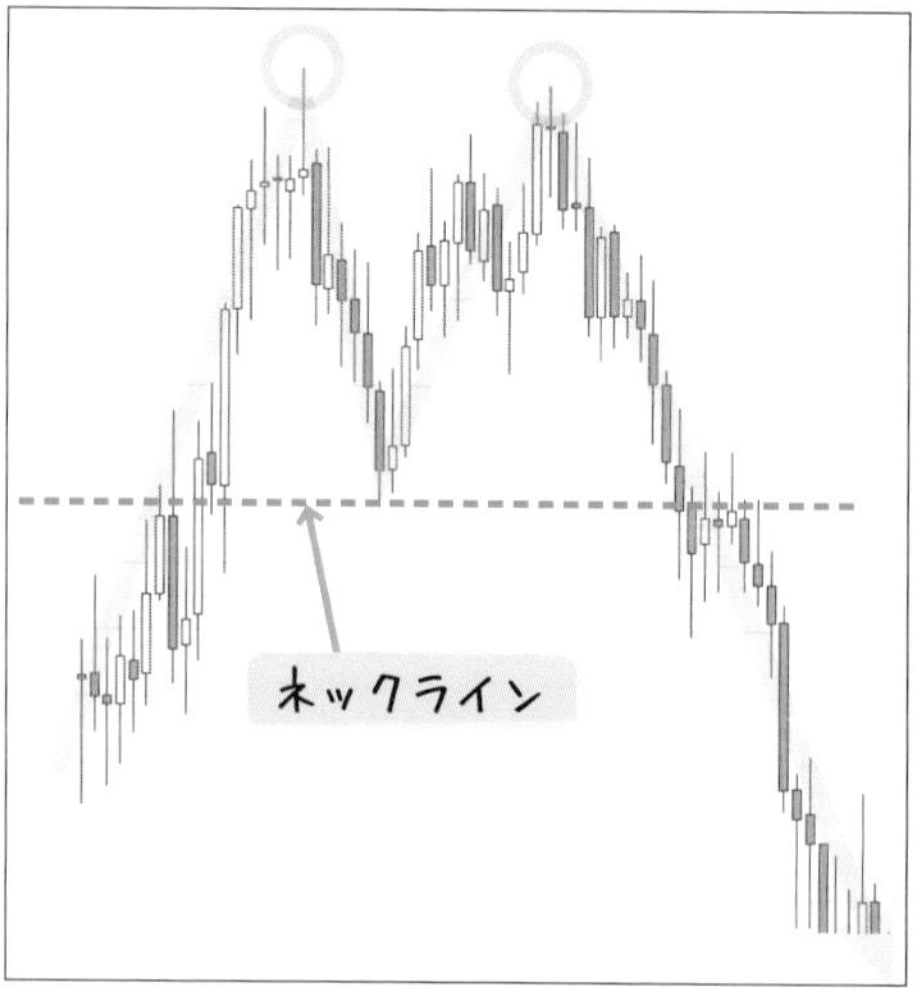
ネックライン

実際のチャートで見ると、ダブルトップ・ダブルボトムはこのように現われます。

ただ、このように**きれいな形で現われることはまれ**で、慣れていなければそのときに気がつくことが難しい場合もあります。

きれいな形をイメージしたままダブルトップ・ダブルボトムを探しすぎると、相場判断を誤る恐れもあるので注意してください。

4 ボックス

次のチャートパターンはボックスです。まずは、実際のチャートを見てみましょう（下図参照）。

三角保《も》ち合いと似たパターンですが、三角保ち合いのように値幅が縮まっていかず、**一定の値幅の間で価格が推移**しています。

このチャートパターンがボックスです（次ページ図参照）。

緑の補助線を引いてみると、補助線を抜けた途端に下落トレンドに入っていることがわかります。

ボックスには、次の2つの使い方があります。

> **❶ ブレイクするときにエントリーする**
> **❷ ボックスの下限で買い、上限で売るを繰り返す**

● ボックス相場では一定の値幅で価格が上下する

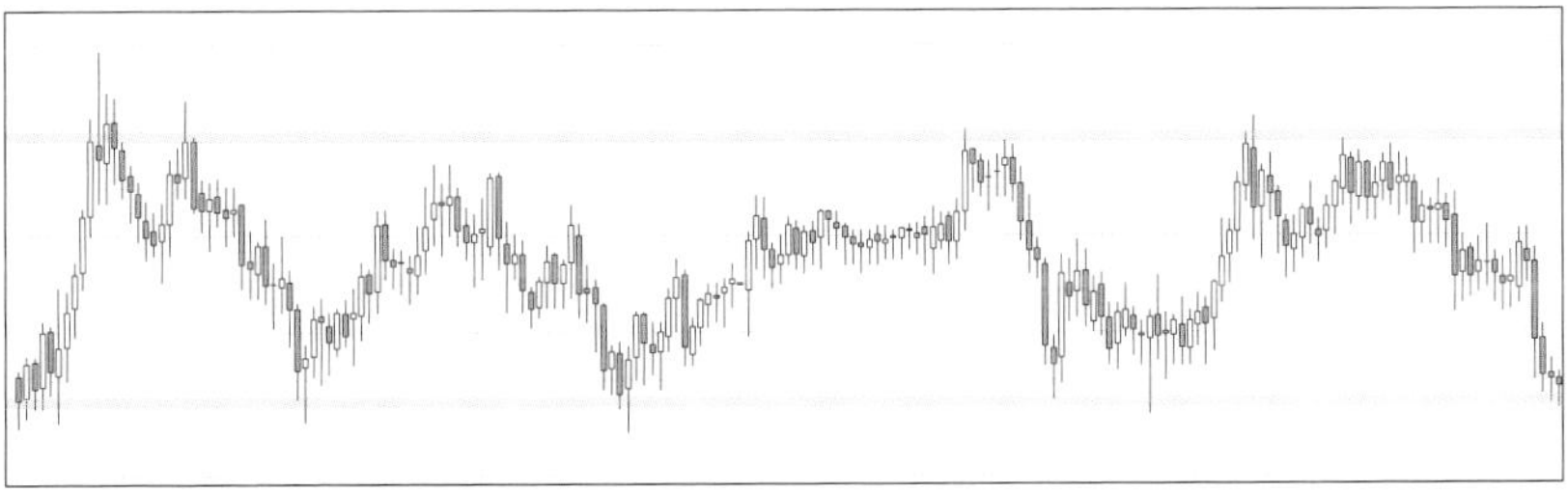

❶ ブレイクするときにエントリーする

先ほどと同じく、**補助線を抜けた途端**に大きく上昇トレンドに入っています。

そこで、ブレイクを狙ってエントリーするという使い方が1つ目の使い方です。上手に上昇トレンドに乗ることができれば、大きな利益を上げることができます。

❷ ボックスの下限で買い、上限で売るを繰り返す

もうひとつが、**下の補助線のところで買い注文**を入れ、**上の補助線まで上がったところで売るを繰り返す**ことで利益を得るという使い方です。うまくいけば複数回利益を得ることができます。

ただ、この方法は**逆張り**という方法で、初心者には少し難易度が高くなります。

また、ボックスであることがわかったときにはすでに何度も上昇と下降を繰り返しているため、**売買のタイミングを逃す可能性**があります。

● ボックス相場での２つの売買方法

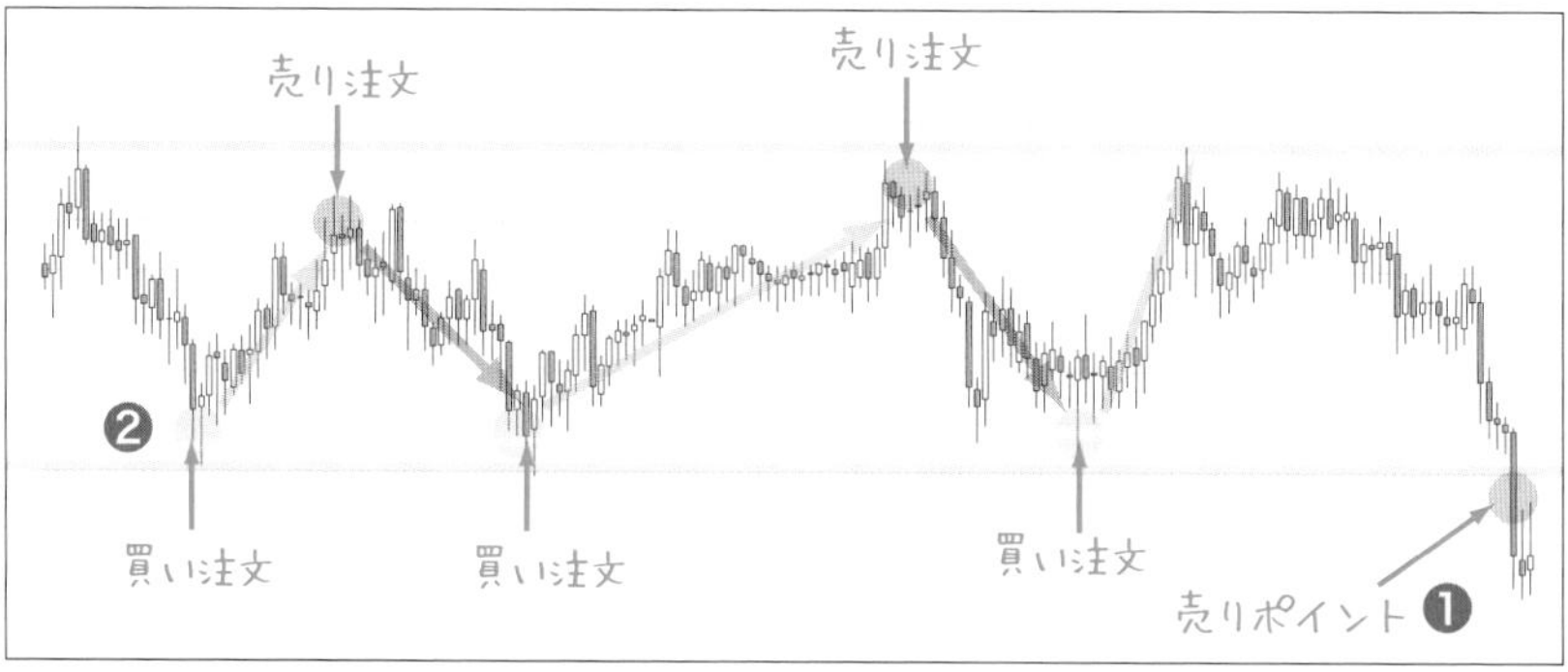

そこで初心者としては、順張りである❶ブレイクするときにエントリーする方法をまずはマスターしましょう。

5 カップウィズハンドル

このチャートパターンはウイリアム・J・オニールという米国の伝説の投資家が好んで使ったと言われています。その名のとおり、コーヒーカップのようなチャートを描くパターンのことです。

実際のチャートを見てみましょう（次ページ図参照）。

このとおり、先ほどの**コーヒーカップの形**になっていることがわかります。カップウィズハンドルは、**中期的なボトムを判別**するのに役立ちます。

底値圏で出現すると「上昇トレンドへの転換サイン」として考えられるのが一般的ですが、必ずしも底値圏で出現するわけではありません。

上昇トレンドの最中に出現することもありますし、新高値を更新するときに出現することもあります。

● カップウィズハンドル

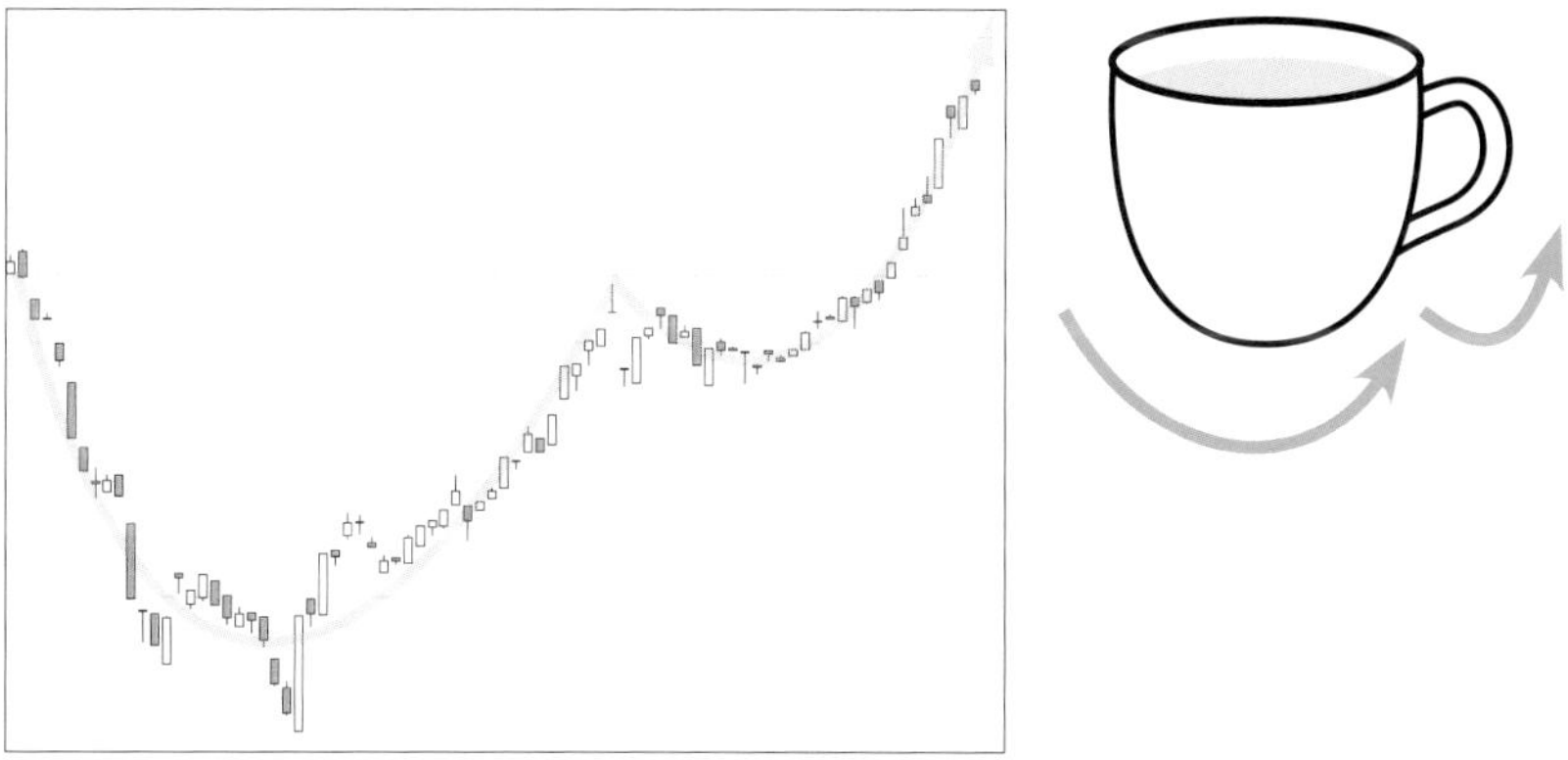

● 底を打った株価が徐々に上昇に転じ一度出来高を伴った上昇を見せる❶
● 上昇するかと思わせるが、一度跳ね返される❷
● 跳ね返された後、少しのもみ合いの期間を経る❸
● 再度❷の高値を突破していく（買いのサイン）❹

出来高と併せて活用しよう

カップウィズハンドルをチャート上で見つけたときは、**併せて出来高にも注意**することで精度を上げることができます。

もしこのような出来高の動きが現れたときは大きなチャンスです。

● 徐々に出来高を増やし一度目の高値に到達
● 同じく出来高も一度天井を打つ
● 価格が調整するときに出来高も同じく減少
● 再度高値を突破するときに大きな出来高を伴う

● カップウィズハンドルの売買ポイント

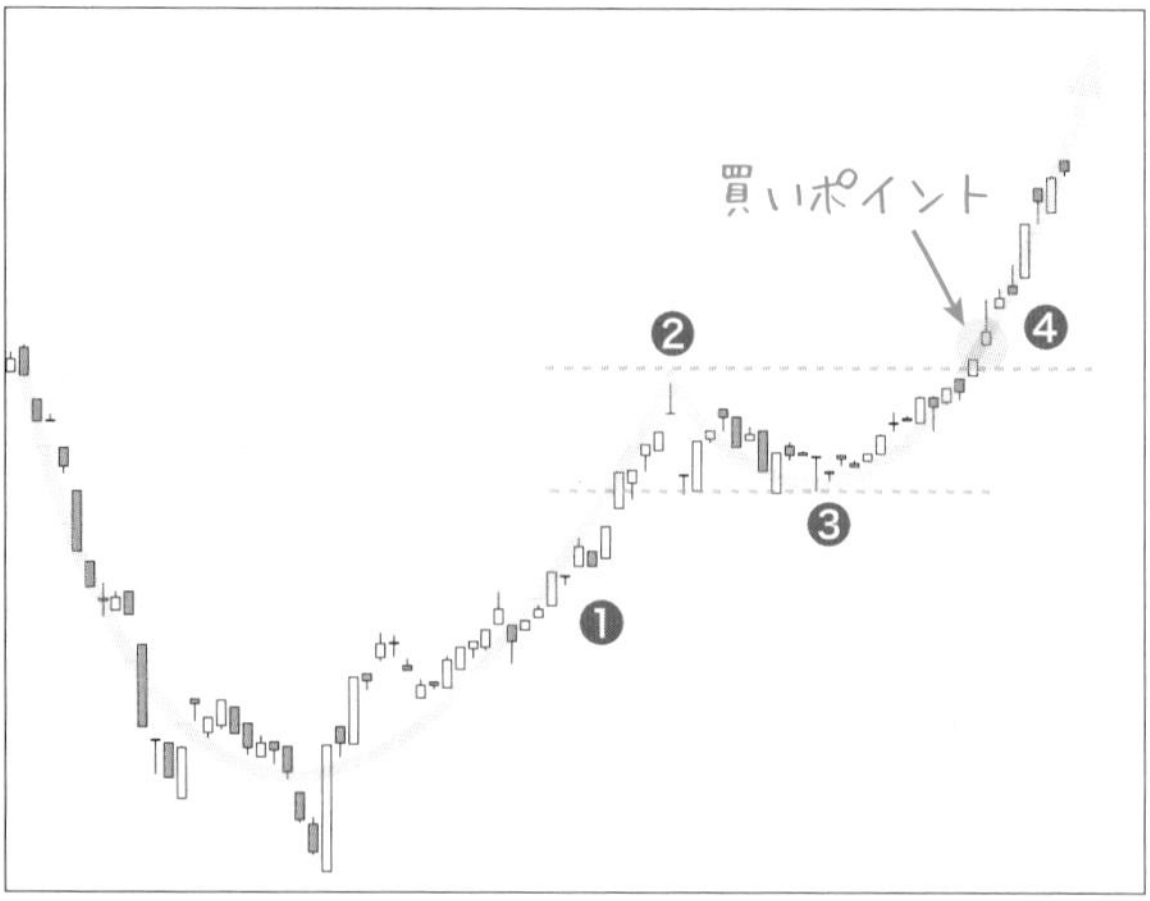

4時限目

株式市場のしくみと銘柄選びから米国株まで

株式ってどんな
しくみでしょうか？
投資の基本中の基本、
株式市場について、そして
銘柄の選び方、米国株や
ETFについても学びましょう！

01 株と株式会社のしくみを知っておこう

1 株式で調達した資金は返済しなくていい！

会社を新たにつくったり、運営していくには**資金が必要**です。

会社をつくるときは、自分でお金を工面して出資するか、誰かに出資してもらって、事務所を借りたり、製品開発・製造の資金、広告宣伝、営業、従業員などにかかる資金を捻出しないといけません。

会社がなんとか軌道に乗り、さらに製造ラインを増やしたり、店舗を増やしたり、事務所や人員を増やしていくためには、さらに資金が必要になります。**資金調達**のことを英語で**ファイナンス**と言いますが、聞いたことありますね。

会社をつくるとき、会社を成長させるとき、そのために資金を調達

会社を始めるには資金が必要です。
株式を発行して会社を興したり、運営する会社が「株式会社」です！

するには次の3つの方法があります。

- **銀行からの融資（借入、負債、有利子・返済義務あり）**
- **社債の発行（負債、有利子・返済義務あり）**
- **株式の発行（利子なし、返済義務なし）**

3番目の**株式を発行**すれば、借入や社債と異なり、**利払いや資金の返済をしなくていい**のです。ちなみに日本のほとんどの会社は株式会社です。株式会社以外には**合同会社**、**合資会社**、**合名会社**があり、株式会社と合同会社の出資者は有限責任とされ、出資比率までの責任となります。ちなみに有限会社は「有限会社」という商号の株式会社とされます。

株式によって資金を調達する株式会社は株券を発行し、株券を売ったお金が会社に入り、会社を運営するための資金とします。

一方、株式を買った投資家らは、その会社の**株主**となります。株主は会社にお金を出したのですから、何らかの権利があります。それが、この本で説明する**インカムゲイン（配当）**、**株主優待や株主総会での議決権などの株主の権利**です。

出資をした株主は、出資を受けた会社にいつまでに利子をいくらで返

● **4つの会社組織の形態**

	株式会社	合同会社	合資会社	合名会社
出資者の責任	出資の範囲で有限	有限	有限と無限	無限
最高意思決定機関	株主総会	社員総会	社員総会	社員総会
経営主体	取締役	業務執行社員	業務執行社員	業務執行社員
特徴	最も幅広く利用	新会社法での日本版LLC	利用少ない	利用少ない

済してね、という返済の義務はありません。しかし、何らかのメリットがなければ会社にお金を出す人はいません。出資者には何らかのかたちのリターンが必要です。それが**配当**です。配当は会社が出した利益の一部を出資比率に応じて得る報酬です。

さらに、会社が大きくなり資産が増えると、それだけ1株の価値は高まります。会社が株式市場に公開されていれば、市場でいつでも売買でき、高く売れたときは**売買益（キャピタルゲイン）**が出て株主の利益となります。

2 会社の所有者は誰？　社長さん？

会社の所有者は誰でしょう？　社長さん（代表取締役）でしょうか？　そうではありません。**会社の所有者は株主**です。

「**株式を持つ人（株主）＝会社を所有している人**」というのが、株式会社のルールです。代表取締役が株主を兼ねていれば、その人は「オーナー社長」として会社の所有者です。株式を他の人に売ったり譲渡したりすれば、株を買った人が会社の所有者になるのです。

2つ目の質問、**会社は誰のためにあるのでしょうか？**　社員、それとも経営者でしょうか？　はたまた顧客ですか？　それとも株主でしょうか？

この答えは一概には言えませんが、身もふたもない言い方をすれば、**会社は株主のためにある**というのが資本主義、そして会社法のルールです。

会社を運営するのは、取締役をはじめとする経営者です。その代表が代表取締役です。でも会社は経営者のためにはありません。

経営者は株主から会社を運営することを委託されている存在です。未上場会社では、所有者が経営者であることが多いですが、上場企業では、会社の経営者は所有者であることはまれです。

これが**所有と経営の分離**と言われ、会社法、コーポレート・ガバナンス（企業統治）の大原則となっています。

● 株式会社のしくみ

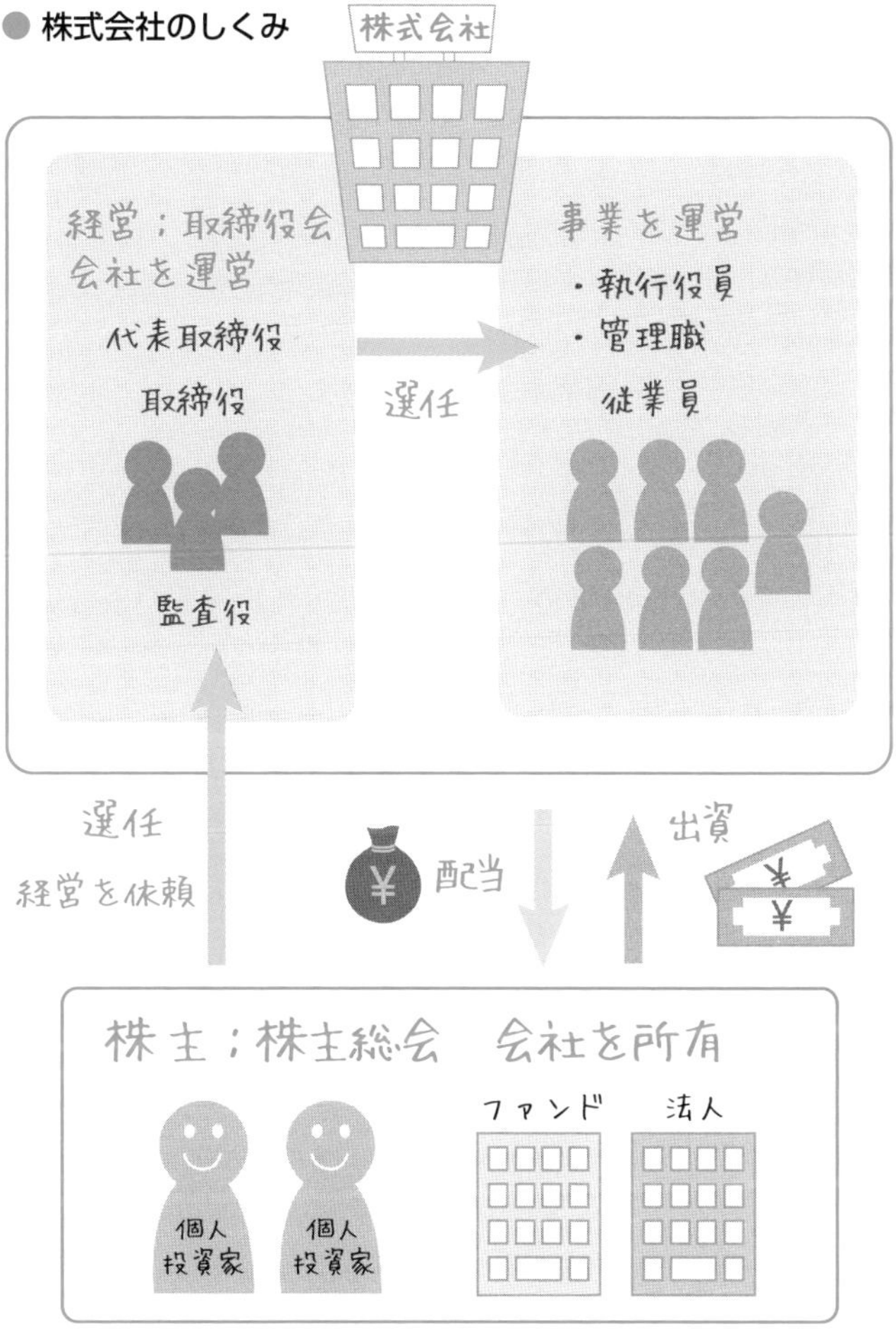

3 会社の借金は株主にも及ぶか？

「この会社は成長する、株価が上がりそうだ」と思って100万円でA社の株を買ったところA社に不祥事が発覚して10億円の負債を抱えて倒産してしまいました。

会社が倒産すると、出資した100万円の価値は0になってしまいます。一方、A社が抱えている10億円の借金は株主にもかかってくるのでしょうか？

会社の負債が株主の責任にされることはありません。これを**株主の有限責任の原則**と言い、会社法104条で「株主の責任は、その有する株式の引受価額を限度とする。」と規定されています。株主（出資者）のリスクは限定的となります。

利益の一部を株主に還元する配当も出資比率に応じた比率で受けることができ、株主総会での議決権も出資比率に応じ得ることができます。

このように**株主の権利と責任の範囲は限定**されているので、投資家は**安心して会社に投資することができる**のです。

4 自由に売買できる上場株式と仲介する証券会社

株式投資は、上場株を証券会社を通じて買い付け、高値になったときに売ることで、その差額が利益（キャピタルゲイン）となります。

一方、証券取引所に上場していない**未上場の会社の株式**は自由に売買することができません。多くの未上場の会社では「譲渡制限」の規定が定款で定められていることが多く、取締役会の承認を得ないと売買することができません。

一方、**東京証券取引所など株式の売買が行われるマーケットである株式市場**では、株は自由に売買されています。

私たちは、買いたい会社の株を買い、売りたいときに売る人がいて両社の価格が合えば売却することができます。そして、そのときに株の発行元の会社の承認を得る必要はありません。

こうした株の売る側と買う側の価格のマッチングをしているのが**証券取引所**です。

そして、売る人の売値と買う人の買値を聞いて証券取引所に仲介するのが**証券会社**となります。

● 証券会社は投資家から受けた注文を証券取引所で売買する

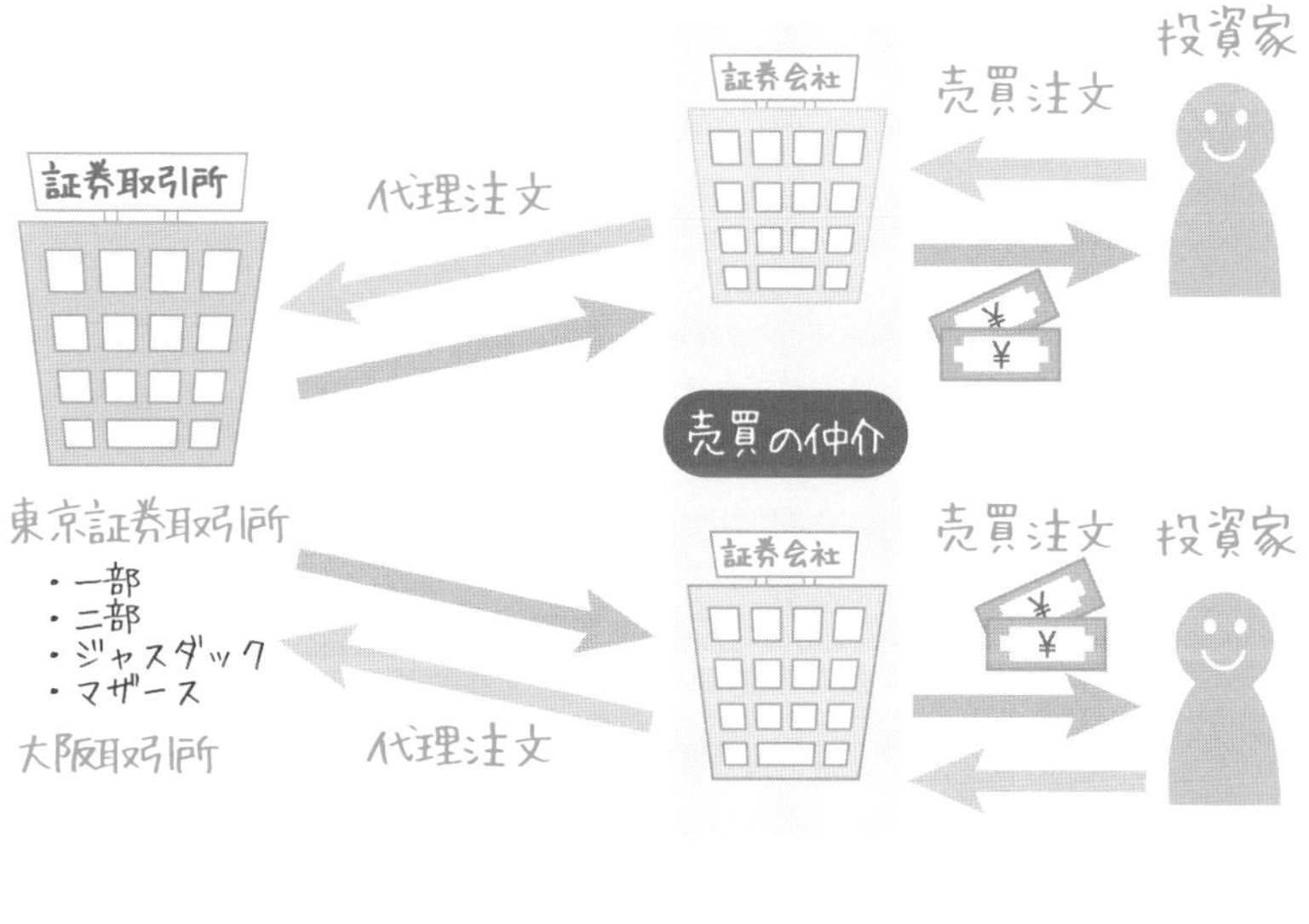

5 株のマーケット　証券取引所

証券取引所は株式や債券が売買される場所です。日本では、東京・名古屋・札幌・福岡に証券取引所があります。米国では、**NYSE**（ニューヨーク証券取引所）、**NASDAQ**、英国は**ロンドン証券取引所**、中国は**上海証券取引所**があります。各国にその国の株式会社の株の売買がされる証券取引所が設けられています。

日本の証券取引所では、最大の**日本取引所グループ**内に、**東京証券取引所**、2013年に経営統合した**大阪証券取引所**、2019年に子会社となった**東京商品取引所**があります。**東京証券取引所**の中には、**東証一部・東証二部・マザーズ・JASDAQ**という4つの市場があり、これらの取引所を通じて、私たちは上場している会社の株式を売買することができます。

東京証券取引所の4つのマーケットでは、株式会社がそこに登録するための上場基準が設けられています。

- **東証一部　直接上場なら株主数2200人以上、時価総額250億円以上**
- **東証二部　株主数は800人以上、時価総額は20億円以上**
- **JASDAQ　株主数200人以上、1年間の利益の額が1億円以上か時価総額50億円以上**
- **マザーズ　株主数200人以上、時価総額は10億円以上**

証券取引所では、証券会社の顧客の出した株の売りと買いの注文を受けてセリ（現在は大型コンピュータ）によって値決めされます。

こうした上場基準をクリアした会社の株式だけがそれぞれのマーケットで売買されることになります。

また、証券取引所では個別の会社の株式だけでなく、ＥＴＦと呼ばれる上場した投資信託も売買されています（１８４ページ参照）。

ちなみに、東京証券取引所には第５の市場と呼ばれる**「東京プロマーケット」**という市場もあります。東京プロマーケットは「プロ」という名がついているようにプロ投資家向けの株式市場になっていて、一般投資家は売買することができません。

● 日本の証券取引所

日本取引所グループ

東京証券取引所　東証一部、二部
マザーズ、JASDAQ、東京プロマーケット
大阪取引所　デリバティブ

名古屋証券取引所　名証一部、二部、セントレックス
札幌証券取引所　本則市場、アンビシャス
福岡証券取引所　本則市場、Q-Board

02 株式投資をするとこんなメリットがあります

株式投資によってある会社の株式を保有すると、どんな利益やメリットを得られるのでしょうか。

1 株の売買は資産を増やすため

会社の株を買うことによって、得られることはいろいろありますが、**多くの人は資産運用を目的に売買しています**。銀行預金では資産の増加は期待できない時代です。また、日本では人口減少が社会問題となり、年金など将来が見通せず老後の不安もあり、若いときから資産運用の手段として株式投資を始める方が増えています。

株式市場で売買されている株式の価格は常に変動しています。株を買った値段より高く売れれば、**売買益（キャピタルゲイン）**が得られま

みなさんが「株」をやりたいと思ったのは、売買して利益を得たいと思ったからですね！
そう、株は投資目的がほとんどです。

す。また、長期で保有すれば毎年**配当（インカムゲイン）**が得られます。

2 配当金は儲かった分の還元です

上場会社は、主に株式市場から資金を調達して事業を行い利益を得ています。事業年度の利益の処分方法としては、会社に留保し預金する、または投資に向けるか、**株主に配当金として還元**するか、いずれかとなります。

配当金は必ず出さなければならないものではありません。**配当金を出すかどうかの判断**は会社によって異なります。配当金を出し続ける会社もあれば、利益を会社に留保したり、次の成長への投資に向ける配当金を出さない会社もあるのです。

米アマゾンは利益を次の投資に向けるため配当金を出さない会社として有名です。

また、配当金は決算のタイミングで出ることが多く、年に一度の本決算と中間決算のタイミングで配当金が出るのが一般的です。

米国の会社の場合は、年4回の配当が一般的です。例えば、

● 配当のしくみ

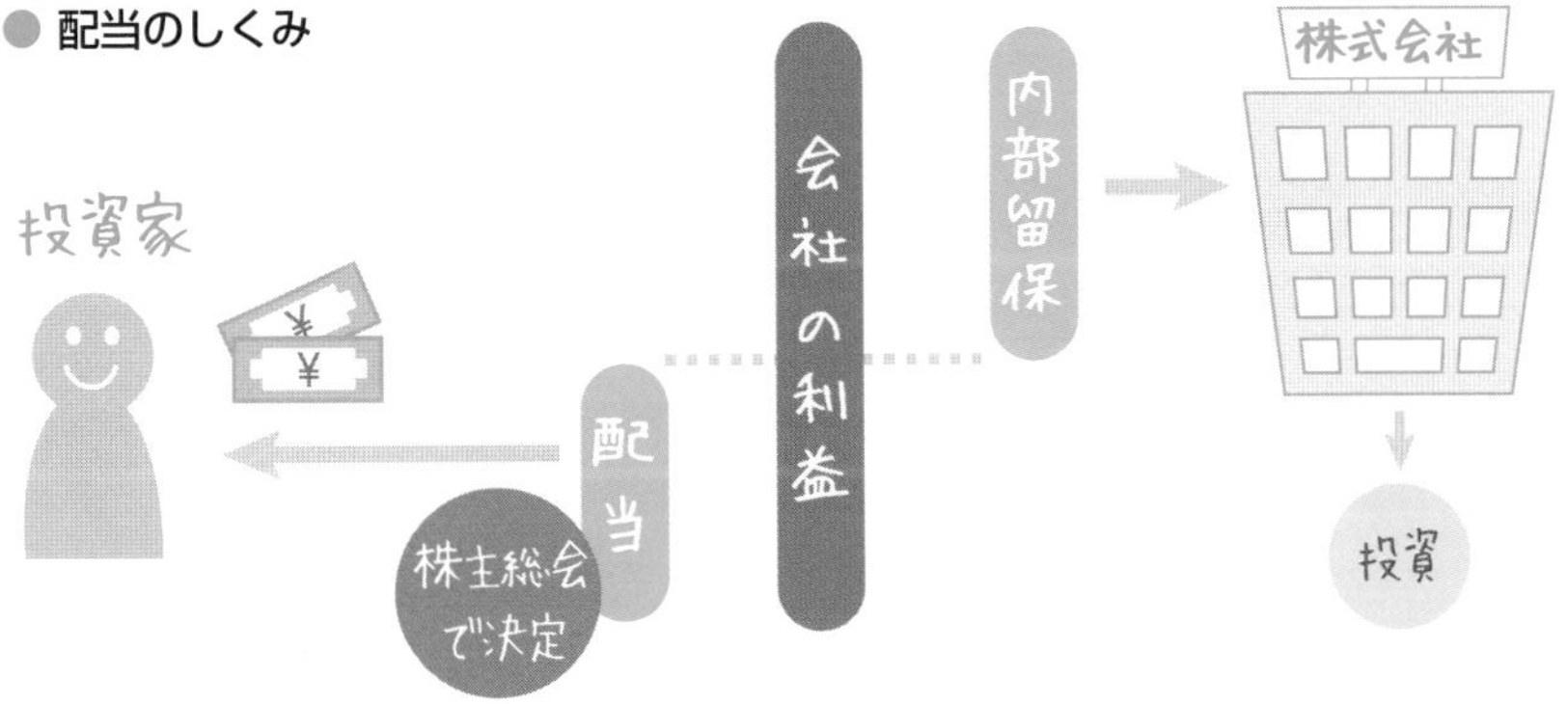

アップルは2月、5月、8月、11月が配当月となっています。

配当を前期より増やすことを**増配**、減らすことを**減配**、配当がないことを**無配**と呼びます。

ジョンソン・エンド・ジョンソンは57年連続増配している優良銘柄です。米国ではこうした連続増配企業が数多く、日本でも高配当の米国株が大人気となっています。

3 株主サービスとしての株主優待

株主優待も会社が株主に対して利益を還元する方法の1つで、およそ35％の上場企業が実施しています。

配当金のように現金での還元ではなく、**食事券、割引券、優待券など自社の商品やサービスを提供する**のが一般的です。

株主優待は株主だけでなく、会社にもメリットがあります。

長期で保有してくれる個人の安定株主を増やし、敵対的な買収を防ぐ効果があります。株主優待の発行時に費用として計上し会社側の税負担を軽くするメリットがあります。

なお、米国では株主優待という制度はなく、すべて配当として

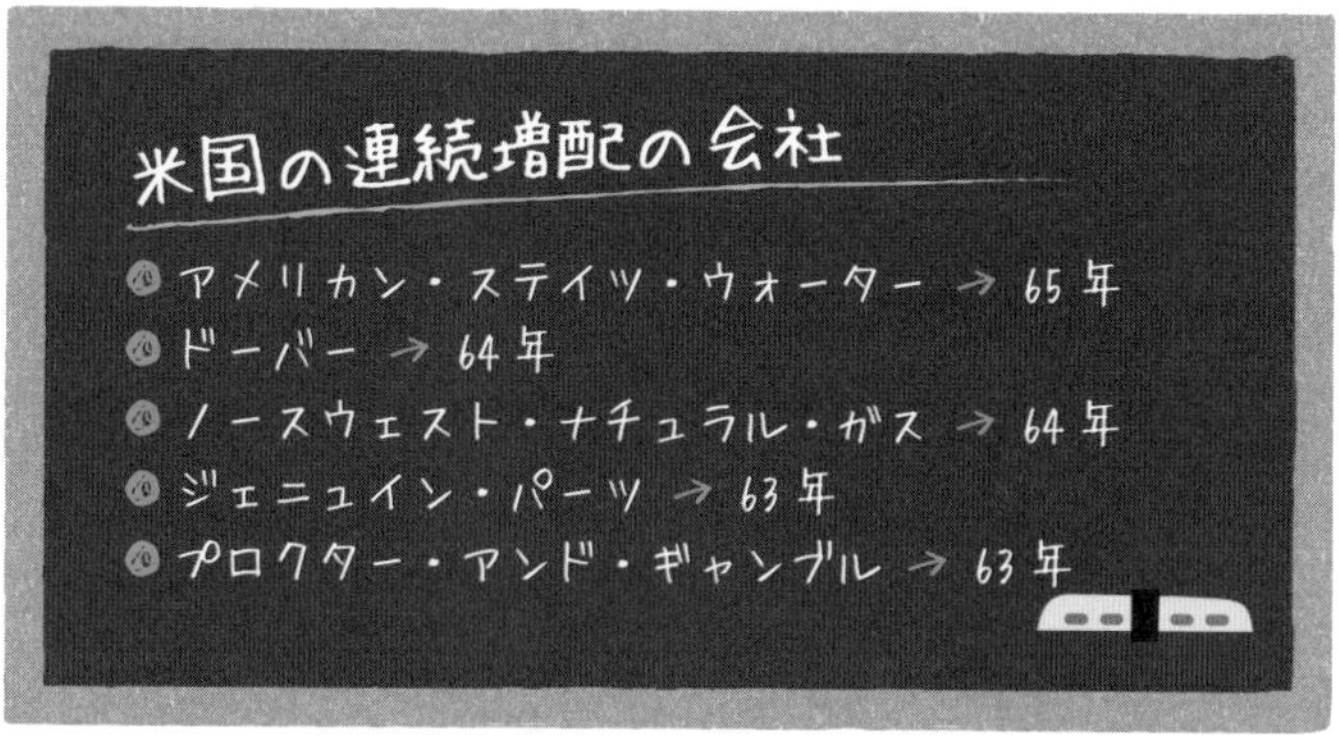

株主に還元するため、日本より配当利回りが高いのが特徴です。

4 株主総会での議決権が得られます

株主総会は、会社の所有者である株主が集まり株式会社の中で**最も重要な経営方針や役員の選任、定款変更などを行う意思決定の場**です。

例えば、会社の憲法とも言われる定款を変更することは株主総会を経なければできませんし、事業譲渡や合併なども同じく株主総会での決議を得なければ行うことができません。

株主になると、**株主総会への招集通知、議決権行使書**が届き、**総会で議決権を行使**することができます。議決での投票数は持っている株数に応じて決まっています。また、総会では経営陣に質疑することも可能です。

持っている株数が多いほど多く投票できるので、会社運営への影響度は大きくなります。

会社の過半数の株を所有すれば、会社の実質的な所有者ということになります。

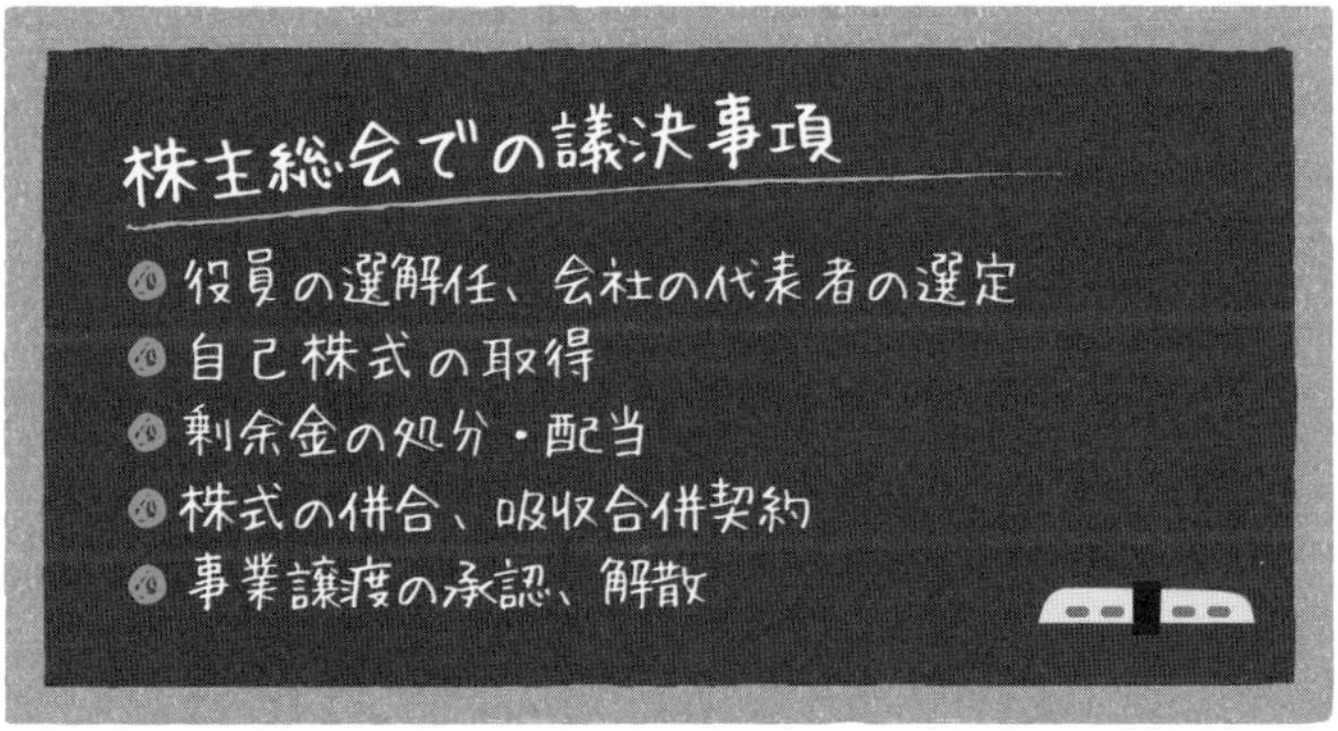

3月末決算の会社では6月に定時株主総会を行います。

5 株主としての権利行使には、株を買うタイミングに注意

株主としての権利を得るためには、「この日までに株主になる」という期限があります。その期限を「**権利確定日**」と呼びます。さらに「**権利付き最終日**」「**権利落ち日**」があります。

- **権利付き最終日　銘柄を保有することで株主としての権利を得られる最終売買日**
- **権利落ち日　権利付き最終日の翌営業日**
- **権利確定日　株主権利を得ることができる日（株主名簿に記載）**

株主として配当金などの権利を得るためには、**権利付き最終日までに株を購入**しておく必要があります。権利付き最終日までに購入しておけば、権利落ち日以降に売却しても、株主の権利を得ることができるのです。

ただし、**米国株式**は現地約定日から起算して3営業日目に現地受け渡しとなるため、実際には「権利付最終日」までに株式を買い付け、保有していな

● 株主と認定される3つの権利日

	権利付き最終日	権利落ち日	権利確定日
2020年9月	9月28日（月）	9月29日（火）	9月30日（水）
	この日までに株を買う	この日に売っても株主の権利あり	株主名簿に記載される

ければなりません。

6 株式投資で企業業績や経済、会計に強くなる

株を購入するには、買う銘柄を決めないといけません。知っている会社なら何をやっているかは想像がつきますが、知らない会社だと調べる必要があります。

証券会社のサイトやアプリケーションには、会社四季報のような会社の概要、業績、予想などが出ていますから、簡単に調べることができます。株を保有したら、今後成長できるかどうか、いつ売ろうか、配当は出そうか、いろいろ気になり、企業業績を調べるようになります。

企業業績には、**売上高**、**売上総利益**、**営業利益**、**当期純利益**などがあり、それらを知ることにより**決算書の損益計算書の知識**が得られます。

また、FXでドルを買って保有していれば、毎月行われる**米国FOMC（連邦公開市場委員会）の政策決定会合**、**米雇用統計**、日本だと**GDP**や**失業率**などの経済統計に敏感になります。これらは為替相場の変動に大きな影響を及ぼすからです。

また、米国と中国の関係、米国の大統領選挙なども株価や為替に大きく影響します。

株やFXを始めると自然と政治や経済、企業の動きに敏感になるでしょう。大切な自分のお金を投資しているので、小難しいと思っていた政治や経済も、自然と吸収するようになるのです。

03 株価はどうやって決まるのか?

1 株価は買いたい人と売りたい人のバランスで決まる

日々変動する株価ですが、上場会社の株価は、市場（取引所）での**需要と供給のバランスによって決定**されます。

オークションで「千円で買いたい」人と「千円で売りたい」人がいれば、お互いの需要と供給がマッチして千円で売買が成立します。競りが最初は100円の値付けから開始されたとしても、買いたい人が売りたい人よりも多いと、どんどん高値で入札されていきます。

株価もこれと同じで、「この会社は業績がいいから、株を買っておくと将来高く売れるだろう」と考える人が増えれば、その会社の株を買いたい人が増え、株価も上昇します。

株価は、基本的に市場での需要と供給のバランスによって決定されます。
また、投資家の心理でも値動きします。

逆に、この銘柄を「売りたい」人が「買いたい」人よりも増えると、株価が下がってしまうのです。

2 株価は企業業績を反映する？

株価を左右するもう一つの要因が、**企業の業績**です。

例えば、新商品がヒットしたり、ライバル会社を抜いて市場を独占したなどの要因で企業が大きく成長したり、**決算が予想より好調**だったりすると、「この会社はこれからどんどん伸びていくはずだ」「今のうちに株を買っておこう」と考える投資家が増えるため、株価が上昇します。

逆に、**粉飾決算など不祥事**が発覚したり、**売上が低迷して業績が悪化**している企業については「この会社は危ないかもしれないから、売れるうちに株を売っておこう」と考える人が増え、株価が下がってしまうのです。

● 株価はこうして決まる

ケインズの美人投票

マクロ経済学の有効需要の原理で有名な経済学者ケインズは、投資を美人コンテストに例えると、誰が一番美人かより、より多くの人が美人だと思う候補者を当てた人に賞品が与えられる投票に見立てられるとしました。

会社の業績が良好である（美人である）ことより、**投資家が上がるだろうと思った銘柄（皆が美人だと思う候補者）を買うこと**が、有効な投資方法ということです。

株価は業績を反映したファンダメンタルズより、業績が良くても悪くても、皆が上がると思った銘柄が買われ、結果として株価が上がることになります。

もちろん、業績が良ければ将来株価が上がると思う人は増えるので株価は上がることが多くなります。

株価は必ずしも企業の業績や業績予想を反映するものでなく、**参加する投資家が上がると思う、下がると思う、という心理が反映され決定される**ものだと覚えておきましょう。

3 景気や金利などの市場全体の変化

2万5000円以上あった日経平均株価は、バブルが弾けた1991年2月からどんどん下降し、2003年には8000円台にまで下落しました。

２０１３年、安倍政権になり「アベノミクス」を打ち出してから株価は再び上昇し、２０１３年には２万円を超えたことは記憶に新しいのではないでしょうか。

２０２０年にはコロナショックにより１万６０００円まで値を下げましたが、企業業績の悪化にもかかわらず２万３０００円台まで復活しています。

金利と株価

金利が上昇すると企業や個人は借入を控え、また、株に投資するよりも銀行に預けるほうが有利と考え、資金は株式市場から流出して株価は下がります（**金融引締めの効果**）。

金利が低下すると、銀行預金から株式市場に資金が流れ株価は上昇します（**金融緩和の効果**）。

経済が加熱してくると日銀は金融引締めで金利を上げます。不況時は、**金利を下げて**企業や個人が資金を調達しやすくし、**経済活動を活発化させます。**

日経平均の推移と経済の出来事

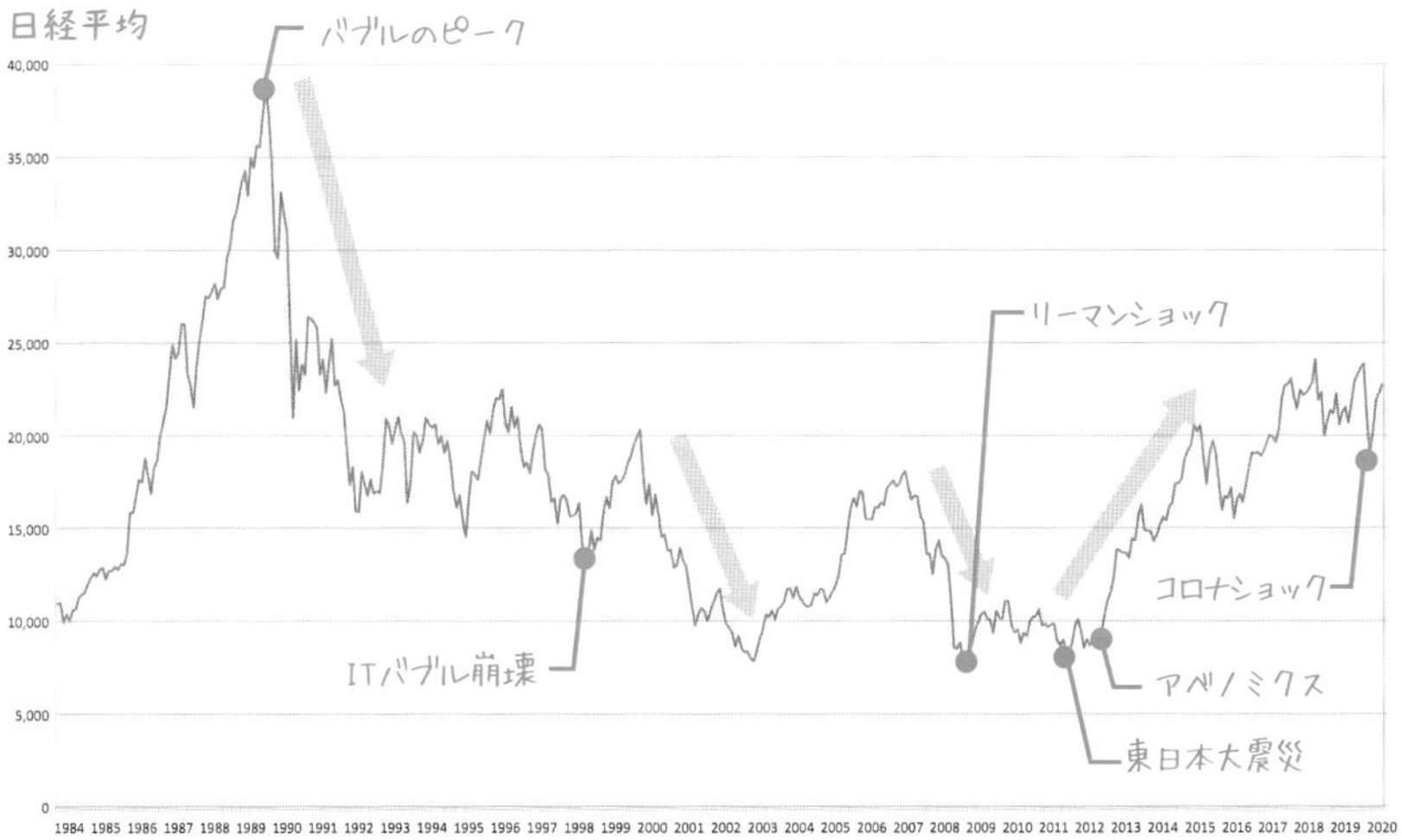

04 どのような株を購入すべきか？

1 銘柄選びの楽しみとハイリスク・ハイリターンの個別株

個別株投資とは、その名のとおり、気になる**個々の会社の株に投資する**ことです。株式投資ではごく一般的な投資方法です。

例えば、通勤でＪＲをよく利用するから応援の意味を込めてＪＲ東日本の株を買ってみるとか、いつも利用する飲食店が上場しているからそこの株を買ってみるという、**企業を応援したり楽しみながらできるのが個別株投資**です。

米国に目を移せば、毎日使うｉＰｈｏｎｅ、買い物はアマゾン、テレビはネットフリックス、ＳＮＳはインスタグラムといったように毎日の生活は米国ＩＴ企業で成り立っている人も多いはずで

個別の銘柄を何を買うべきでしょうか？
基本は会社の事業をイメージでき株価が上がると思われる会社です！

す。こうした米IT企業は爆発的な成長を遂げ、株価はここ数年うなぎ登りで、2020年のコロナショックにもかかわらずコロナ後もすぐに高値を更新しています。

東証一部には約2170社、二部には約480社、米国NYSEには約2300社、NASDAQには約2900社の銘柄があります。ここから自分の投資方針に沿った銘柄を選ぶのは、なかなか大変ですが、証券会社のサイトなどには、スクリーニングやランキングを使って選ぶ便利な方法があります（次ページ）。

個別株式の投資では、会社の草創期あるいは上場後から、会社の業績が予想以上に大きく上がると、思いもよらぬリターンが得られます。

例えば、過去急騰したことで有名なのが**ヤフー**です。ヤフーの上場初値（1997年）は200万円でしたが、その2年後には6億円を超えました。このようなことは極めてまれですが、**テンバガー（10倍）といった大化けの可能性**があるのが個別株への投資の醍醐味です。

しかし、ハイリターンが望めるということはリスクも高いということを忘れてはなりません。

この本にもよく出てきていますが、「卵は1つのかごに盛るな」という教訓がありました。**個別株だけへの投資**は、まさに「卵を1つのかごに盛ってしまう」状態なのです。

特に資金が少ない時期には、1社の銘柄を買っただけで資金が尽きてしまうこともあるでしょう。そうするとその会社の株価が暴落したら、資金も連動して大きく減ってしまいます。

個別株を選ぶときには、資金と相談しながら異なる業種（セクター）から**複数の銘柄を買ったり、投資信託やETFも同時に購入してリスク分散する**ことを念頭においておきましょう。

2 ランキングから銘柄を選ぶ

証券会社のサイトで株を買う場合、会社名や証券コード、米株のティッカーシンボルを知っていれば検索してチャートや業績を調べたり、株を購入することができます。購入したい銘柄を定めていない状態から銘柄を探す場合には、**ランキング**や**スクリーニング**を使ってみましょう。

証券会社、株の情報サイトなどでは、国内・海外の証券取引所ごとに売買代金、出来高、値上がり、値下がりのランキングや、証券会社内での独自のランキングが掲載されています。

- **売買代金ランキング**
- **出来高ランキング**
- **人気銘柄ランキング**
- **配当利回りランキング**
- **値上がり率ランキング**
- **信用残ランキング**

例えば配当利回りランキングだと、受け取れる配当金と現在の株価から利回りを計算して高い順にランキング形式で紹介されています。長期保有し毎年、配当を受け取りたいときは、こうしたランキングは便利です。

3 スクリーニングで銘柄を選ぶ

スクリーニングとは、「ふるい分け」を意味し、株式では複数の条件（株価、配当利回り、PER、PBRなど）から銘柄を抽出する機能です。ランキングと同様、証券会社のサイト、アプリケーション、トレーダーズウェブなどの情報サイトに必ずある機能です。

スクリーニングは、**重視する条件**が決まっている際に、それをふるい分け条件として使うと有効的に活用できます。

例えば、時価総額やPBR、配当利回りといった**ファンダメンタル指標から銘柄をピックアップ**することもできますし、また一方で移動平均線との乖離率、一目均衡表の基準線と転換線の関係といった**テクニカル指標から銘柄をピックアップ**することもできます。

証券会社のサイトでは、サイトがお勧めする「NISA対応の高収益の成長企業」「高配当」「財務健全・割安銘柄」「高成長銘柄」「20万円以下で買える大型銘柄」といったあらかじめスクリーニング条件を設定したテーマが提供されています。

さらにファンダメンタル、テクニカル両方の条件を入力してのスクリーニングも可能なツールもあります。

● スクリーニングツールを使うと、自分の重視する条件で銘柄選びができる

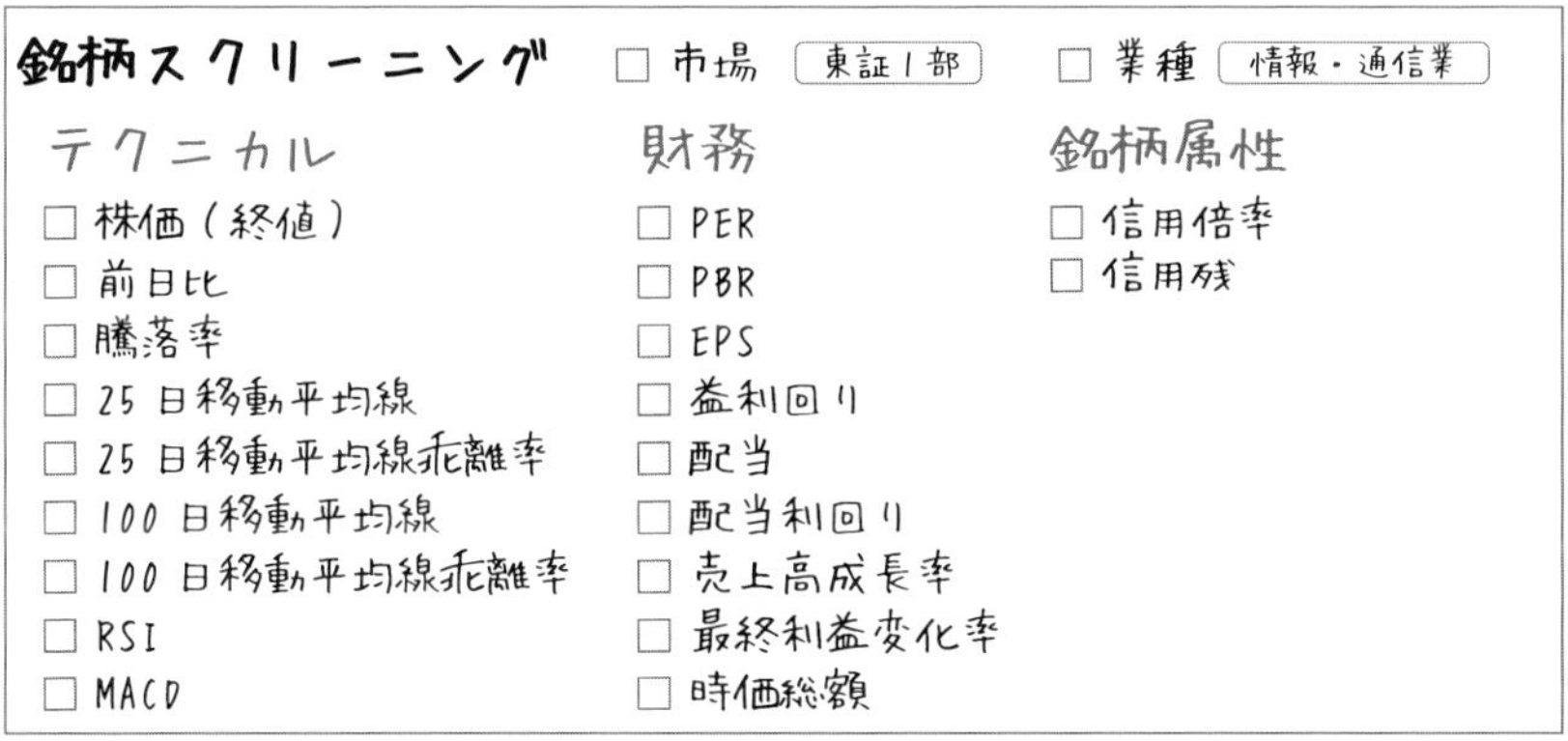

銘柄スクリーニング
□ 市場 東証1部
□ 業種 情報・通信業
テクニカル
□ 株価（終値）
□ 前日比
□ 騰落率
□ 25日移動平均線
□ 25日移動平均線乖離率
□ 100日移動平均線
□ 100日移動平均線乖離率
□ RSI
□ MACD
財務
□ PER
□ PBR
□ EPS
□ 益利回り
□ 配当
□ 配当利回り
□ 売上高成長率
□ 最終利益変化率
□ 時価総額
銘柄属性
□ 信用倍率
□ 信用残

05 株式市場でETFを購入する

1 ETF（上場投資信託）とは

株式投資において銘柄選びは楽しみであり、勝敗を決する部分でもあります。銘柄を選ぶ際に、対象となるのは会社だけではありません。**ETFと呼ばれる株式市場に上場している投資信託**も銘柄選びの対象となります。東京証券取引所には250銘柄近くのETFが上場しており、証券会社の売買サイト等で購入することができます。

ETF（上場投資信託）は、投資信託と同様に、複数の会社の株を少しずつパックにしたもので、日本だけでなく世界のさまざまな市場の株式や債券等をパックにした商品を購入できます。また、日経平均などのベンチマークの2倍、3倍の値動きをする**レバレッジ型**のETFや、日経平均の反対の動きやその2倍の動きをする**インバース型**のETFもあります。

不動産を対象とする**REIT**《リート》のETFや、債券、金・銀・プラチナなど貴金属、原油、ガソリン、天然ガスなどを対象とする数多くのＥＴＦがあります。

インデックス型はリスク分散されている

個別銘柄は業績に関する報道や不祥事等のニュースで、突然その会社の株価だけが**暴落するリスク**があります。日経平均や米国のＳ＆Ｐ ５００など、たくさんの銘柄が含まれているＥＴＦを利用すれば個別の会社の株のような暴落リスクは防げます（分散効果）。

株と同じように指値注文ができ、何度も売買できる

投資信託を購入するときの価格は申込時の価格ではなく、申込受付の締め切り後に算出される価格になります。

一方、ＥＴＦは株式市場に上場されているので、株式の注文方法と同様に指値注文、逆指値の注文ができ、取引時間内であれば一日に何度でも売買ができます。

2 ＥＴＦの売買手数料と信託報酬、支払われる分配金

ＥＴＦの**売買手数料は株式の売買と同じ**です（78ページ参照）。売買手数料は、証券会社によって設定され、ネット証券が圧倒的に安くなっています。

個別銘柄の株式には、信託報酬（調査費用や人件費などにかかる費用）はありませんが、ＥＴ

Fでは**投資信託と同様に信託報酬を支払います**。ETFの場合は証券会社には信託報酬が発生しないので信託報酬が安くなり、おおよそ、1%以下のETFが多く、最近では0・1%前後の格安のETFも登場しています。

ETFは、投資信託と同様に、**分配金（配当）**が支払われます。ただし、金や原油など配当や利息を生まない資産のETFでは分配金は発生しません。分配金は、年1回、2回、4回の頻度となり、銘柄によって決まっています。

3 レバレッジ型のETF

現在、**日経平均レバレッジ・インデックス連動型上場投信などレバレッジ型のETFが人気**となっています。レバレッジ型とは2倍型のETFであれば、単純に2倍の値動きを期待できるということです。例えば日経平均が1%上がれば2%上がり、1%下がれば2%下がるように価格設定されています。

注意したいのは、レバレッジ型のETFは先物を利用し計算が複雑で**信託報酬が割高**になっています。2倍というのは、毎日設定される基準価格が2倍になるのであって、購入したときの価格の2倍になるわけではありません。

レバレッジ型のETFは、**短期売買での取引**に向いており、信託報酬が割高なので**長期では決して持たないようにしましょう**。

4 国内で買えるETFの種類

日本の証券会社では次のような特徴を持つ国内外のＥＴＦを購入できます。

● 国内で買えるETFの分類

分類		特徴
国内株式型	インデックス型	国内株式型のＥＴＦの中には、日経２２５連動型上場投資信託、ＴＯＰＩＸ連動型上場投資信託、ダイワ上場投信ー日経２２５など、国内市場の指数に連動するインデックス型ＥＴＦがあります。 日本株全体に分散して投資したい場合、検討するとよいでしょう。
	分類型	国内株式の中で、業種や規模などで分類してまとめているＥＴＦです。例えば、銀行業上場投信やラッセル野村小型コアＥＴＦ等が挙げられます。 また、日経高配当株５０ＥＴＦといったように、特定の特徴に絞ってまとめているＥＴＦもあります。
	レバレッジ型	日経平均レバレッジ上場投信など、値動きが通常よりも大きくなるように設定されているＥＴＦです。 ＮＦ日経レバ、日経ダブルインバース、楽天日本株4.3倍ブル、大和ーiFreeレバレッジ NASDAQ100 などがあります。
外国株式型		米国 NY ダウ、S&P 500 に連動したインデックス型米国株 ETF が人気です。手数料も格安で配当利回りも高いです。 バンガード・トータル・ストック・マーケットＥＴＦ（ＶＴＩ）、バンガード・Ｓ＆Ｐ ５００ ＥＴＦ（ＶＯＯ）、インベスコＱＱＱ 信託シリーズ１（ＱＱＱ）、バンガード・米国高配当株式ＥＴＦ（ＶＹＭ）等が有名です。 外国株式型ＥＴＦにはブラジル株式指数・ボベスパ連動型ＥＴＦなど、投資しづらい地域にも投資できる商品があります。
債券型		日本国債に投資する国内型、海外の債券に投資する海外型があります。海外債券のＥＴＦは値動きが大きかったり、また為替リスクが伴うこともあるので注意が必要です。債券を組み入れたバランス型もあります。
その他		金銀などの貴金属、原油、不動産に投資したい場合、ＥＴＦは便利です。東証ＲＥＩＴ指数ＥＴＦや金価格連動ＥＴＦなどがあります。国内では、金価格連動型上場投資信託、ＳＰＤＲゴールド・シェアがあります。 米国市場では、ＳＰＤＲゴールド・シェア（GLD）、ｉシェアーズ シルバー・トラスト（SLV）などがあります。

06 今、皆が買っている米国株に投資しよう

日本企業の株だけでなく、海外企業の株を売買して投資することもできますが、最近**注目を集めているのが米国株**です。米国株のメリットはどこにあるのでしょうか。

1 米国株のここがすごい！

飛び抜けた成長力

GAFA《ガーファ》あるいはGAFAMという単語をご存じでしょうか？　これは、米国を代表するIT企業であるGoogle・Amazon・Facebook・Apple、さらにMicrosoftの頭文字から取った造語です。米国には、こうした**成長力が高いIT企業が数**

高いリターンで安定して稼ぎたいなら、米国株も検討してみましょう。アーリーリタイアを目指す人も増えています。

多く上場しています。

また、米国市場は右肩上がりで成長し続けており、今後も成長し続けることが予想されます。こちらはＳ＆Ｐ５００の１９８４年からのチャートですが、ＩＴバブル崩壊、リーマンショック、コロナショックなどで何年かの停滞を繰り返しながらも、**右肩上がりで大きく上昇**していることがわかります。

増配を続けている企業が多い

米国は日本などに比べて配当金や増配など、株主に利益を還元する意識が高く、増配もさかんに行われています。

なかには、**50年以上連続して増配**している企業もあります。ちなみに25年以上増配を続けている企業は１００社以上もあり、株主が得られるリターンが大きいのも米国株のメリットです。

配当自体も回数が多く、日本企業が年２回であることに比べ、米国株では年４回の配当が一般的です。

● 米国 S&P500 チャート（1984～2020年）

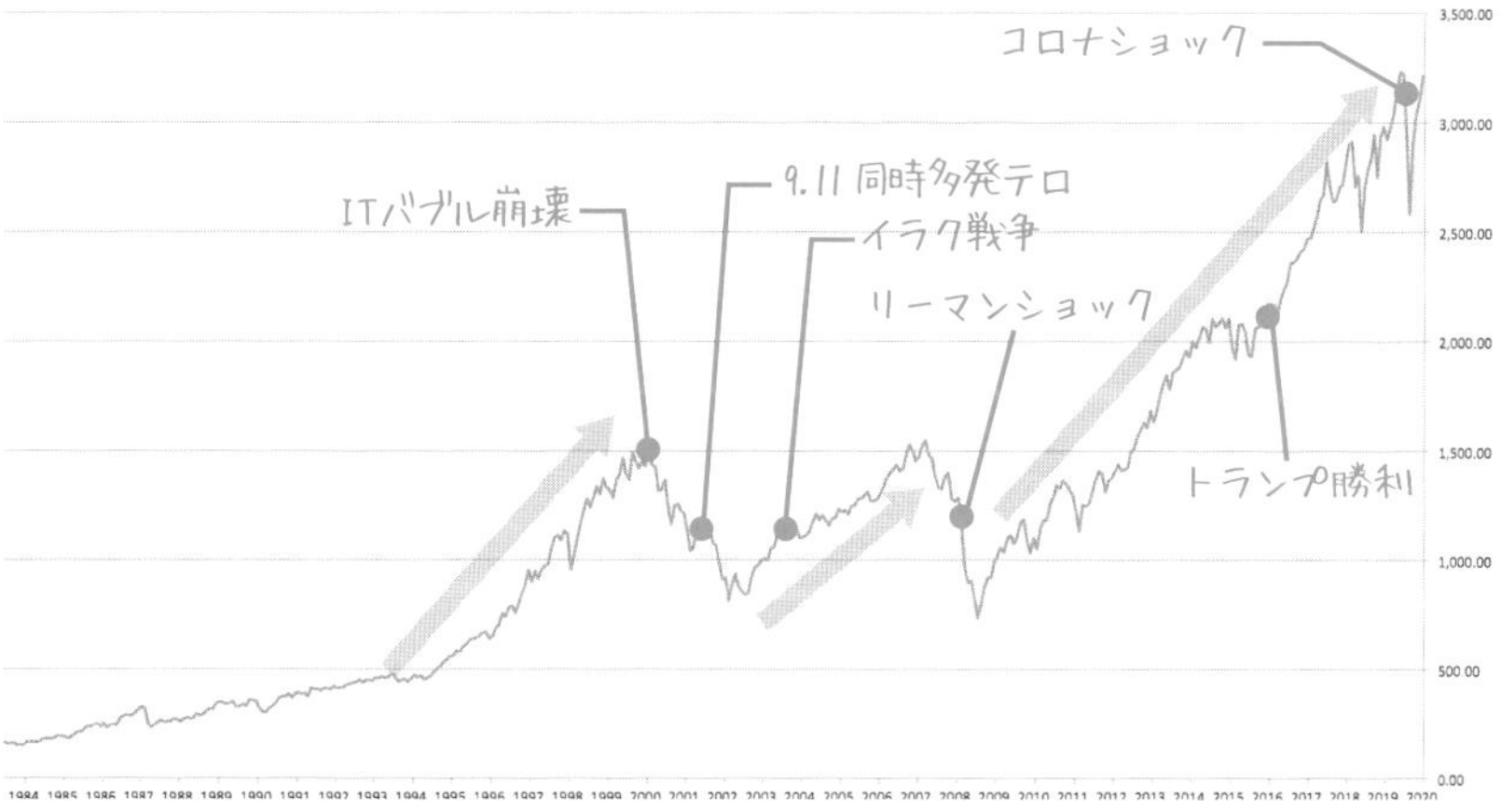

1株から買えるので低予算でもできる

日本の株にも1株から買える銘柄はありますが、日本は単位株制度があり、まとまった100株単位の数量からしか買えない銘柄が多く、そこそこの金額が必要になります。

多くの銘柄はまとまった単位でしか購入することができないため、株を始めようと思うと、およそ10万円以上の資金が必要です。しかし**米国株は1株から買うことができる**ため、数千円から数万円の資金で株を始めることができるのです。

人口が増加し続けている

国の人口が増加するということは、生産、消費がともに増加し経済活動が活発になります。

日本や欧米では人口が減少しており社会問題にもなっていますが、米国は先進国としては珍しく、移民に頼りながらも人口が増加し続けています。

増加率は鈍化しているとはいえ、米国の人口増加はまだまだ続く見通しです。

● 米国の人口推移（アメリカ合衆国国勢調査局）

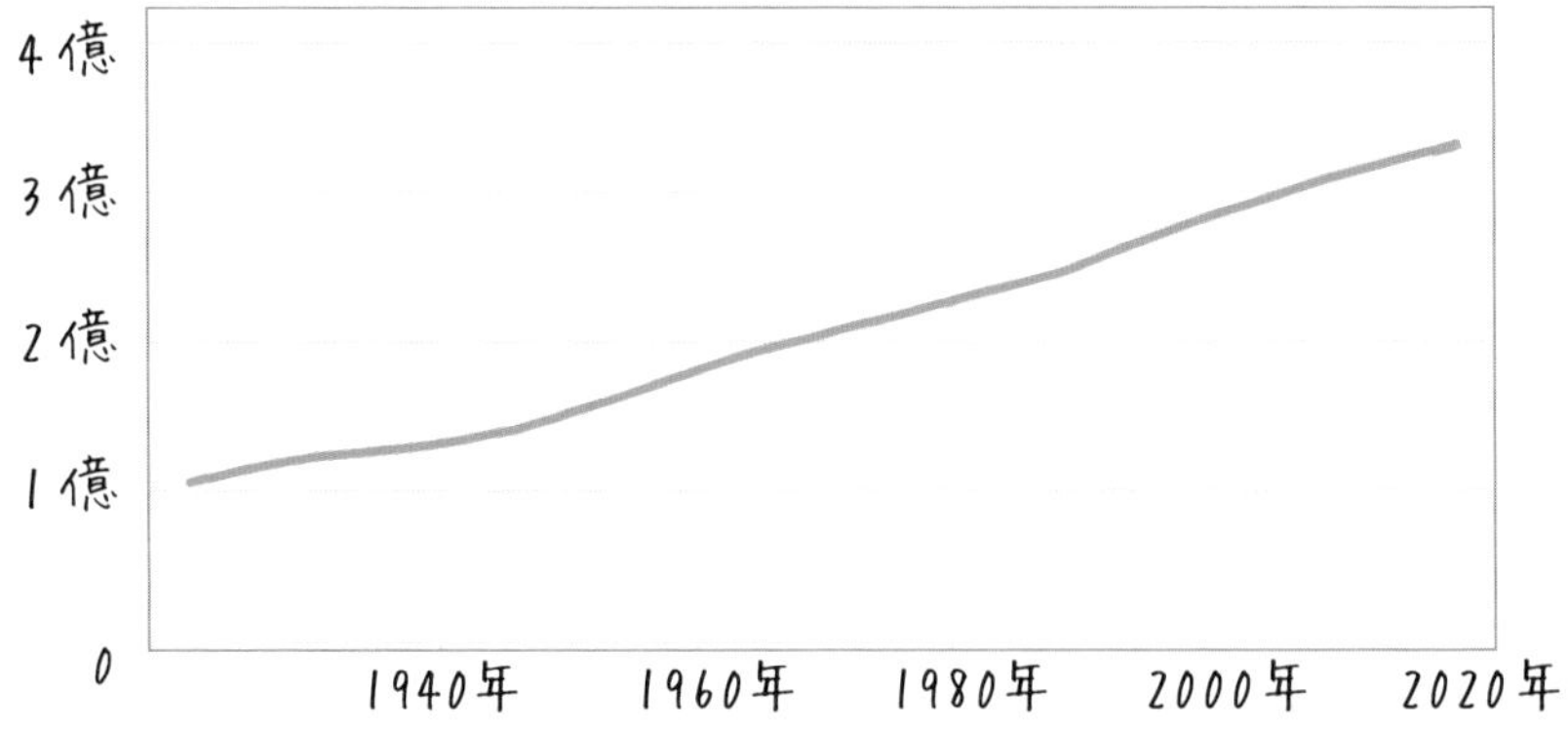

2 米国株のここがいまいち

一方で、米国株にはデメリットもあるので注意が必要です。

- **株主優待が期待できない**
- **為替リスクがある**
- **配当に米国の源泉税がかかる**

米国株には**株主優待がありません**。その分、配当が日本株より高いので、使えない優待をもらうより現金のほうがいいという方もいるはずです。

米国株を購入する際には、**円貨決済・外貨決済**のいずれかを選択するようになっています。会社によっては、円貨決済だけの会社もあります。「円貨決済」は**日本円でそのまま外国株を買う**方法です。「外貨決済」は、**事前に円をドル等の外貨に替えておく**必要があり、**ドルベースで発注**ができます。最終的に株を売って日本の銀行に円で戻す際には、買ったときの為替レートと売ったときの為替レートの差益や差損が発生することを覚えておきましょう。

米国株の配当には、自動的に米国で10％の源泉所得税が差し引かれます。これを日本の確定申告で取り戻す**外国税額控除**の制度があるので、利用しましょう。

07 米国株を買いたいならネット証券から簡単に購入できます

1 米国株を売買できる日本の証券会社

米国株を買いたいときは、米国株を取り扱っている次のような証券会社に口座を開設しましょう。**米国株を取り扱う主なネット証券**には、楽天証券、マネックス証券、SBI証券、DMM.com証券などがあります。いずれも購入手数料は安く、マネックス証券の銘柄取り扱い数が最多です。

楽天証券、DMM.com証券、マネックス証券では、総合口座を開設すれば日本株だけでなく米国株も売買できます。SBI証券では、総合口座を開設した後に外国株取引口座を改めて開設する必要があります。口座を開設しようとしている証券会社ではどのようなしくみに

米国株は、日本株と同じ用に、証券会社から簡単に購入できます。
会社によって買える銘柄が異なります。

なっているのか、あらかじめ確認しておきましょう。

2 米国株を買うときの手数料

米国株を売買するときには、**売買手数料**と**為替手数料**の２つの手数料が発生します。

・売買手数料　株を売買したときに発生する手数料
・為替手数料　通貨を購入するときに発生する手数料

主な証券会社の売買手数料、為替手数料は次のとおりです。

楽天証券	**0.45%**	**25銭／ドル**
SBI証券	**0.45%**	**25銭／ドル**
マネックス証券	**0.45%**	**売却時のみ25銭／ドル**
DMM.com証券	**0円**	**25銭／ドル**

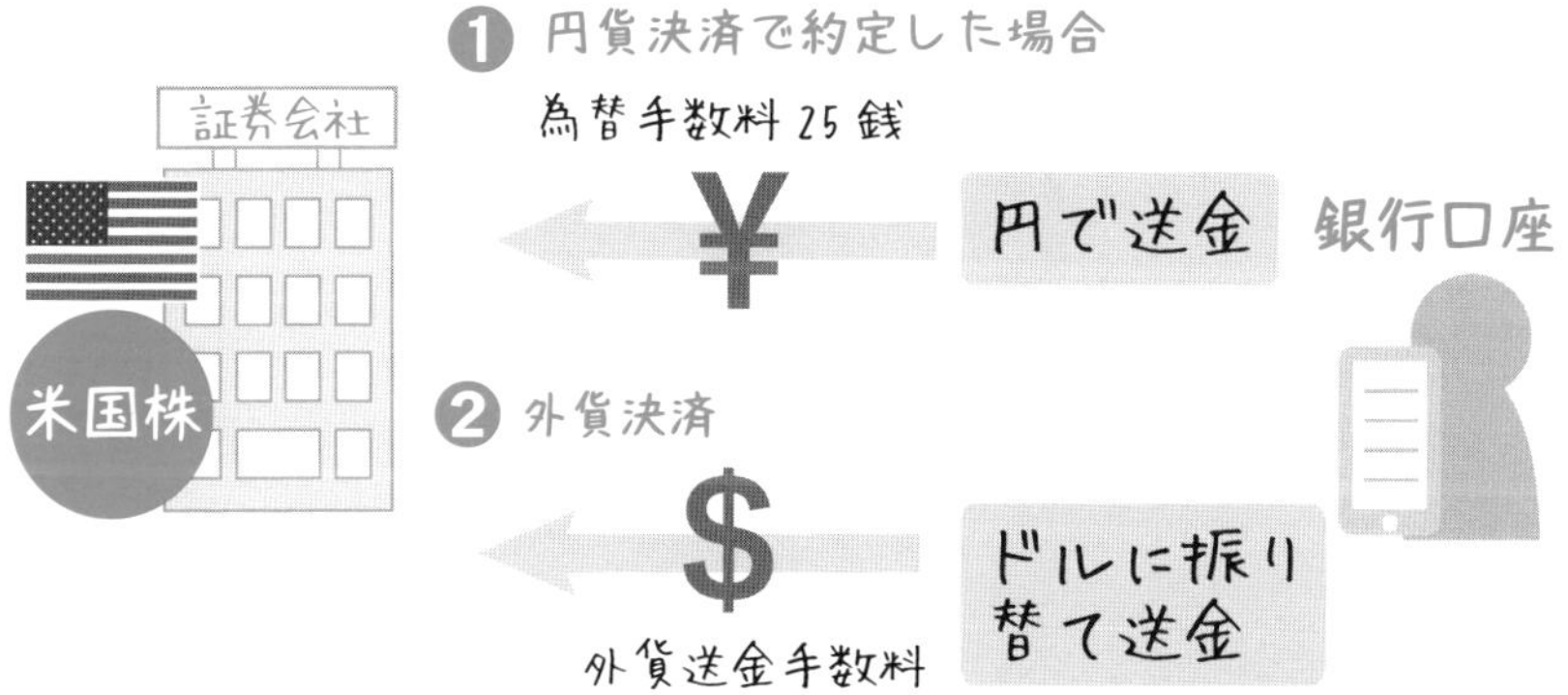

08 企業の業績を指標から見極めよう！

1 PER《ピーイーアール》（株価収益率）とEPS

PER（Price Earning Ratio）は「**株価収益率**」と言い、株価が割安か割高かを判定する指標です。

PERは、以下の数式で算出することができます。

PER＝株価 ÷ 1株当たりの純利益（EPS）

1株当たりの純利益（EPS）と比較し株価が何倍なのかを知ることができます。一般にPERが上場企業の平均とされる**15倍より低いと割安株、高いと割高株**と言われます。

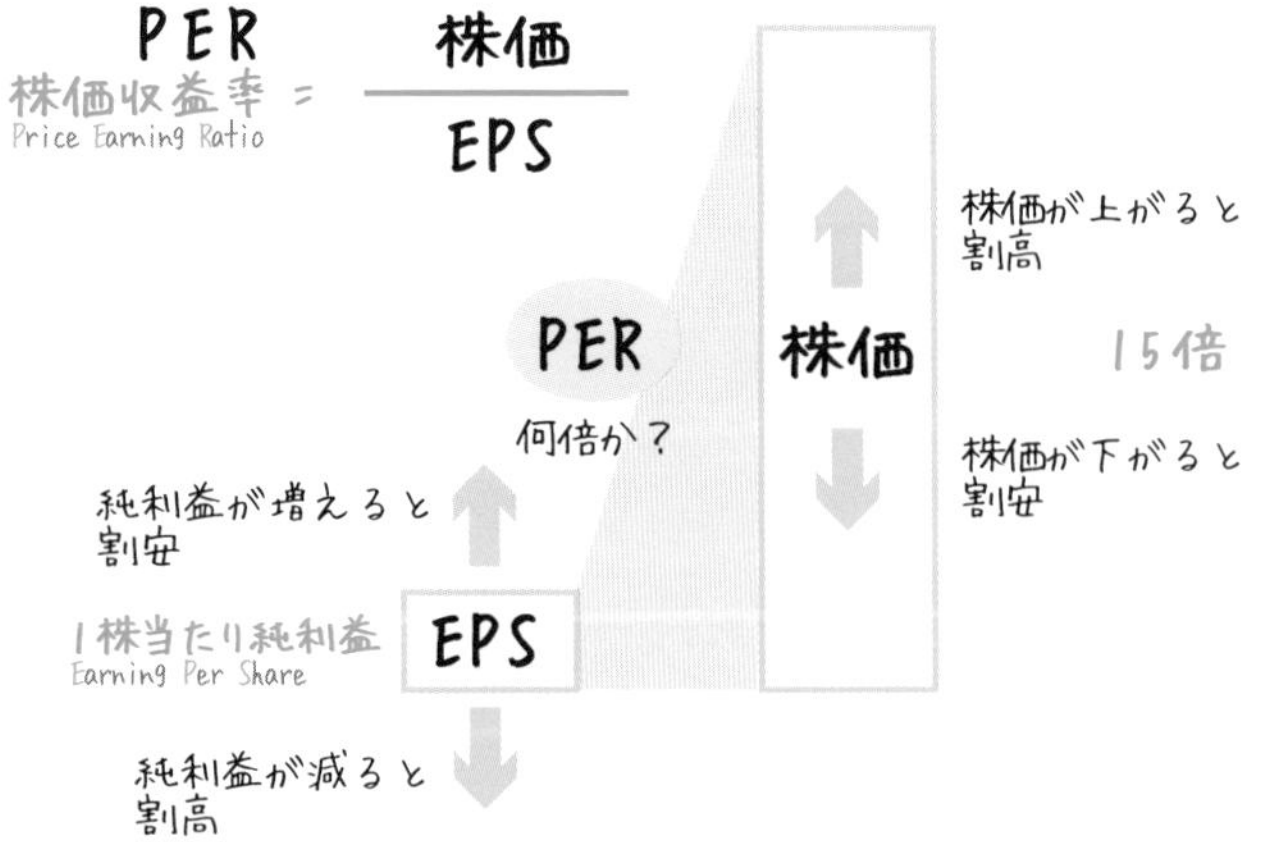

例えば株価が１万５０００円で、１株当たりの純利益（ＥＰＳ）が１０００円とするとＰＥＲは15倍です。株価が１万７０００円になると17倍になり割高に、一方ＥＰＳが１５００円になると、ＰＥＲは10倍で割安になります。

ＰＥＲが30倍、40倍で割高だと判断されるような銘柄でも、同業他社がより高い50倍、70倍といったＰＥＲであれば、割安と判断されることもあります。**ＰＥＲは数字を見るだけでなく、同業他社と必ず比較する**ようにしましょう。日本取引所グループのＨＰには**業種別平均ＰＥＲ**が掲載されています。

なお、ＰＥＲが高くても将来性があれば割安と判断されることもあります。

2 ＰＢＲ《ピービーアール》（株価純資産倍率）とＢＰＳ

ＰＢＲ（Price Book-value Ratio）とは、株価純資産倍率のことで、**株価が１株当たり純資産額ＢＰＳ**（Book-value Per Share）と比較し何倍かを表わした数値です。ＰＢＲが１倍より低ければ株価は割安、１倍よりも高ければ割高とされます。

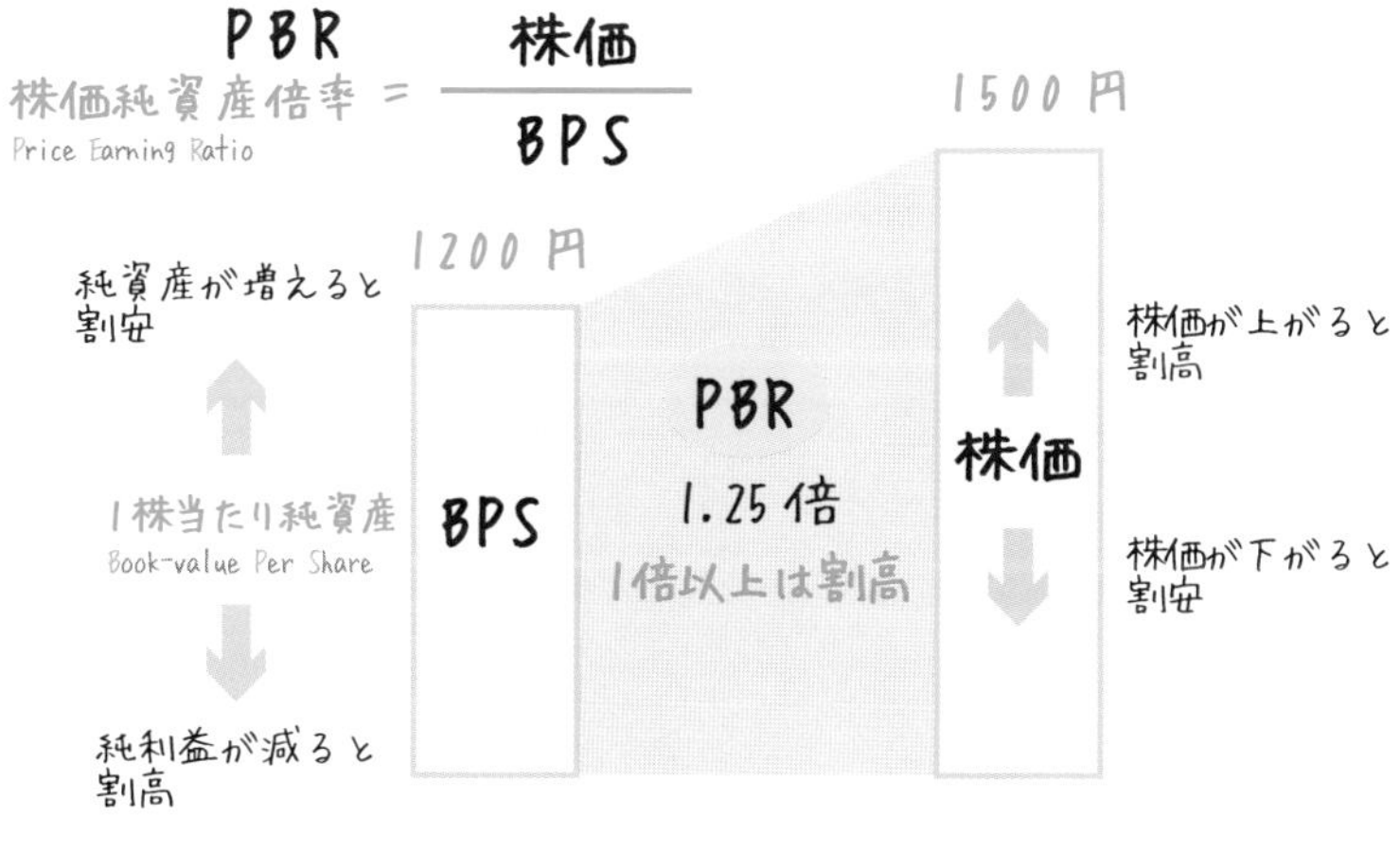

純資産の評価と株式市場での評価を比べた倍率で、会社を解散したときに1倍以下であれば、株主が得をします。

ただし、ＰＢＲが高かったとしても割高とは判断できない場合があります。例えば、知的資産や人的資産などの無形資産が多い場合、無形資産は純資産には計上されないため、ＰＢＲには反映されずＰＢＲが高くなってしまいます。

知的資産や人的資産が豊富な企業には優良企業も多いため、ＰＢＲだけで判断するのは早計と言えます。

3 ＲＯＥ《アールオーイー》 自己資本利益率

ＲＯＥ（Return on Equity：自己資本利益率）は、**自己資本（純資産）に対してどれだけ利益を生み出したか**、その株に投資してどれだけ利益を効率良く得られるかを表わしています。株主から見た収益性の指標となり、10％以上で収益性が高いとされます。

ＲＯＥ（％）＝当期純利益÷自己資本×100

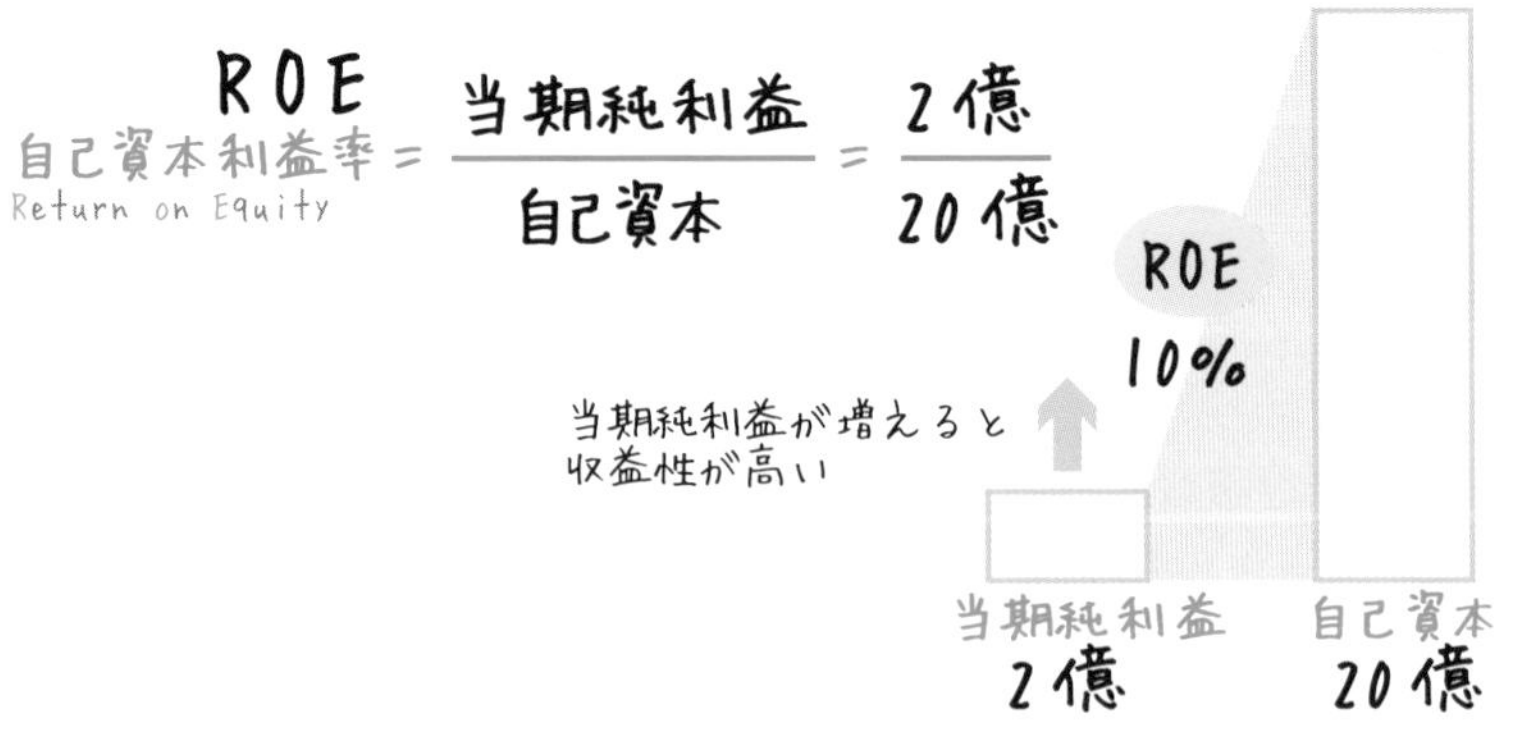

4 重要な経済指標の発表後は相場が大きく動くことも

重要な経済指標が発表された後には相場が大きく動くことが多いので、経済指標はとても重要な指標です。経済指標には主にこの5つの種類があります。

- **金利に関する経済指標　米国、日本、欧州の政策金利の決定・変更**
- **景気に関する経済指標　各国GDP、消費、投資関連の統計**
- **雇用に関する経済指標　雇用統計**
- **物価に関する経済指標　消費者物価指数（CPI）、卸売物価指数**
- **貿易に関する経済指標　貿易統計**

さらに、特に重要だとされている経済指標が次ページの下表です。

前回の予想との比較が重要です！

「米国の雇用統計が前回値より大きく悪化しました」という報道がなされながら、一方でNYダウが大きく上昇している場面など、一見して矛盾しているような動きになることがあります。これは多くの場合、予想（コンセンサス）との比較で相場が動く傾向にあるために起こる現象と言えます。

というのも、株式市場や通貨相場は先を見越して（先行きを織り込んで）あらかじめ動くことが多いので、数値が悪化しそうだという場合はそれを見越してあらかじめ株などを売却しておこうという動きになることが多いのです。

メディアは、経済の情勢がどうなっているかを伝えることをメインの目的としているために、前回と比べてどうなったかを強調して報道します。

一方、投資していく上では、経済指標の発表時は**「前回との差よりも予想との差」が増えたか減ったかで相場は動く**と覚えておきましょう。

● 相場に影響を与える主な経済指標

経済指標	特徴	発表日
雇用統計	特にアメリカの雇用統計は重要度が高く、発表のタイミングで市場が大きく変動することも。中でも非農業部門雇用者数と失業者数が注目されている	アメリカ：原則第1週の金曜日に発表 オーストラリア：第2週の木曜日に発表
小売売上高	百貨店などの小売業の売上などを元に推計されたもの。個人消費から景気を占う指標となっている。特にアメリカが注目されている	毎月中旬に発表
貿易収支	輸出が輸入を上回った状態を貿易黒字、その逆を貿易赤字という。貿易黒字は円高に、貿易赤字は円安につながりやすい	毎月中旬頃に発表
鉱工業生産	鉱業と製造業の生産動向を指数化したもの。景気循環が製造業部門から始まることが多いことから注目度が高い指標	米国では毎月中旬に発表 欧州では毎月中旬・日本では月末に発表
IFO景況感指数	ドイツの公的な経済研究所が発表する企業景況感指数。ユーロに関連して注目度が高い	ドイツでは毎月中旬に発表

5時限目

投資信託でどんどん増える長期のつみたて投資

投資初心者にお勧めなのが、投資信託です！
長期・分散・積立で
効率的な資産形成を
目指しましょう！

01 長期投資で増やすなら投資信託が楽に増やせます

1 投資信託はいろんな単品がつまったパッケージ

投資信託とは、株式や債券など、**さまざまな商品でできているパッケージ化された金融商品**のことを言います。

身近なもので例えるなら、バイキングのように1つの皿にいろいろな料理を少しずつ盛りつけるようなものです。

バイキング形式でたくさんの料理を食べることができれば、その中のカレーが美味しくなくても、他の料理が美味しければ満足して食事を楽しむことができます。

投資信託もこれと同じで、さまざまな商品のうち、1つがマイナスになったとしても、他の商品でプラスが出れば利益を出すこ

個別の株を買うには、
銘柄の研究が不可欠です。
投資信託ならいろんな商
品が詰まっていて、リス
クの分散にもなりますね。

とができるのです。

2 詰め合わせなのでリスクも分散できます

「卵は1つのカゴに盛るな」という言葉がありましたね。たくさんの卵を1つのカゴに盛ってしまうと、カゴが落ちてしまったときに卵がすべて割れてしまいます。

複数のカゴに卵を分けて盛っておけば、1つカゴが落ちてしまっても他のカゴが無事であれば卵も無事です。

これと同じように、投資においても1つの商品に集中させるのではなく、**株式や債券などに分散投資してリスク管理**をしよう、という話でした。

ところが、投資信託は、1つの**投資信託の中にたくさんの金融商品**がすでに詰め合わせされています。

例えば、つみたてNISAで一番人気の**eMAXIS Slim米国株式（S&P500）**では、米国のS&P500指数の企業が分散されて入っている商品です。

また、**eMAXIS Slim バランス（8資産均等型）**は、

● 複数の会社の株を小口のパッケージにした投資信託

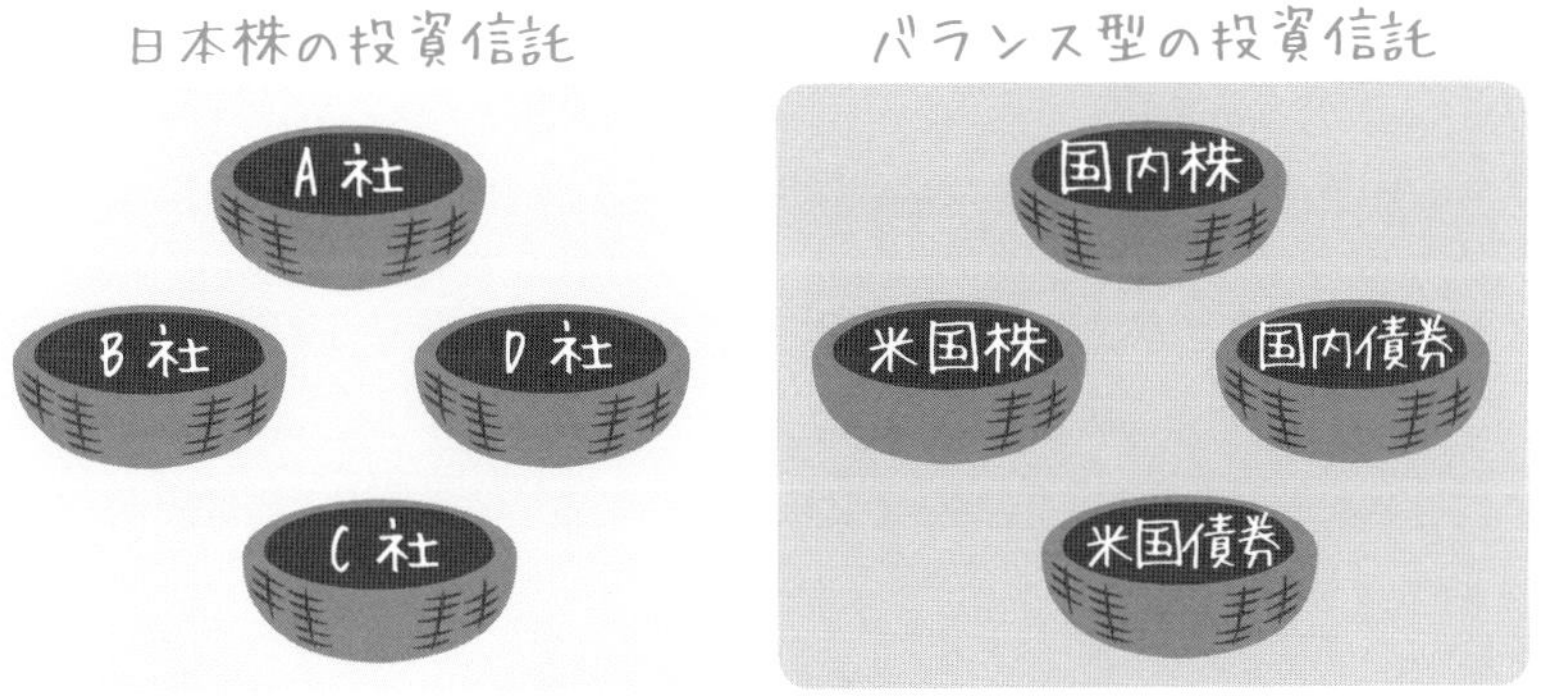

国内株式、先進国株式、新興国株式、国内債券、先進国債券、新興国債券、国内リートおよび先進国リートに均等に投資するファンドです。

このように、投資信託は1つの投資信託を買うことによって、**自動的に分散投資をすることが可能**になるのです。

こうすることによって、特定の銘柄や業界がマイナスになってしまったとしても、他の銘柄や他の業界が価格を支えて、大きな損失を受けることを防いでくれるのです。

3 海外の金融商品にも簡単に手が伸ばせる

投資信託はさまざまな金融商品を詰め合わせていますが、中には**米国や開発国などの海外株式や海外債券を扱う投資信託やETF（上場投資信託）**もあります。

世界情勢を見ていると、「この国は今急激に発展しているので、この国の株を買いたい」思うことがあります。また、個人的に応援したい海外の会社もあるかもしれません。

特に米国は、日本株と比較すると、GAFAなどのITプラットフォーマーと呼ばれる企業が市場を牽引し、ここ2008年のリーマンショック以降、成長を継続しています。

目当ての国の株式や債券を扱う投資信託を見つけることができれば、日本の証券会社でその投資信託を買うことができるため、**日本の株式や債券を買うのと手間が変わらずに投資対象とすることができます**。

米国のアマゾン、アップル、マイクロソフト、フェイスブックなど急成長したIT企業の成長株を集めた投資信託（**iFreeNEXT FANG+インデックス等**）を買えば、IT企業の株を少しずつ持っていることになります。

また、米国の**S&P500**（S&Pダウ・ジョーンズ・インデックスが算出しているアメリカの代表的な株価指数）に連動する投資信託、米国や全世界の株式市場全体に連動する次のような投資信託などもあります。

- **eMAXIS Slim米国株式（S&P500）**
- **eMAXIS Slim 全世界株式（オール・カントリー）**
- **楽天・全米株式インデックス・ファンド**

投資信託は株やETFと比較すると手数料が割高と言われていましたが、最近はこのような買付手数料がなく、信託報酬も年0・1%前後の**格安なインデックス連動の投資信託**も販売されており、投資しやすくなっています。

ダウ平均株価の推移

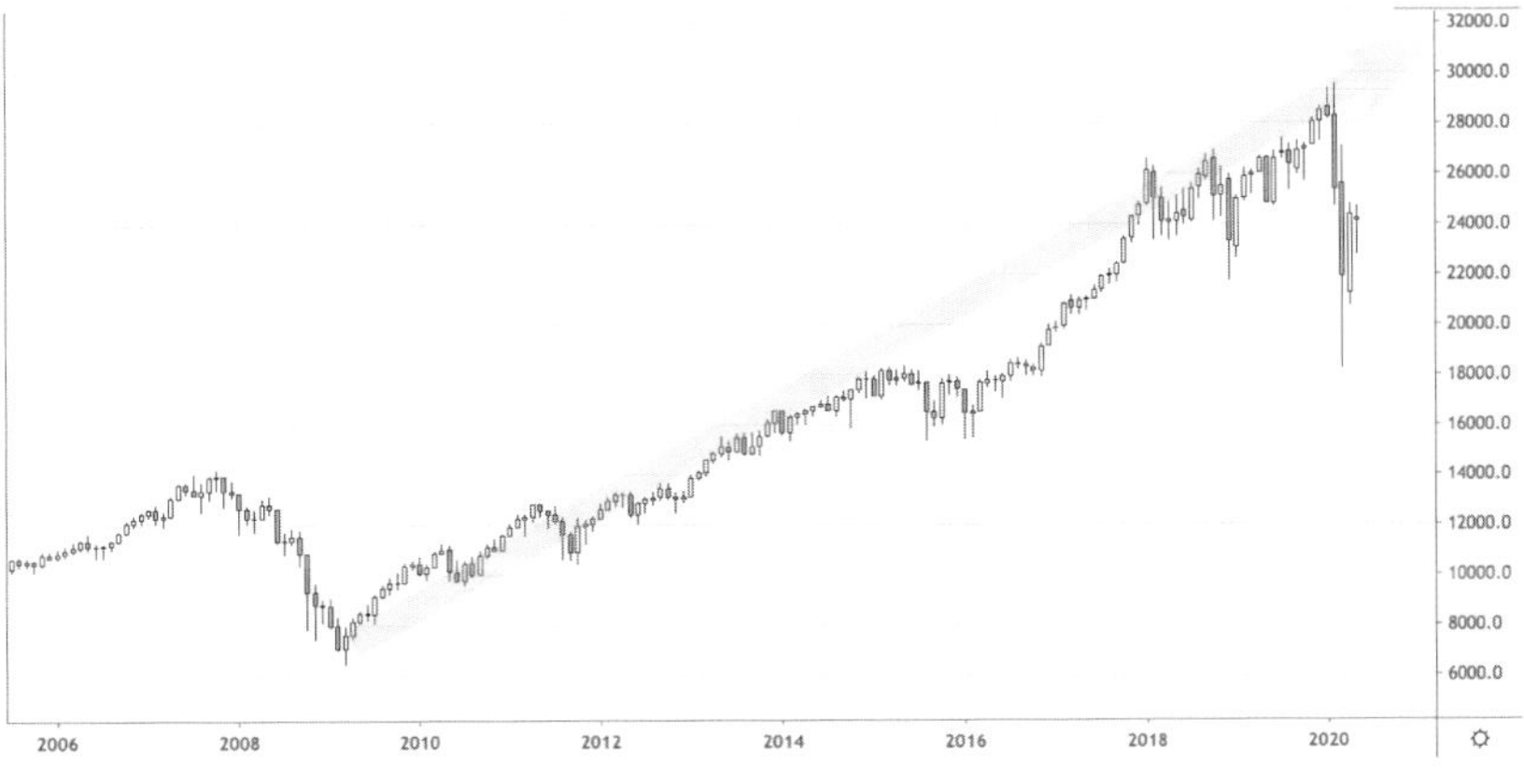

4 少ない資金で気軽に積立

もう1つの投資信託のよいところが、**少ない資金で積み立てながら始められる**ことです。

投資信託の中には1万円からという商品もありますが、**100円などの少額から始められる**ものも少なくありません。

日本の株式を買う場合、**単元株**という日本独自の制度があります。ほとんどの銘柄では、**最低の購入単元**が100株というように決められており、株価によってはかなり大きな資金が必要になる会社もあります。

例えば最低購入単位が100株で1株が4千円の場合、最低でも40万円は必要になります。

ETFでは毎月の積立で購入できるサービスがほとんどありませんが、投資信託であれ

● **投資信託のメリット**

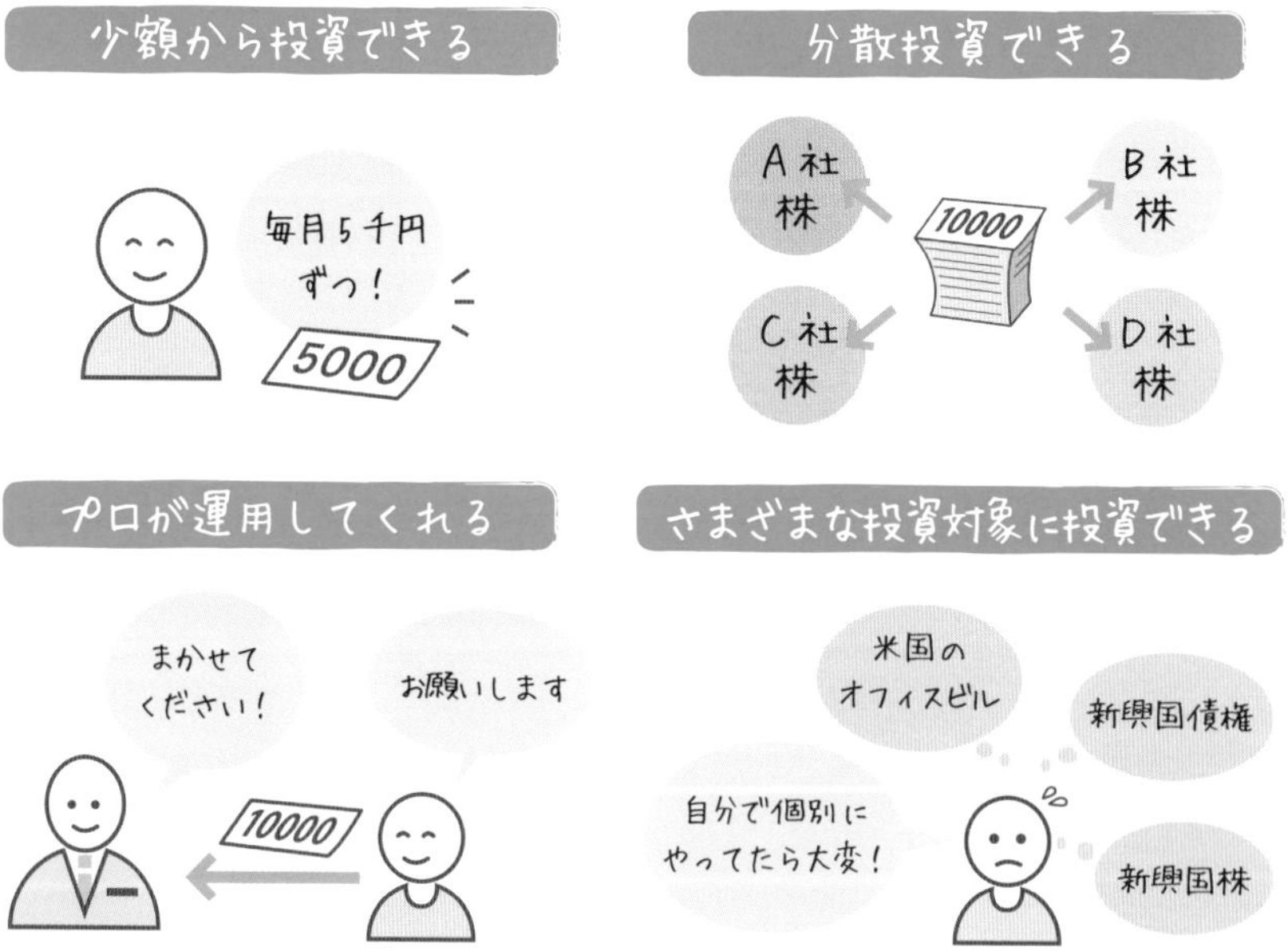

ば、毎月、毎週など期間と積立金額を決めて自動積立をすることができます。

投資信託であれば、少額から投資金額を決められるので、資金が増えれば同じ投資信託を買い増したり、新たに他の投資信託の購入もできます。

5 プロが運用する投資信託（アクティブファンド）

株式やＦＸ、不動産投資などの投資は、投資家が自身で売買する商品、金額、タイミングを決めながら運用していきます。

株式やＦＸでは、チャートを分析し、市場の動向や企業業績を調査して、売買のタイミングを見極めなければなりません。

しかし、**アクティブファンド**と呼ばれる投資信託は**ファンドマネージャーと呼ばれるプロが投資信託の運用方針を決めて、商品をセレクトし運用**してくれるため、専門的な判断はファンドマネージャーに任せることができます。

次ページの図のように、投資信託では複数の投資家から集めた資金を**ファンドマネージャーが運用し、その資金を使って株式や債券、不動産などに投資**します。

ファンドマネージャーが買う銘柄は固定ではなく、状況に応じて売却したり買い増したり、今は保有していない銘柄を新たに買うこともあります。

このように、利益を出すための運用はすべてファンドマネージャーが行うことになるため、投資家は自分で情報を収集し、分析して商品を選ぶ必要がないのです。

丸投げは厳禁

運用をファンドマネージャーに任せられるといっても、すべてを丸投げして任せきりは厳禁です。

なぜなら、プロのファンドマネージャーとはいえ、その**勝率は100％ではない**からです。プロとはいえ、失敗することもあります。それに、投資は元本保証ではありませんから、失敗してしまえば資産が減ってしまうこともあるのです。

プロが運用するとはいえ、どのようなタイプの投資信託を購入するかは、自分で決めなければなりません。

次のような投資信託の基礎知識は覚えておきましょう。

- **投資信託のしくみ**
- **投資信託の種類**
- **投資信託を選ぶときにどこに注意すればいいか**

● 投資信託のしくみ

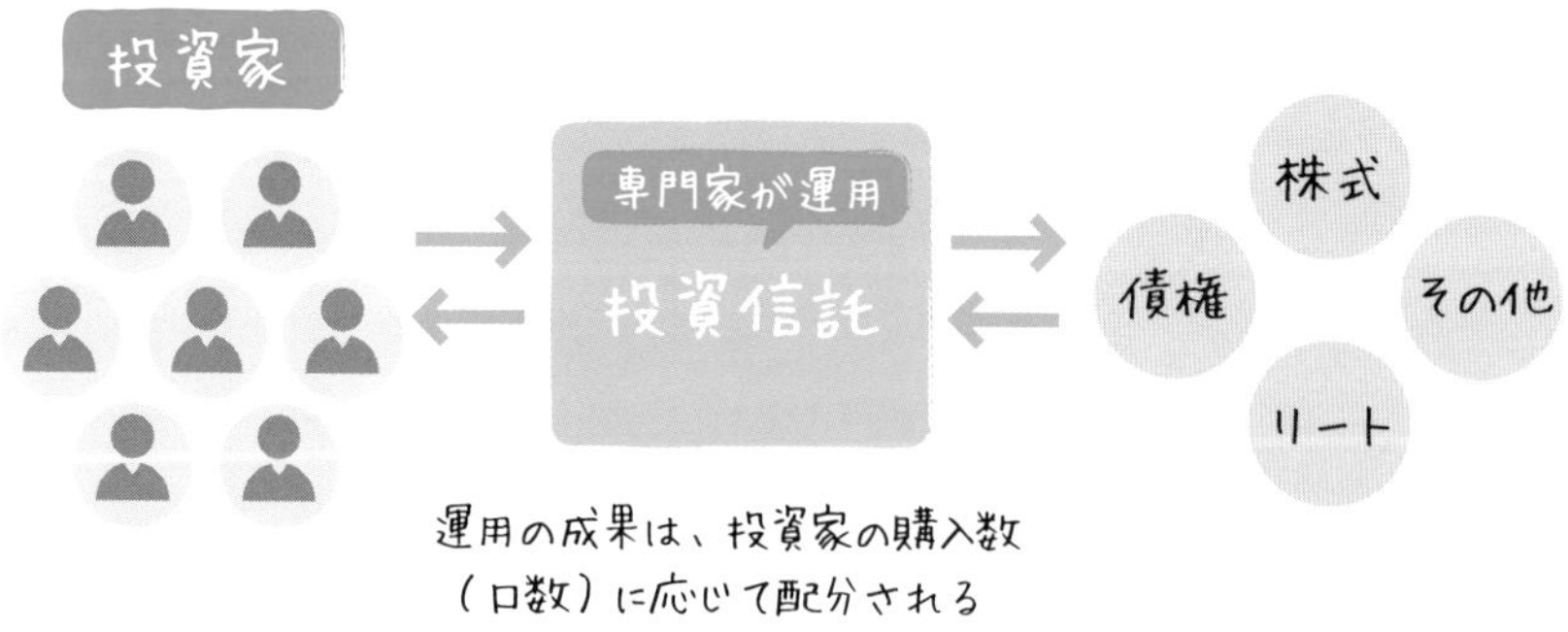

6 投資信託の手数料について

投資信託は、購入するときの**購入時手数料**、日々かかる**信託報酬**、解約時にかかる**信託財産留保額**の3種類の手数料がかかります。

❶購入時手数料（買付手数料）

投資信託を購入したときに販売会社に払う手数料です（0〜3％程度）。購入するときの手数料がかからない投資信託が増えており、これを**ノーロードファンド**と言います。

❷信託報酬（運営管理費用）

投資信託の保有期間にかかる費用です。料率（年％）は目論見書に記載され、信託財産から毎日差し引かれます。運用会社・販売会社・信託銀行の3者で配分されます。アクティブファンドは信託報酬が高めに設定され（1％〜3％）、インデックスファンドや費用が少なく安価に設定されています（0.1％〜1％）。

❸信託財産留保額

解約時の基準価格にかかる手数料で、約0〜0.5％程度です。

7 投資信託で利益を得るのはいつの時点？

投資信託で利益・損益が確定するのは、以下の３つのタイミングです。

❶ 自分から解約したとき
❷ 満期を迎えて償還になったとき
❸ 打ち切りとなり、繰り上げ償還になったとき

❶ 売却（解約）したとき

自分が予定していたよりも大きな利益が出たから**利益を確定**しようと考えて売却（解約）することもあれば、これ以上損失が出ないように損失確定の解約をする場合もあります。

注文や売却の価格はいつ決まる？

投資信託は、価格が変動する有価証券（株式、債券、ＲＥＩＴ等）などに投資し基準価額は毎日1回更新されます。売買注文の申込みを行い**（申込日：当日は15時まで、休日の注文は翌営業日）、注文が受け付けられ、その後に算出される基準価格で売買の約定価格が決定**されます**（約定**

日）。その後、証券口座から引き出せる金額として確定されます（**受渡日**）。会社や銘柄によっても異なりますが、一般に次のようなタイミングでの約定となります。

国内投資のファンド　約定当日の基準価格
海外投資のファンド　翌営業日の基準価格

❷満期を迎えて償還になったとき

投資信託には、**償還日**が設定されているものと設定されていないものがあります。償還日とは、投資信託の運用が終了する日のことです。

投資信託が満期になると、利益が出ている・出ていないに関わらず、その時点で投資信託が精算され、購入している口数に応じて**償還金が支払われる**ことになります。運用会社が延長と判断すれば、償還日が来ても償還金が払われないこともあります。

また、償還日が設定されておらず、償還日が無期限となっている投資信託もあります。

❸打ち切りとなり、繰り上げ償還になったとき

あらかじめ設定していた**目標額に達成したり、人気がなくて途中で運用がストップ**され、**償還日の前に繰り上げ償還となる場合**があります。

02 投資信託にはこんな種類がある

投資信託は、運用手法や投資の対象によっていくつかの種類に分かれます。ここを押さえておけば、「こんな投資信託だな」とイメージをつかむことができます。

1 インデックス型の投資信託（インデックスファンド）

インデックスファンドとは、**インデックス（指数）**と呼ばれる**さまざまな指標と連動するように組み込み銘柄を決め運用する投資信託**です。例えば、日本ではＴＯＰＩＸや日経平均株価が、米国ではＳ＆Ｐ５００やＮＹダウ、ＮＡＳＤＡＱ１００などがこのインデックスにあたります。

ＴＯＰＩＸとは、東京証券取引所第一部に上場しているすべての銘柄を対象とした**東証株価指数**と呼ばれる指数です。**日経平均株価**とは、同じく東京証券取引所第一部に上場している代表的な２２５銘柄の上場株式の平均株価です。

インデックス型は「**パッシブ型**」と呼ばれることもあります。

運用の目安のために使う指標を「**ベンチマーク**」と言います。国内ではTOPIXや日経平均株価、米国の代表的な株価指数としてはNYダウやS&P500、REITの指数としては東証REIT指数などがベンチマークになります。

なお、ベンチマークにはこれらのインデックスが使われることが多いですが、必ずしもインデックスである必要はなく、運用者がカスタマイズして使うベンチマークもあります。

手数料が安く高リターンのインデックスファンド

インデックスファンドは、アクティブファンドのようにファンドマネージャが多くのデータを分析し運用方針を細かく策定する必要がありません。そのため**手数料がアクティブファンドと比較して安い**のが特徴です。

また、アクティブファンドよりも**インデックスファンドのほうが長期ではリターンが上回る**という調査もあり、つみたてNISA、iDeCoなどで人気のファンドとなっています。

● アクティブファンドとインデックスファンドの違い

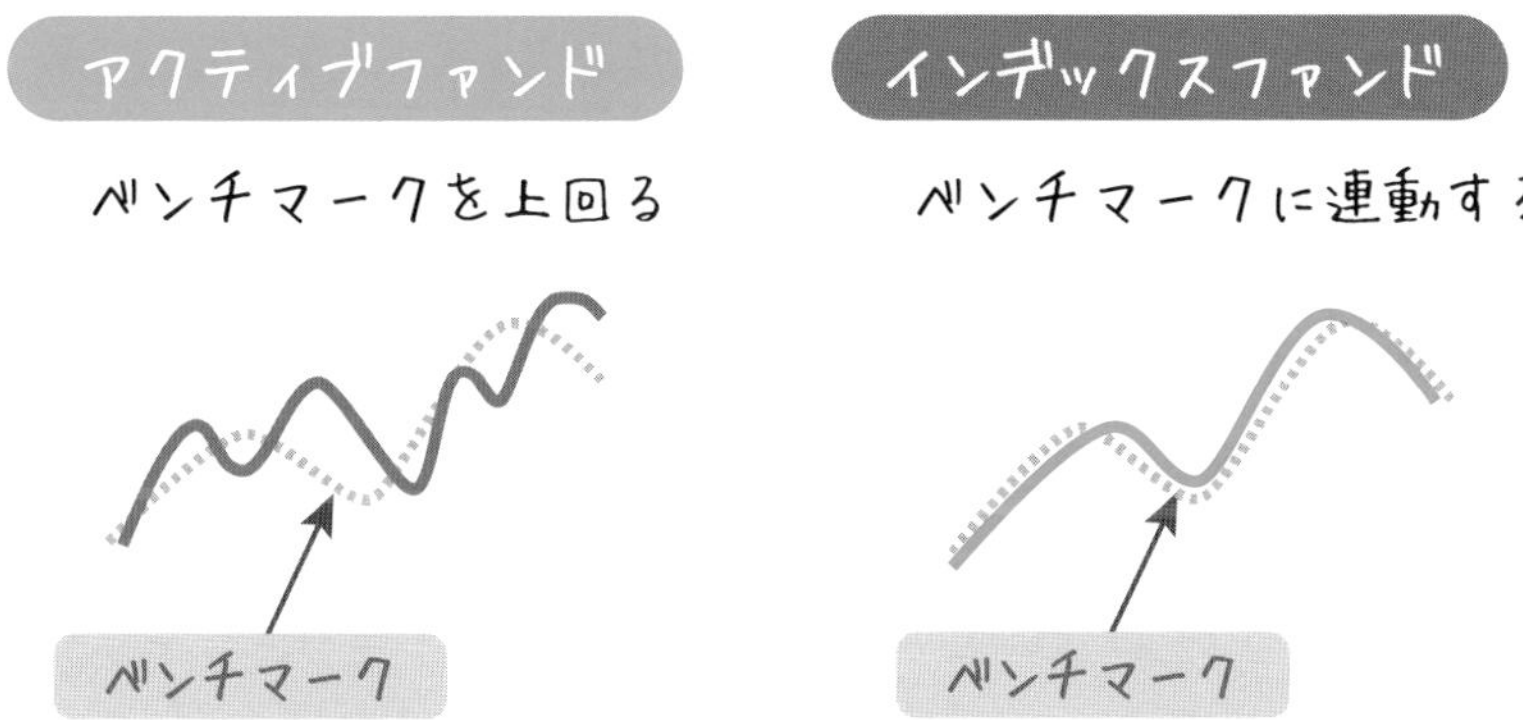

2 アクティブ型の投資信託

アクティブファンドは、TOPIXや日経平均株価などの**ベンチマークを上回る成績を目指して積極的に運用を行う**投資信託です。

積極的に運用するため、**ベンチマークには入っていない銘柄も追加して運用**するのが特徴です。そのため、ファンドマネージャーの腕が問われる投資信託といえ、うまくいけば大きなリターンやベンチマークを大きく上回る成績を残すことも可能ですが、その反面、ベンチマークを下回ってしまうというリスクもあります。

アクティブファンドは手数料が高い

アクティブファンドは、運用の専門家であるファンドマネージャーが情報収集し、さまざまな指標の分析や経験を元に運用方針を決めたり、ファンドのポートフォリオを決めるので、そこにコストが発生します。そのような理由からアクティブファンドを購入するときの手数料はインデックスファンドよりも高くなります。

インデックスファンドは、ベンチマークとなる指標に連動するので、情報収集、運用やポートフォリオの設定などのコストは少なくて済みます。

3 グロース投資とバリュー投資

アクティブファンドの資料を見ると、**グロース投資**と**バリュー投資**という言葉がよく出てきます。

成長が期待できる会社に投資するグロース投資

グロース投資とは、**将来的に成長が期待できる会社に投資する**方法です。例えば設立されたばかりのベンチャー企業は、これから大きく成長することが期待されます。

また、国についても、新興国はこれから人口が増え、経済が発展していけば大きく成長することが期待できます。

このように、**成長に乗じて投資をするのがグロース投資**です。期待したとおりに投資先が成長したら、大きなリターンを得ることができます。

グロース銘柄は、**得た利益は次の投資に向けることが多い**ので配当はあまり期待できません。

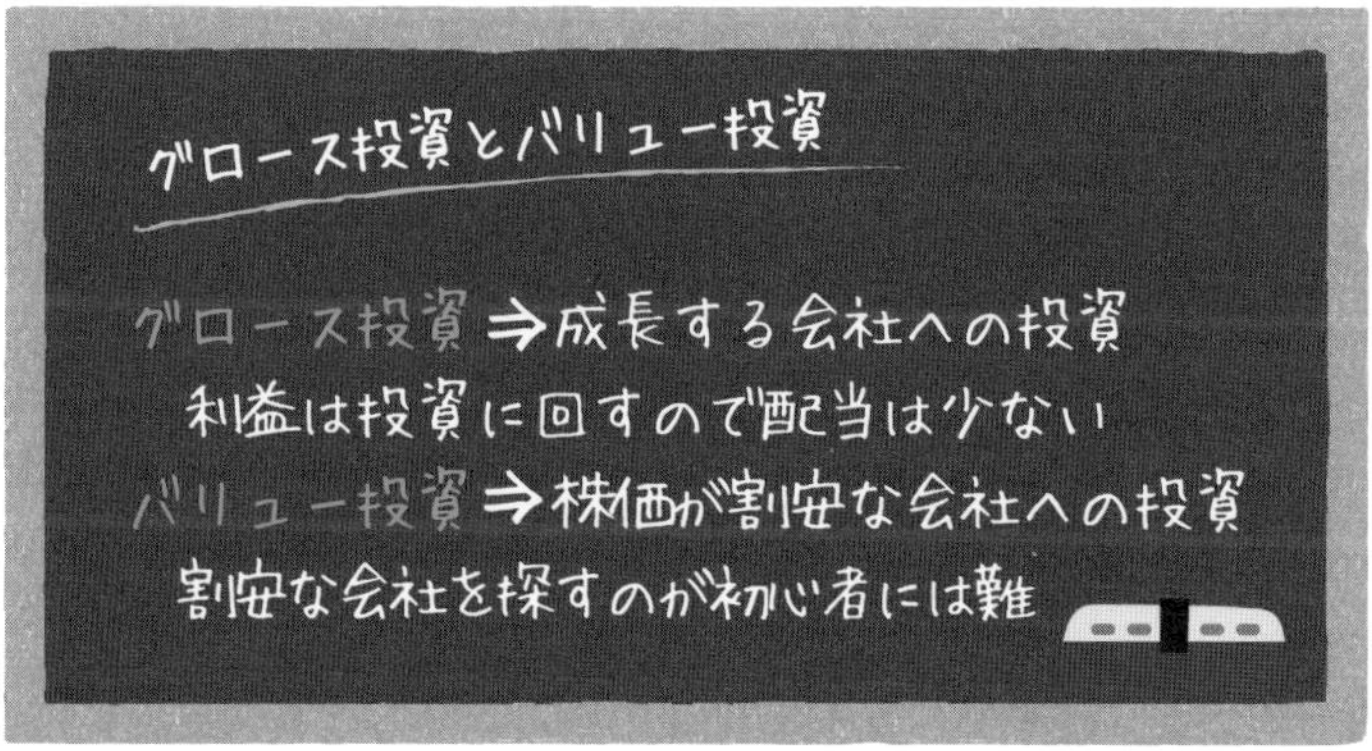
グロース投資とバリュー投資
グロース投資⇒成長する会社への投資
利益は投資に回すので配当は少ない
バリュー投資⇒株価が割安な会社への投資
割安な会社を探すのが初心者には難

バリュー投資

バリュー投資とは、実際の会社価値と比較して**割安に放置されていると評価される銘柄に投資する方法**です。現時点での業績やキャッシュフローなどから会社価値を評価したとき、「この会社の現在の株価は本来の企業価値に比べて割安になっている」と判断した銘柄に投資しますが、初心者にとって会社価値を評価するのはハードルが高すぎて、この投資方法はお勧めできません。

バリュー投資は、投資の神様と言われる**ウォーレン・バフェット氏の投資術**として知られ、本来的価値よりも安いと思われる銘柄を買い、そのままホールドする手法が有名です。

4 トップダウンとボトムアップの銘柄選定方法の違い

トップダウンとボトムアップは、投資信託のポートフォリオをつくるときのアプローチの方法です。先に何を決めるかによって、トップダウンかボトムアップかが決まります。

トップダウン

個別に銘柄などを決める前に、国や地域の情勢や経済動向などを分析し**投資する国や業種を決めるのがトップダウン・アプローチ**です。

どの国やどの業種にどれだけ投資をするかの配分を決めた後で、個別に銘柄を決めていきます。

トップダウン・アプローチでは、ヘッジファンドがマクロ経済動向を予測し、あらゆる市場や商品に投資する**グローバル・マクロ**という手法があります。投資家のジョージ・ソロス氏が使う戦略として有名です。

ボトムアップ

トップダウンとは逆のアプローチ方法をとり、最初に**企業業績から個別銘柄を選び**、ファンダメンタル分析などを参考にしていくのがボトムアップです。

先のグロース投資とバリュー投資はボトムアップ・アプローチによる投資法です。

5 ファミリーファンド（ベビーファンドとマザーファンド）

ファミリーファンドとは、**ベビーファンド**と呼ばれる複数の投資信託を**マザーファンドと呼ばれる1つのファンドに集約**し、マザーファンドを通じて投資をす

● ファミリーファンドの例

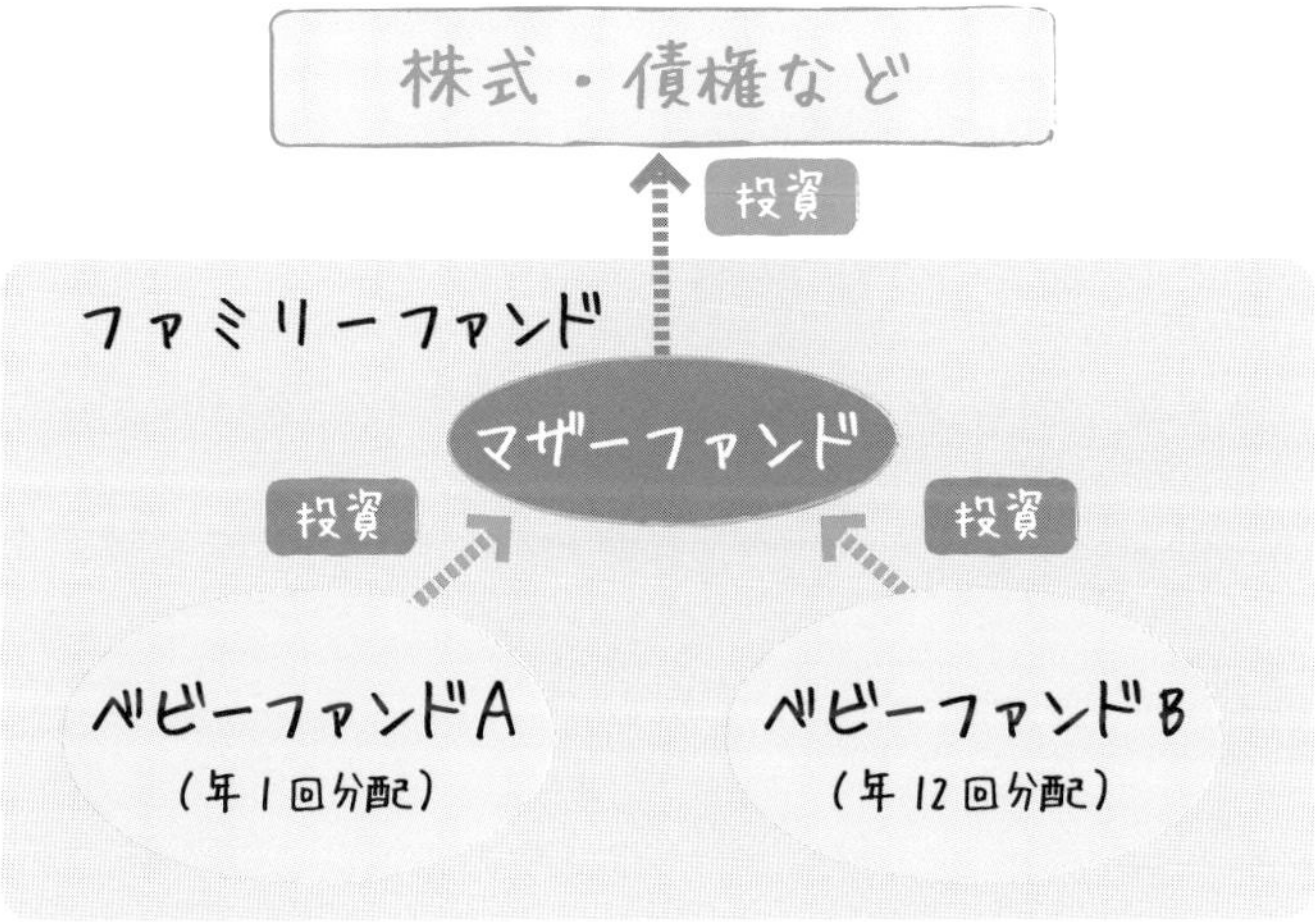

る方法です。

ファミリーファンド方式では、ベビーファンドとマザーファンドは同じ運用会社で設定されていることも多く、手数料が低めに設定されているという特徴があります。

6 ファンドオブファンズ 投資信託を対象とした投資信託

一般的な投資信託は、株式や債券など、単体の金融商品を対象としますが、**投資信託を対象とした商品をファンドオブファンズ**と言います。

投資信託を組成してさらに他の投資信託に投資を行うことによって、一般的な投資信託よりもさらに多種多様な金融商品に投資を行うことができます。

ただ、他社の投資信託を購入できるような性質があることから、**ファミリーファンドよりも手数料が高め**に設定されています。

● 複数の投資信託に投資するファンドオブファンズ

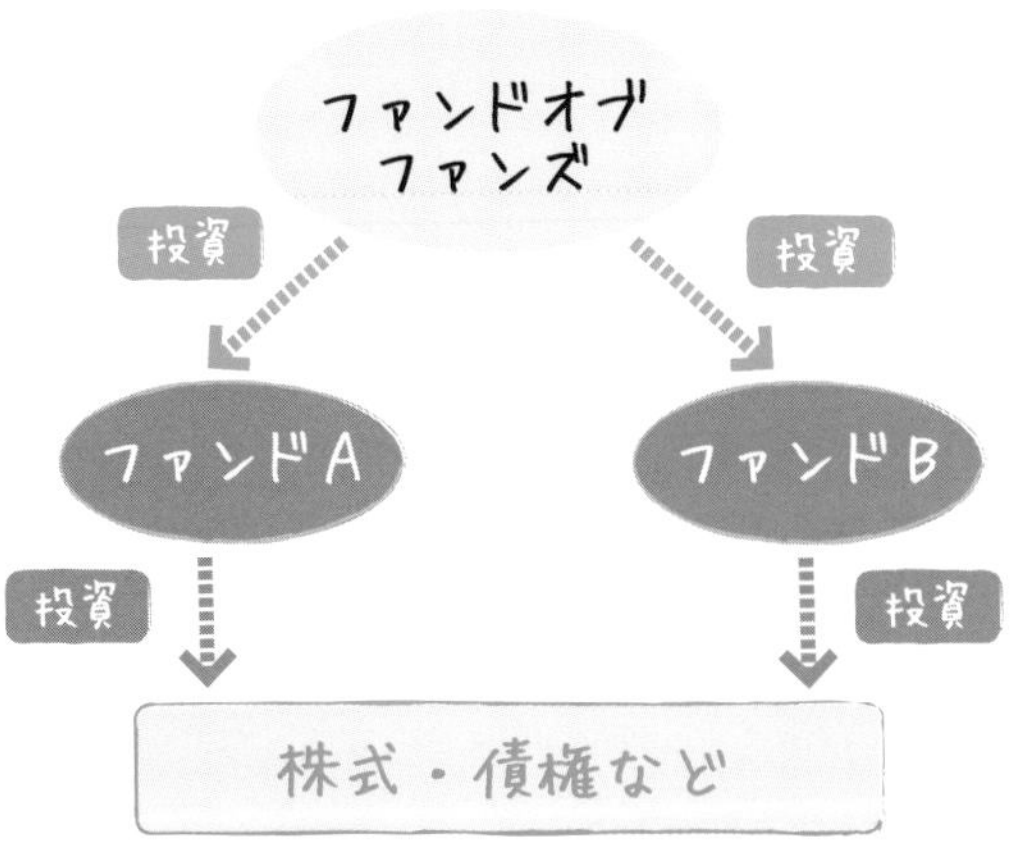

7 投資信託はどうやって選べばいい？

投資信託はどうやって選べばいいのか、何を基準にすればいいのでしょうか。

基本的な考え方としては、**利回りやリスクではなく「地域と投資対象」で選ぶ**ことをお勧めします。

例えば、地域が日本、投資対象が株式ということであれば、日本国内の株式を集めた投資信託を選ぶことになりますし、地域が海外、投資対象が債券ということであれば、海外債券を集めた投資信託を選ぶことになります。

なぜこのような考え方を基準にするのでしょうか。それは**リスクを分散するため**です。

「卵は1つのカゴに盛るな」という言葉をご紹介しましたが、投資信託では偏りがないようにいろいろな投資信託を持つことが理想的です。

しかし、利回りやリスクだけで判断してしまうと、国内株式の投資信託ばかり持ってしまっていたり、地域が米国に偏って

● 投資信託の各タイプの特徴

国内株式タイプ	情報が入ってきやすく、わかりやすい
国内債券タイプ	他の金融商品に比べて値動きが安定している
海外株式タイプ	比較的値動きが大きい。新興国に注意。また、為替変動リスクがある
海外債券タイプ	為替変動リスクがある。中にはリスクが高い債券もあるので注意

しまったりする恐れがあります。

偏った投資信託を持ってしまうと、万が一その国や地域の経済が悪化してしまったときに大きな影響を受けてしまうのです。

8 さまざまな投資信託を活用するときの注意点

一般的に、投資信託は国内株式や国内債券など、1つのジャンルの銘柄を集めています。

リスク分散のために、バランスよく投資するためにはいろいろなジャンルの投資信託を選び、特徴を調べて分析する必要が出てきます。

そこで活用したいのが、ひとつの投資信託の中に、国内株式、国内債券、海外債券などのいろいろなジャンルの金融商品が入っている**バランス型投資信託**です。

バランス型投資信託を1つ選んでおけば、さまざまな金融商品に投資できるというわけです。

バランス型には次のようなデメリットもあるので、注意しておきましょう。

● バランス型投資信託

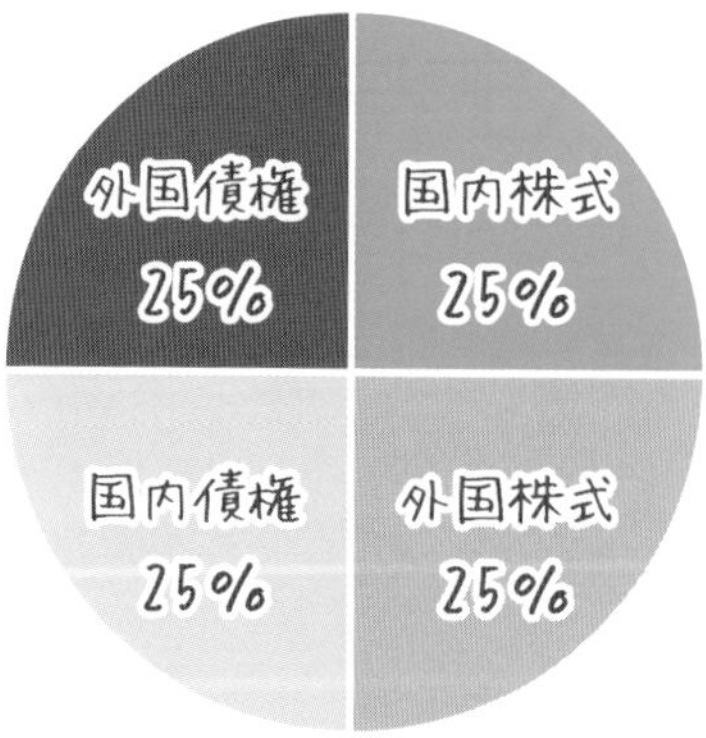

- **比較的手数料が高い**
- **1つのジャンルだけ利益確定するなどの調整が難しい**
- **基準価格が上下したときの理由がわかりにくい**
- **バランスをとるため、平均値に収まりやすい**

分配型投資信託を活用するときの注意点

複利効果の恩恵は、分配金の再投資が基本です。しかし、投資信託の中には、分配金を再投資せずに、毎月分配金が支払われる**分配型の投資信託**があります。

毎月現金を受け取れるため、儲かっている気になりやすい投資信託ですが、分配型の投資信託を選ぶときには注意が必要です。

❶ トータルすると損が出ていることもある

毎月分配金が支払われると、そちらに気持ちが行ってしまい、**実際の投資信託の成績**を見落としてしまいがちになります。

● 分配型の投資信託

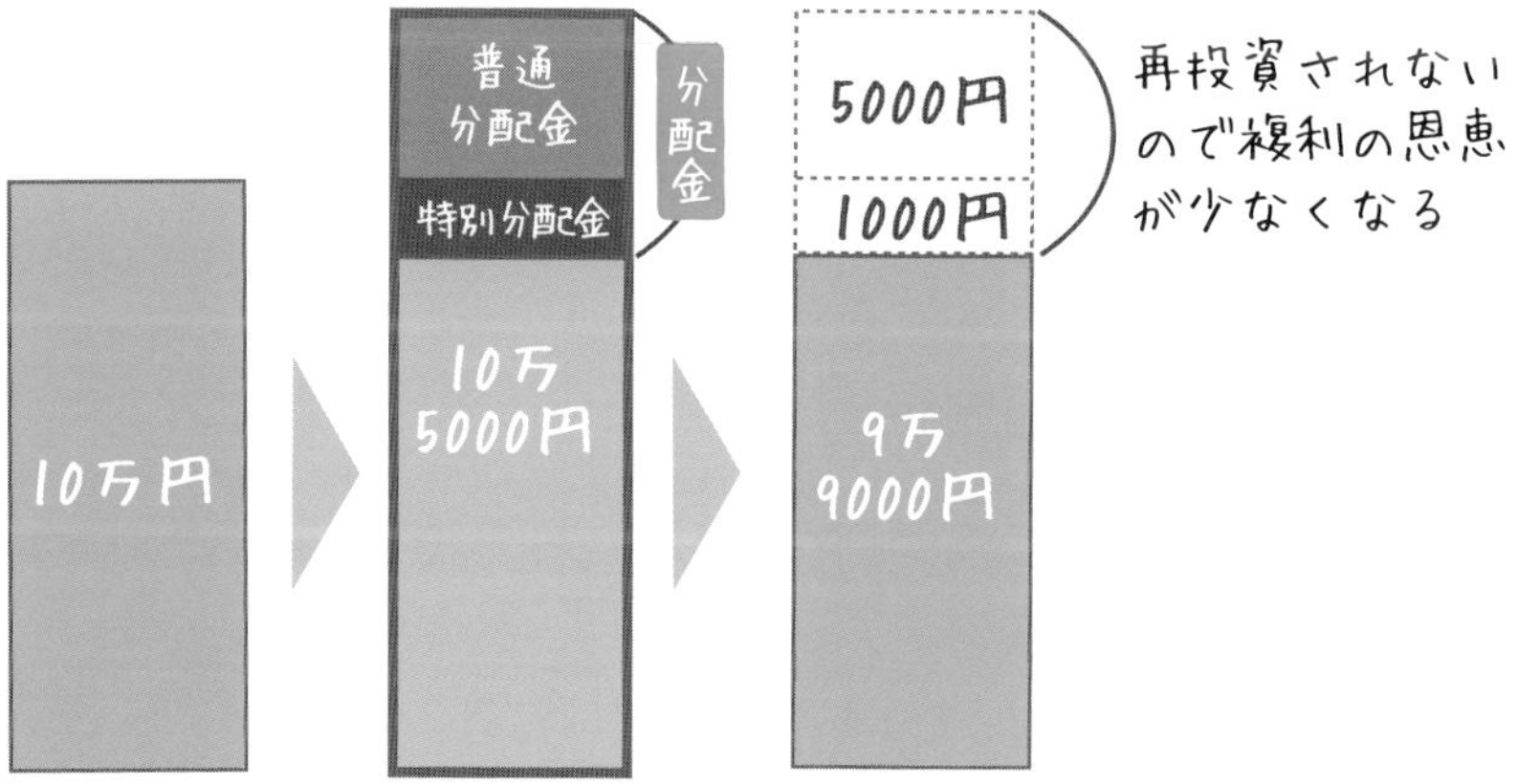

・買った時点での基準価格

よりも

・現時点での基準価格と、買った後に受け取った1万口あたりの分配金の総額の合計

が大きくなっていれば問題ありませんが、買った時点での基準価格のほうが大きい場合、分配金を受け取っていても**トータルでは損失**が出てしまっています。

❷ コストが高い

毎月分配金を支払うためには手間がかかります。この手間も込みで手数料が設定されているため、分配型ではない投資信託に比べると**手数料が高い**傾向があります。

❸ 複利運用のメリットが活かせない

分配金が出るということは、その投資信託で出た利益が元本に充当されず、投資家たちの手元に還元されてしまっているということです。

長期投資の大きなメリットの1つが「**複利運用**で利益を増やせる」ということでしたが、分配金を受け取る投資信託ではこの長期投資のメリットが活かせません。

❹ 特別分配金が出ていたら、元金が減っているかも

分配金は、投資信託を運用して出た利益から出るものと思われがちですが、中には元本を切り崩して支払われる分配金があります。これが**特別分配金**と呼ばれるものです。

元本から支払われているということは、自分が投資のために支払ったお金が戻ってきているだけということになります。

通貨選択型投資信託の注意点

投資信託をするときに、**為替取引のメリットも受けよう**という考えでつくられているのが**通貨選択型投資信託**です。

少し複雑ですが、シンプルにしくみを解説すると、投資信託の運用利益＋為替取引による利益のどちらも得られる投資信託のことです。

例えば、

❶ まず米ドルを買い、ドル建ての債券に投資する
❷ 次にレアルを買い、米ドルとレアルの為替差益を狙う

というような運用手法です。

投資信託、為替差益のどちらからも利益を得られるということで儲かりそうにも思えますが、以下の点で注意が必要な投資信託です。

- **新興国の通貨が多いこと**
- **損失が大きくなりやすいこと**
- **手数料が高めに設定されている**

● 通貨選択型の投資信託のイメージ図

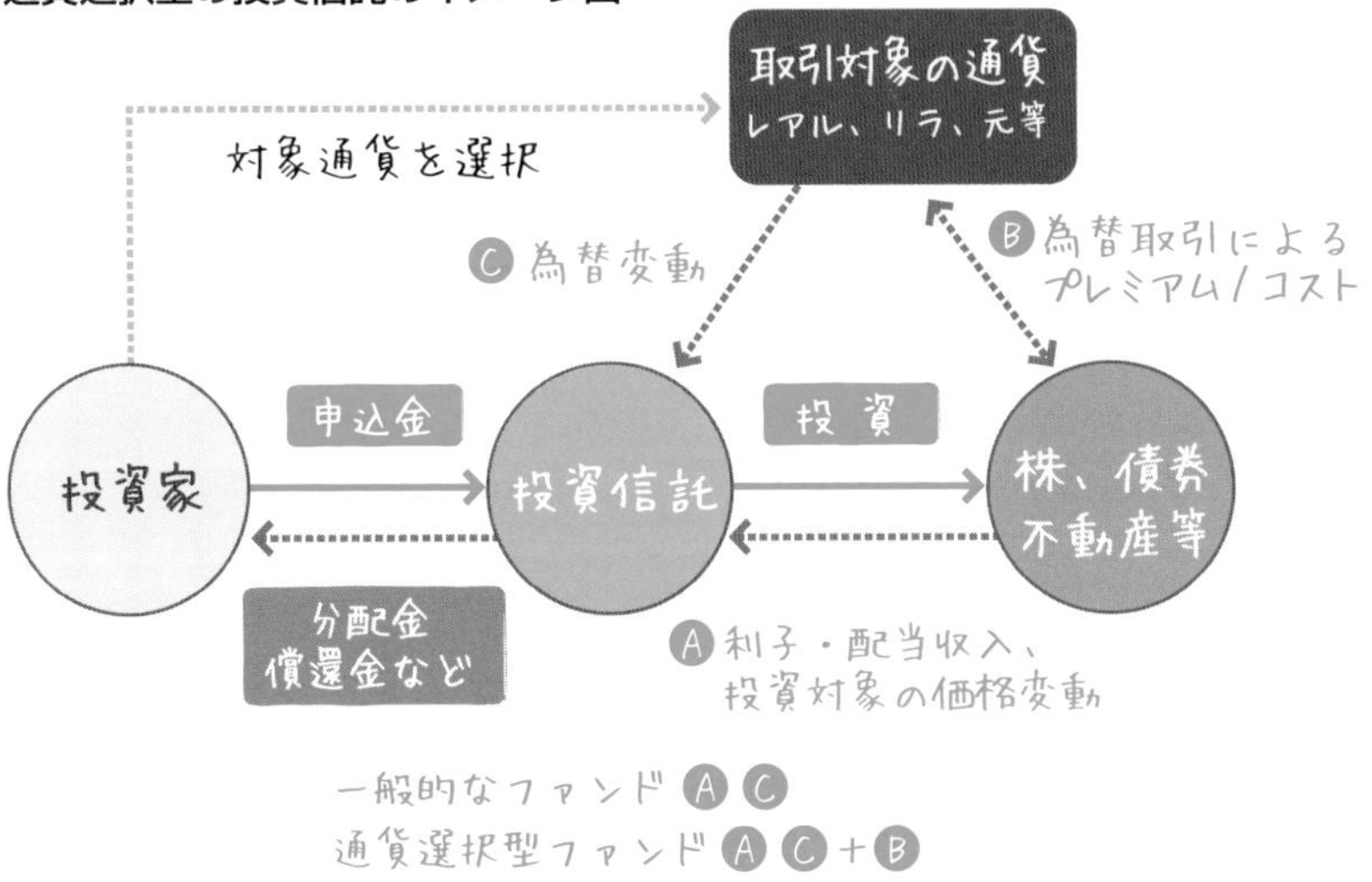

投資信託の分類と信託名

分類		投資信託名（販売会社）
国内株式型	インデックス型	ニッセイ日経225インデックスファンド（ニッセイ）
		iシェアーズ・コア TOPIX ETF（ブラックロック）
		楽天日本株4.3倍ブル（楽天）
		SBI日本株4.3ブル（SBIアセット）
	アクティブ型	ひふみプラス（レオス）
		ニッセイ JPX 日経400アクティブファンド（ニッセイ）
		FW りそな国内株式アクティブファンド（りそな）
		DIAM 新興市場日本株ファンド（アセットマネジメントOne）
外国株式インデックス	米国	eMAXISSlim米国株式（S&P500）（三菱UFJ国際）
		SBI・バンガード・S&P500インデックス・ファンド（SBIアセット）
		楽天・全米株式インデックス・ファンド（楽天）
		大和－iFreeレバレッジ NASDAQ100（大和アセット）
		iFreeNEXT FANG+インデックス（大和アセット）
	全世界・先進国型	eMAXISSlim全世界株式（オール・カントリー）（三菱UFJ国際）
		楽天・全世界株式インデックス・ファンド（楽天）
		eMAXIS Slim 先進国株式インデックス（三菱UFJ国際）
		ニッセイ外国株式インデックスファンド（ニッセイ）
債券型		eMAXIS Slim 国内債券インデックス（三菱UFJ国際）
		ニッセイ外国債券インデックスファンド（ニッセイ）
		eMAXIS Slim 先進国債券インデックス（三菱UFJ国際）
		楽天・全世界債券インデックス（為替ヘッジ）ファンド（楽天）
バランス型		eMAXIS Slim バランス（8資産均等型）（三菱UFJ国際）
		ニッセイ・インデックスバランスファンド（4資産均等型）（ニッセイ）
		たわらノーロード バランス（8資産均等型）（アセットマネジメントOne）
		楽天・インデックス・バランス・ファンド（株式重視型）（楽天）
セクター		次世代通信関連 世界株式戦略ファンド（The 5G）（三井住友TAM）
		フィデリティ世界医療機器関連株ファンド（為替ヘッジなし）（フィデリティ投信）
		ピクテ・グローバル・インカム株式ファンド（毎月分配型）（ピクテ）
リート		ダイワJ-REITオープン（毎月分配型）（ダイワ）
		フィデリティ・USリート・ファンドB（為替ヘッジなし）（フィデリティ投信）

03 投資信託の買い方

1 投資信託は一括でも積立でも買える

投資信託は、あるタイミングで**一括で購入してそのまま保有**し続ける方法、**毎月一定額を払って買い続ける積立という方法**のいずれかの方法で購入できます。

一括購入（スポット購入）が適している人

投資信託は毎日、価格が変動しています（上場株と異なり営業日に一回基準価額が決まります）。**基準価額が下がったタイミングで買う**ことができれば利益を出しやすくなります。

この場合、一度に大きな額を購入するので、「いつ買うか」というタ

投資信託を購入するには、一括、積立（ドルコスト平均法）の購入法があります。
初心者の方は、自動積立が便利で楽ちんです。

イミングを見極めることがとても大切です。次の3つの条件がそろう人は一括が向いています。

- **買うタイミングが読めるだけのスキルがある**
- **ある程度まとまったお金がある**
- **そのお金はしばらく使う予定がない**

積立投資が適している人

まとまったお金がなく、毎月負担のない金額でコツコツ続けていきたいという人は**積立投資が適しています。**

積立投資の効果は、60ページでも説明したように**長期になるほどその効果が複利とともに現われます。**10年、20年、30年と長期間の積立ができる**若い方のほうが積立投資の恩恵を受けることができます。**

2 投資信託の申込みと約定《やくじょう》について

投資信託は、1日1回基準価額が決定されます。証券会社のサイトや店頭で購入の申込みをした時点では、購入価格となる**基準価額**は決定していません。申込み受付の締め切り後に算出される基準価額で約定価格が決定します。

投資信託の投資先が日本か海外かによっても適用される基準価額が決まるタイミングが変わるので注意が必要です。

3 ドルコスト平均法で定額で定期的に購入する

ドルコスト平均法というのは、**定期的に決まった金額で投資信託を買う**方法です。

例えば、毎月1万円で積立投資を行うとしましょう。

投資信託の基準価格は日々変動していますが、投資信託の基準価額が高ければ、1万円で少ない口数しか買うことができません。逆に**基準価額が低ければ、1万円でたくさんの口数を買うことができます**。

基準価額が低い場合、定額で購入するドルコスト平均法は、毎月一定口数を買う方法よりもたくさんの口数を買うことができるのです。

ドルコスト平均法をうまく活用するために、あらかじめ自動積立を設定しておけば、毎月決まったタイミングで勝手に積立を続

● ドルコスト平均法で毎回定額で購入する

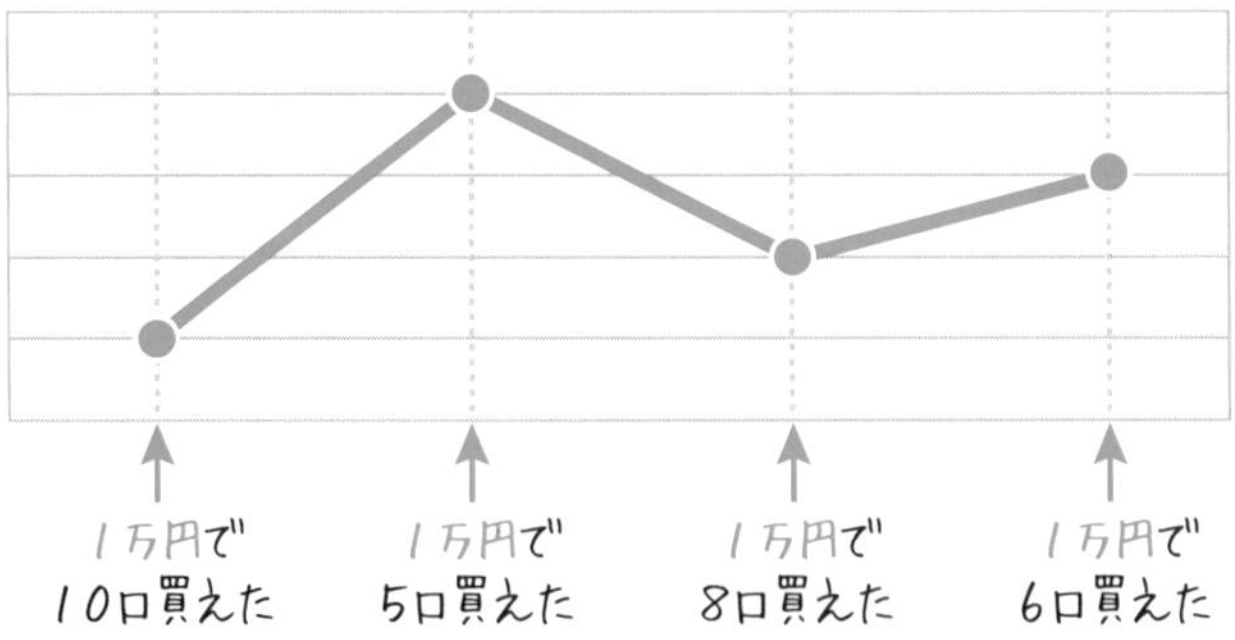
1万円で
10口買えた
1万円で
5口買えた
1万円で
8口買えた
1万円で
6口買えた

けてくれます。

4 初心者はインデックス型の自動積立が最適

初心者のうちは、インデックスファンドを選び、さらに自動積立にしてドルコスト平均法を活用するという手法が失敗が少なく、投資の熟練度が低いという意味でも適しています。

投資は元本保証ではなく、どんなに安定志向を目指してもリスクをゼロにすることはできません。また、アクティブファンドのほとんどがインデックスファンドに勝てないというデータもあります。

そもそも、優秀なアクティブファンドを探し出すことはかなり難易度が高いため、初心者のうちはあえてアクティブファンドを狙わずにインデックスファンドを選ぶとよいでしょう。

また、**ドルコスト平均法**を最大限に活用するためにも、知らないうちに積立をしてくれる**自動積立**が適しています。

どのインデックスファンドにするか迷ったときは、以下を参考にして選ぶようにしましょう。

- **コスト**
- **ベンチマークとの連動幅**
- **純資産額**（少なすぎるものは繰上げ償還になる恐れがあるので避ける）

純資産額は300億円以上であるかどうかが1つの目安です。それ以下の場合は人気がなくて打ち切りになる可能性もあるため避けましょう。また、純資産額が減ってきている投資信託も避けたほうが無難です。

5 NISAを賢く利用しよう

NISAは別名「**少額投資非課税制度**」と言います。7時限（278ページ）で詳細に解説しています。

一般的に株などの投資によって利益（売買益や配当等）が出たら、そこには20・325％の税金がかかります。しかしNISA口座を利用すれば、投資の売買益（キャピタルゲイン）や配当（インカムゲイン）の利益は、**非課税**で100％の利益を受け取ることができるのです。

非課税となるのは5年間で、投資する額の上限は毎年最大120万円となっています。

NISAには、通常のNISAだけでなく、ジュニアNISAと**つみたてNISA**という3つの種類があります。

● NISA口座は非課税

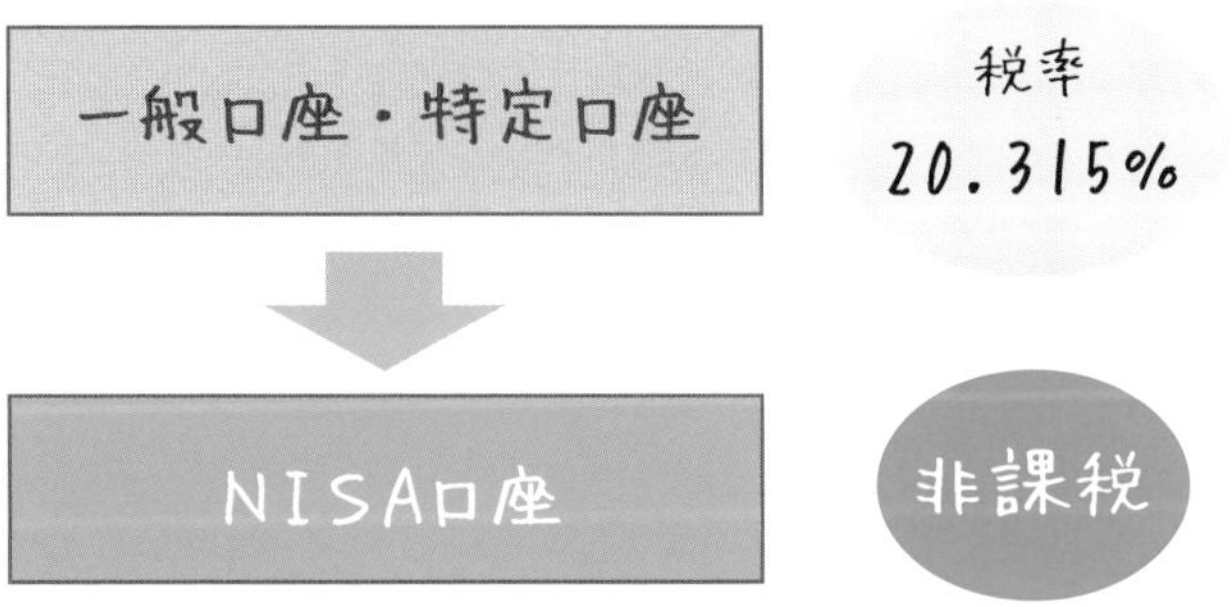

6時限目
FXはいつでもできて少額から稼げる投資

FXは、通貨の売買から
利益が出る投資です！
FXの特徴としては、元手
以上の金額で投資できる
レバレッジがあります。
少額で多額の利益を稼げる
しくみです！

01 ＦＸってどんな投資？

1 ＦＸは2つの通貨の売買で利益や損失が出ます

ＦＸ（Foreign Exchange）とは、「**外国《がいこく》為替《かわせ》証拠金《しょうこきん》取引《とりひき》**」または「外国為替取引」とも呼ばれ、２国間の為替レートの差額を利用して利益を出す投資方法です。

例えばハワイ旅行に行く際、日本の銀行やハワイの両替所に行って**日本円を売って米ドルを買って**、ドル札をもらってくることを考えてみましょう。

あなたは1米ドル＝１００円のレートで**10万円を米ドルに替える**ことにし、１０００ドルを手に入れました。

食事やツアーで旅行を満喫し、、旅行を終えて日本に帰国する日

ＦＸは、円とドルや、円とユーロ、ドルとユーロなど外貨を売買して、その利ざやで稼ぐ投資です。
レバレッジがかけられるのが大きな特徴です。

がやってきました。結局、クレジットカードを使ったので両替した米ドルは使いませんでした。

そこで、余った**1000ドルを日本円に交換**することにしました。

このときの為替レートは、**1ドル＝100円↓110円**と円安ドル高になっており、**1000ドルは11万円で両替でき、1万円多く手元に戻り利益が出ました。**

このように、通貨を売買して為替差益を狙う投資がFXです。

FXは怖い？　レバレッジのせい？

FXのことを「**怖い**」「**リスクが高い**」といったイメージを持っている人が多いかもしれません。

FXで大きな損失を出した人の体験談なども、インターネット上にたくさん見つけることができます。

これは、235ページで後述する**レバレッジ**という、FXでの所持金（**証拠金**と言います）の何十倍もの金額で取引を行って**大きな損失を出してしまった失敗談**などによります。

● FXの原理は、通貨と通貨の両替です

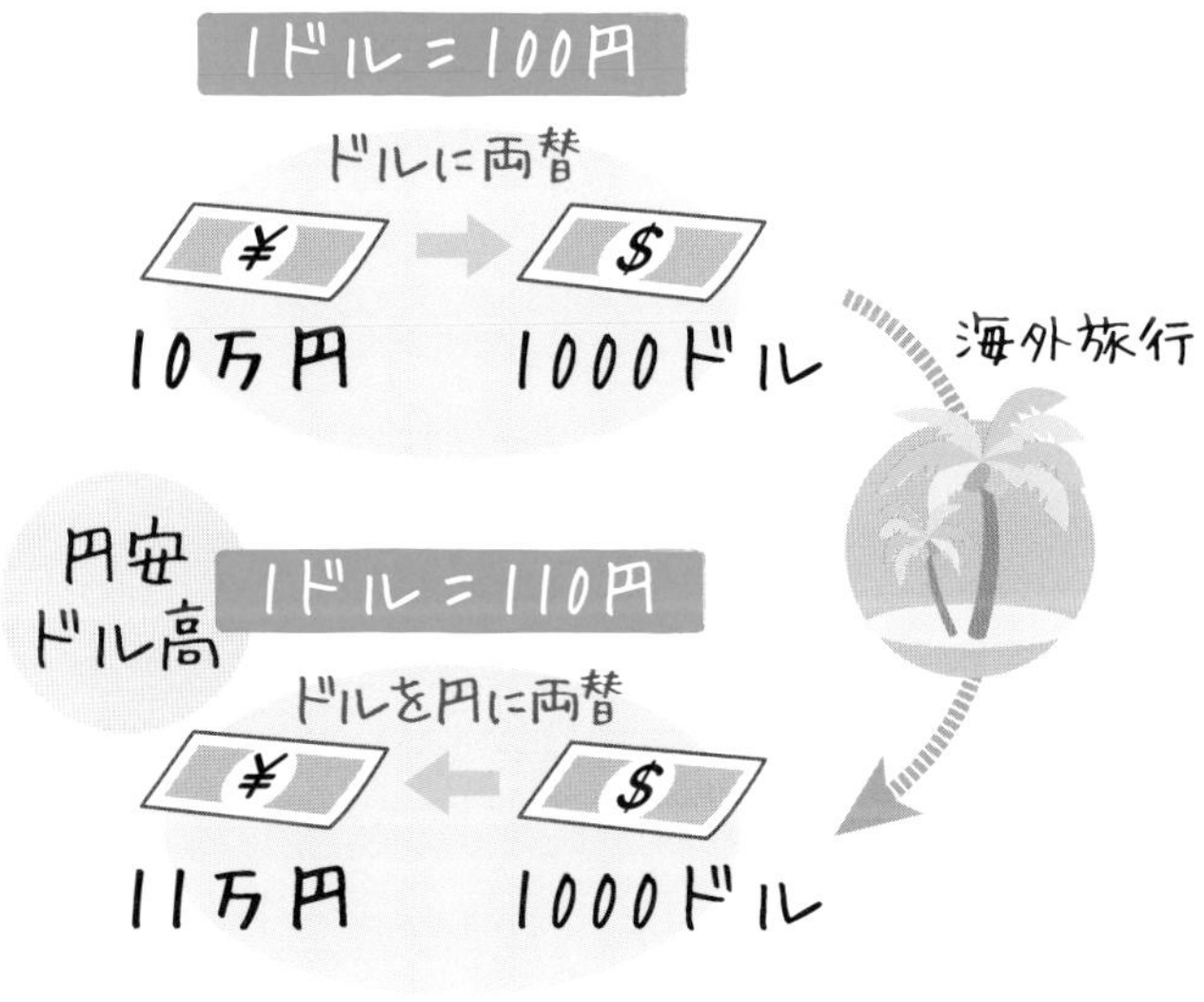

安全な範囲で資金管理して上手に使えば、レバレッジは、強力な武器になります。

リスクをしっかり管理して無理のない取引を心がければ、決して怖いものではないので安心してください。

2 FXで利益が出るしくみ

ＦＸでは、通貨を**安く買って高く売る**、**高く売って安く買う**ことで、**為替差益**を狙っていきます。これが、これまでにも出てきた「**キャピタルゲイン**」ですね。通貨を売買することによって得られる利益のことです。

買ってないのに、売りから入れるFX

株の売買は、安く買って高く売るのが基本でしたが、ＦＸでは、**高く売って安く買う**という、売りと買いのタイミングが反対の取引ができます。

相場が高値圏にあり、下落が予想された場合には、**売りからエントリー**することができ、下落したら買って決済となります。

ちなみに、株式投資の場合は、**空売り**（株式を借りて売り、決済期日までに買い戻して株式を

「ＦＸは怖い」って言いますよね。これは、ＦＸをギャンブルのように考えるからです。
しっかり資金管理してルールに従ってやれば、決して怖くはありません。

返却し、その差額で利益を狙う取引）が下落相場で利益を出す方法です。

高金利通貨を持つとスワップポイントがつく

一方、通貨を保有していることで得られる**インカムゲイン**は**「スワップポイント」**と呼ばれるものです。

スワップポイントとは、**2つの通貨間の金利差**のことです。

通貨によって金利が決められており、金利の高い通貨を買って保有ポジションを翌営業日に持ち越すタイミングでスワップポイントが発生し、持ち越した2日後に付与されます。

土日祝日でも発生しますが、付与は土日祝日ではなく、次の営業日となります。

トルコリラなど高金利の通貨は、政情不安などが原因で、為替相場が極端な方向に動くこともあるので、通貨を保有する場合は注意が必要です。

● 高い金利の通貨を買うと、毎日スワップポイントがもらえます

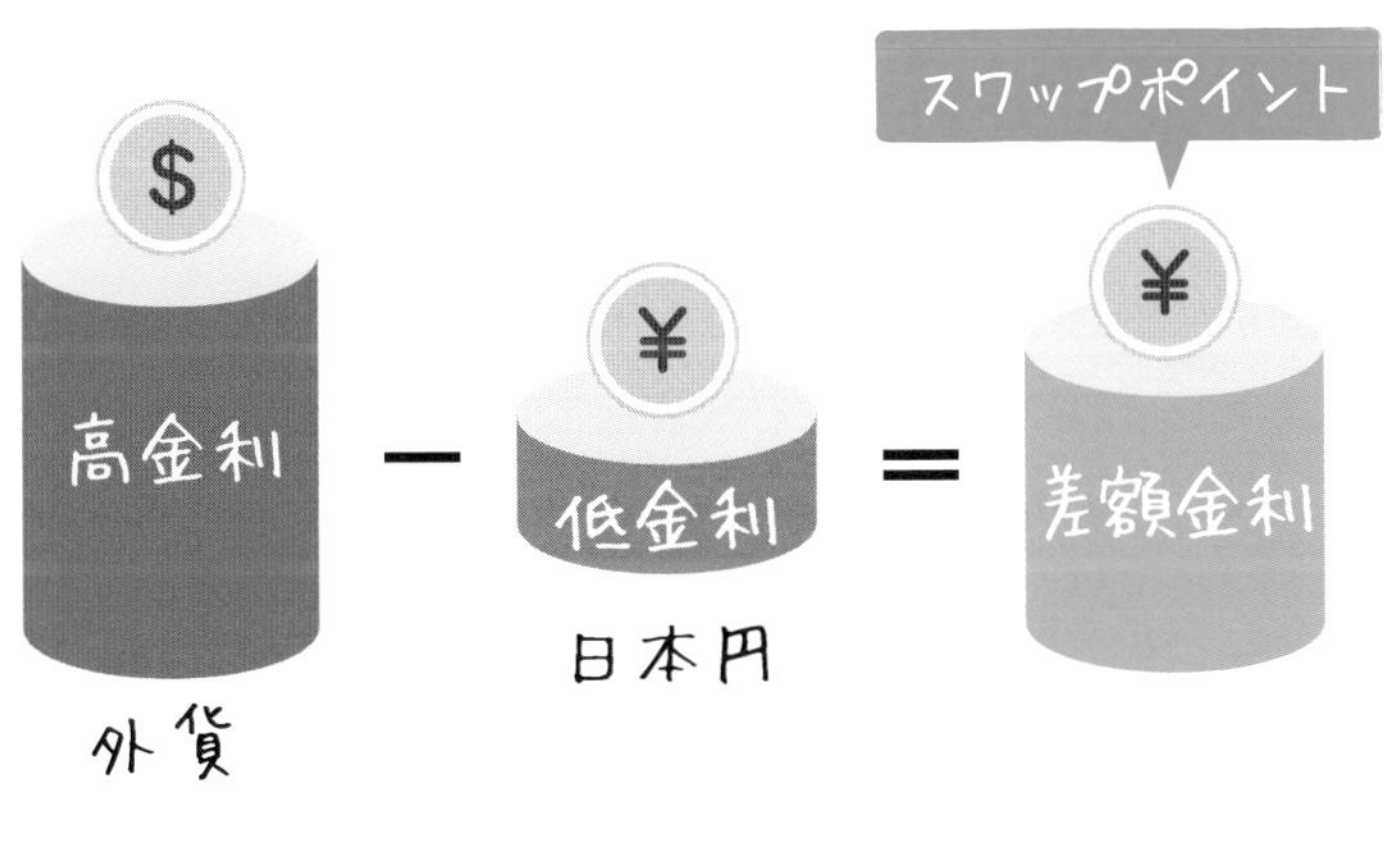

3 FXにはこんなメリットがあります

FXは24時間いつでもできます

株式市場は、平日の9時から11時30分まで（前場）と、12時30分から15時まで（後場）が取引時間です。

昼間に仕事がある人は、その時間帯に株を売買することは難しいですね。

しかし、ＦＸでは、取引時間のそうした制限がありません。土日以外の平日は、**24時間、世界のどこかの市場で売買が活発にされて**おり、生活スタイルに合わせていつでも取引をすることができます。

下の表は、日本の時刻を基準として、市場が活発に動いている時間帯を表にしたものです。世界の市場の矢印の部分は取引時間ではなく、活発に取引が行われている時間帯です。

例えばニューヨークでは、日本時間の22時から5時くらいまでが取引が活発な時間帯ということになります。

● FXは24時間、世界のどこかの市場で取引がされています

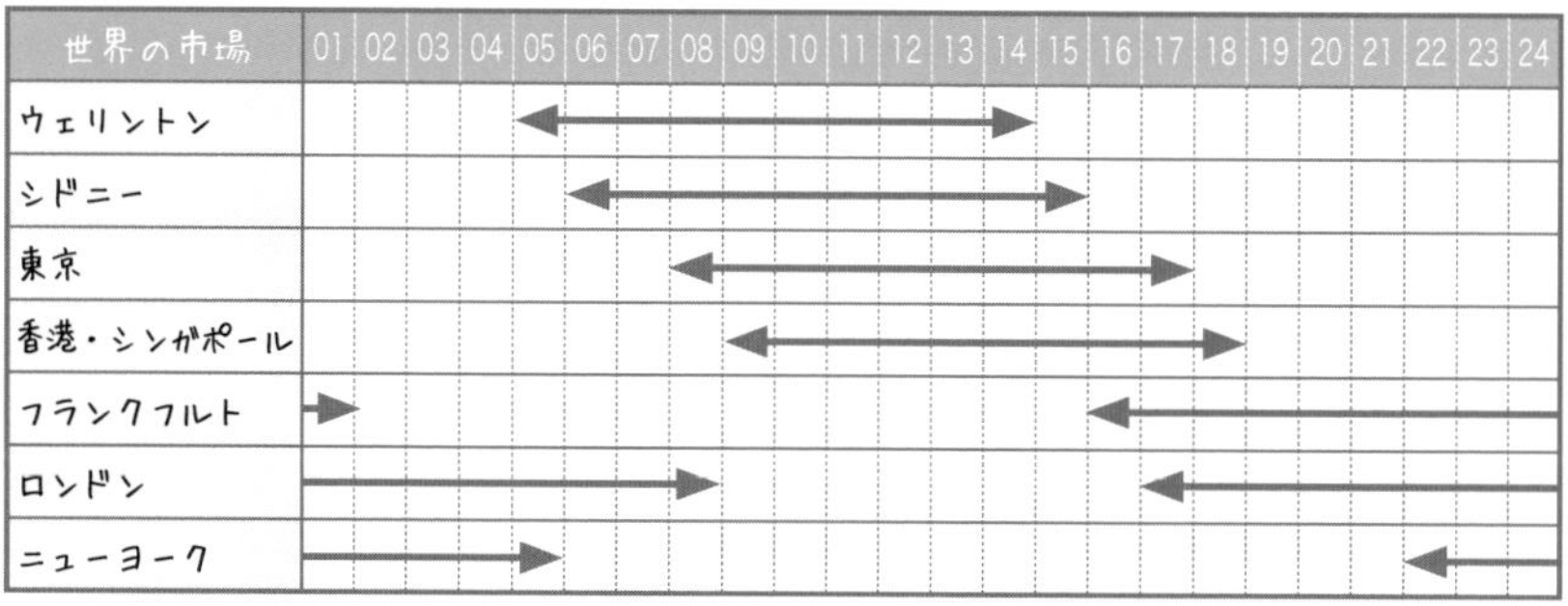

表を見ると、どこかの国で常に活発に取引がされていることがわかりますね。

レバレッジがかけられる

ＦＸの最も大きな特徴が、**「レバレッジ」**という拠出した証拠金の25倍までの金額で通貨を取引できるしくみです（国内ＦＸ会社の場合の倍率）。

レバレッジとは「てこ」を意味しますが、てこの原理を使うと、小さな力でも重たいものを動かすことができます。これと同じで、**レバレッジを使うと少ない資金で大きな取引をする**ことが可能になるのです。

例えばレバレッジが10倍かけられるとしたら、手元の**資金が10万円でも100万円分の取引ができる**ことになります。仮に日本円と米ドルでＦＸ取引をするとして、最初に出てきたように

❶ **1ドル＝100円のときに円を売ってドルを買う**
❷ **1ドル＝110円のときにドルを売って円を買う**

● FXではレバレッジで証拠金の25倍までの取引が行えます

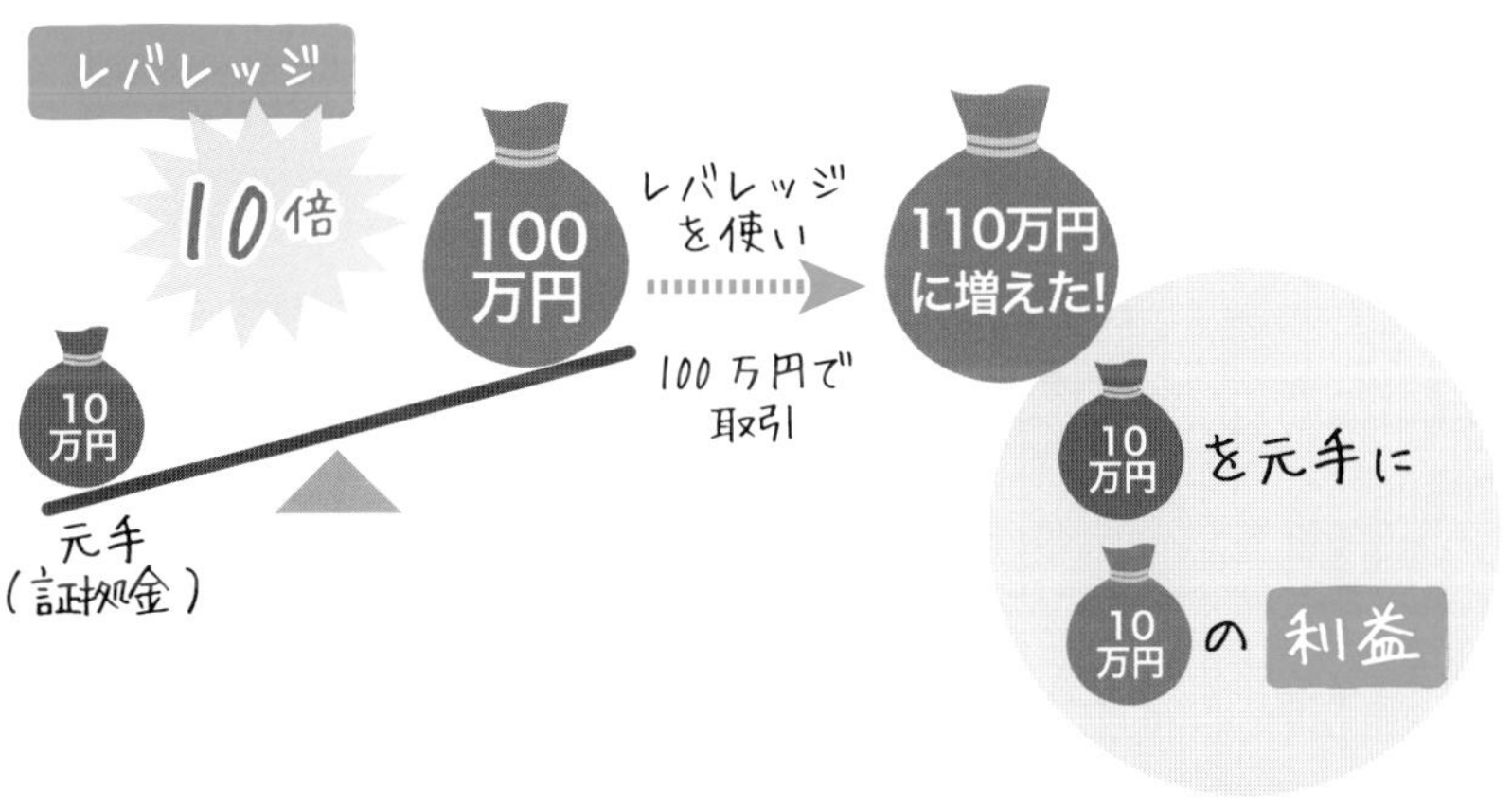

という売買をしたらどうなるでしょうか？

もしレバレッジがない場合は、10万円分のドルを買うことになるため、手に入るドルは先ほどと同じ1000ドルです。

そして110円のときにドルを売って円を買いますから、手元には11万円が入ってくることになります。利益は1万円ですね。

このとき、10倍のレバレッジをかけると、100万円分の取引ができることになります。レートが100円から110円になれば、手元に入ってくる利益も10倍になるので、10万円の利益となります。

注意したいのは、反対に**100円が90円になってしまったら**損失が10万円になってしまい、**レバレッジは諸刃の剣**にもなります。

ここが「FXは怖い」とされる部分です。

証拠金取引と差金決済で「売り」からもエントリー

投資信託、不動産は、まず買わなければ始まりません。安いときを見計らって金融商品を買い、高くなれば売るのが普通です。値段が高い状態で売りから入ることはできません。

しかしFXであれば、日本円しか持っていない状況でも、**ドルやユーロなどの外国通貨を売るところから入ることができる**のです。

FXでは、円で証拠金を
預ければ、ユーロやドルを
持っていなくても、
ユーロやドルなどの通貨を
売ったり買ったりすることが
できます。

なぜかというと、**証拠金取引**は最初に通貨を買うときにお金が出ていくのではなく、**決済するときにお金が動くしくみ**になっているからです。

証拠金取引は、手元に持っている「証拠金」を取引所に預けて取引を開始します。

決済のときにもしも損失が出てしまっていたら、その損失は証拠金から差し引きます。そして、もし利益が出ていたら証拠金に加算されるのです。

このようなしくみになっているので、価格が高いときに売りから入って取引を始めることができるのです。これを「**差金決済**」と言います。

外貨預金とどう違うの？

外貨預金とＦＸは同じく外貨を扱いますが、ＦＸは

- **「売り」からエントリーできる**
- **レバレッジがかけられる**

● 差し出した証拠金を元に取引を行い、決済時の損益で証拠金が増減します

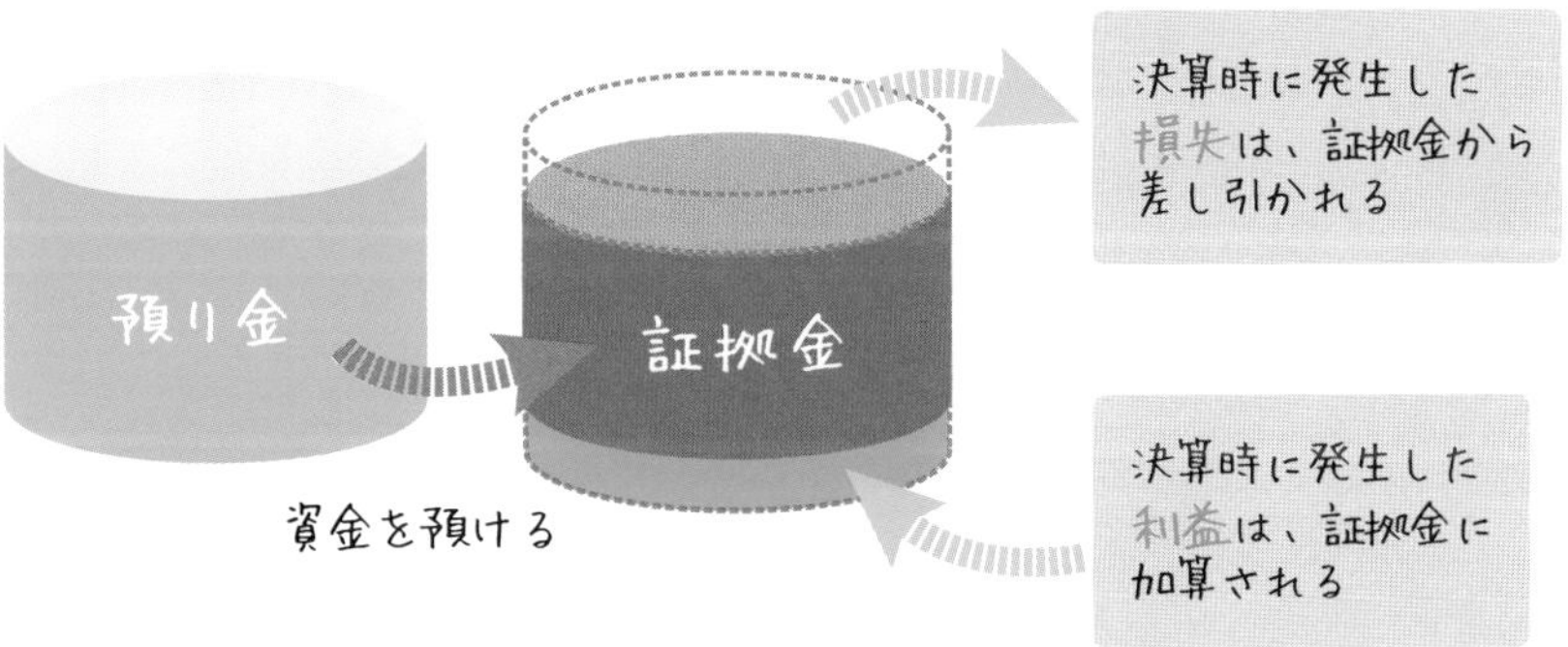

という特徴があります。

また、それ以外にも

- **取引コスト**
- **外貨の現金として引き出せるかどうか**
- **利益への課税**

といった点にも違いがあります（下表参照）。

そもそも外貨預金は金融機関に外貨を預ける商品です。将来的に外貨として使うことを見越して積み立てておく際には多少コストはかかりますが、外貨預金の使い勝手は良いと言えます。

リスクのない外貨預金を考えるなら、**レバレッジを1倍にしてFXで運用するのが有利**と言えます。

4 絶対に知っておくべきFXのリスク

レバレッジをかけることで大きな利益を狙えるFX。しかしメリットばかりではありません。少し間違えると大きな損失を出してしまい

● FXと外貨預金の比較

	FX	外貨預金
エントリー	買いと売りのいずれからも	外貨の買いのみ
レバレッジ	あり	なし
取引コスト	預け入れ0　払い戻し25銭	スプレッド0.2銭前後
利息	満期時	スワップポイントとして
利益への課税	分離課税20.315%	所得に応じた総合課税

ますので、ここはよく理解しておきましょう。

利益も大きいが、損失リスクも同時に大きい

大きな利益を狙えるということは、損失が出たときの額も大きいということです。投資の世界では、損益の振れ幅をリスクと言い、**レバレッジの大きさはそのままリスクの大きさ**となります。

先ほどの例では、レバレッジを10倍にすることで10万円の利益を出すことができました。

しかし、1ドル110円でなく

1ドル＝100円
↓
90円

と円の価値が上がって1ドルで90円分しか交換できなくなったらどうなっていたでしょうか？

日本円にすると90万円になり、10万円の損失が出てしまうことがわかります。元の資金は10万円だったので、資金を丸ごと失ってしまったことになるのです。

● 国内FX会社の取引では、最大25倍のレバレッジをかけられます

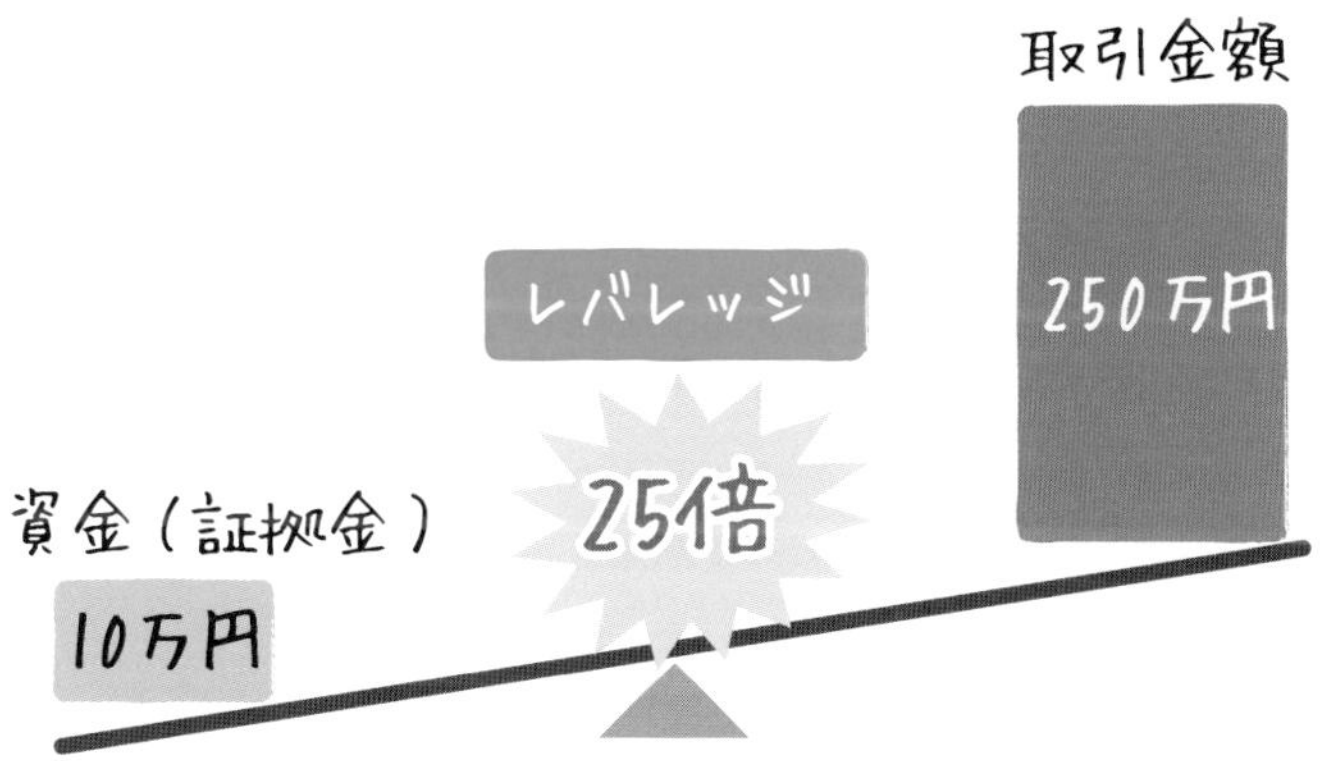

FXは国内の法律によって「**最大25倍までレバレッジをかけることができる**」と定められていますが、もしこのときレバレッジを10倍ではなくマックスの25倍にしていたらどうなっていたでしょうか。

実際には「**ロスカット**」というしくみがあるため、自分が元々持っている10万円以上損失を背負うことにはなりません。

しかし、レバレッジを大きくしてしまうとそれだけ速い速度で損失が増えていくことになるのです。

レバレッジが大きいとロスカットの危険

FXでは、決済するときに証拠金から差益と差損の損益計算を行います。

レバレッジをかけると自分が差し出している証拠金以上の取引ができるので、証拠金よりも大きな額の損失が出てしまったら、本来なら借金を背負うことになってしまいますね。

ただ、そうならないように証拠金取引では「**ロスカッ**

● 証拠金維持率を50%下回るとロスカットで決済されてしまう

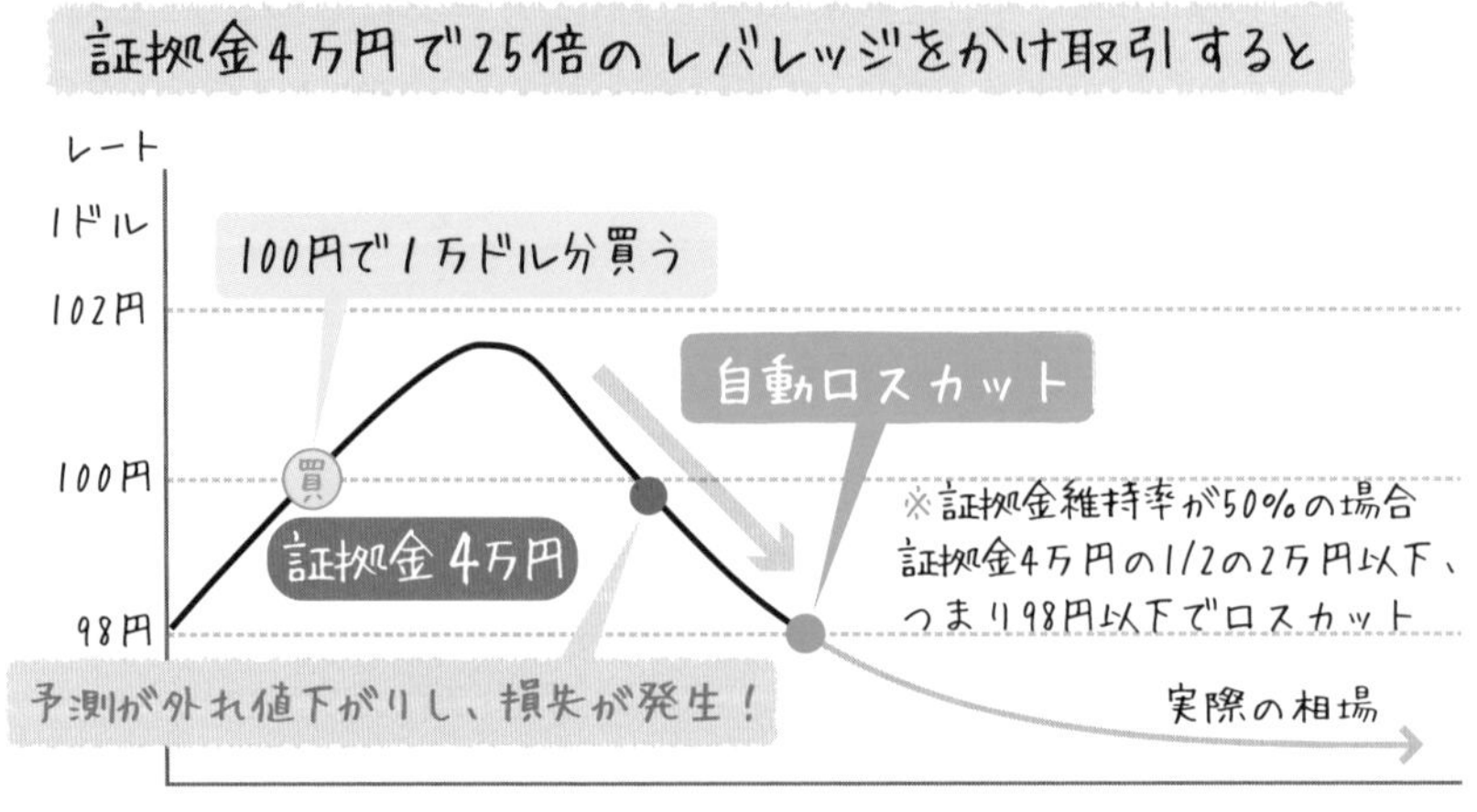

ト」というシステムが設けられています。

これは、**損失の額が証拠金維持率の一定割合を切ったときには、強制的に決済されて損失が確定されるしくみ**です。

ロスカットの基準は**ＦＸ会社によってさまざま**ですが、証拠金維持率が50～80％を切った段階でロスカットとなるよう設定しているところが多いようです。

一時的に価格が急落しているだけで、しばらくすればまた値段が戻ってくることは珍しくありませんから、損失さえ確定しなければ、相場が盛り返してきたときに損失を取り返せる可能性が残っています。

しかし、**ロスカットされてしまうと損失が確定**してしまい、**手元の資金が減ってしまう**のです。

レバレッジを高めにかけすぎると、大きく相場が動いたときにロスカットの基準まで証拠金維持率を割り込んでしまうことがあります。朝起きたらロスカットされていて資金が半分に減っていた……というような悲劇は至る所で起きているのです。

ＦＸは、レバレッジに気をつければ決してハイリスクな投資商品というわけではありません。

いつでもできる安心な投資方法として上手に活用するためには、レバレッジをかけすぎないことがとても大切です。

レバレッジをかけすぎると、大きく相場が動いたときにロスカットの基準まで証拠金維持率を割り込んでしまうことがあります。

02 株やＦＸで使える基本的なルールと注文方法

ここでは株式やＦＸで使う注文方法を見ていきましょう。

1 いろいろな注文方法

証券会社のサイトで、株や通貨を売買する際には、株では銘柄と株数、通貨では通貨ペアと数量を指定します。

大事なのは、売買価格の決め方です。**株式**の場合、通常、成行《なりゆき》、指値《さしね》、逆指値《ぎゃくさしね》という方法があり、**ＦＸ**では、さらにＩＦＤ《イフダン》注文、ＯＣＯ注文、ＩＦＯ注文など、条件を指定した注文ができます。

この**注文方法のマスターが損益の分かれ目**となるので、ぜひ小さな取引単位で実践して身につけましょう。

● 逆指値注文の場合の注文画面

買い注文　**現在値　6200 円**

数量　100　株

価格　◎成行　◎指値　◉逆指値

市場価格が　6300　円以上なら

◎成行で執行

◎指値　6300　で執行

期間　◎本日中　◉今週中　◎2020 年 12 月 10 日まで

口座　◉特定　◎一般　◎NISA

確認画面へ

その場ですぐに買いたいときは成行《なりゆき》注文

成行注文は、**今すぐに必ず売買を成立させたい**ときに使用します。一方、価格を指定する指値《さしね》注文の場合は売買が成立しないことがあります。確実に売買したいときだけ、**成行注文**を使います。

買いの成行注文を出すと、**一番価格が低い売りの指値注文とマッチ**して、すぐさま売買が成立します。約定価格は必ずしも注文を入れたときの価格とは限らないので注意が必要です。

同じ条件の売買注文と競合した場合は、**先に出された注文が優先**されます（時間優先の原則）。

値段を指定して売買する指値《さしね》注文

あらかじめ「**この金額になったら買う、または売る**」という価格を指定する注文方法が指値注文です。

例えば、保有している外貨や株の銘柄が、目当ての価格のところまで上がったら自動的に売って利益を確定する（決済する）という使い方ができます。

また、今狙っている銘柄や外貨が目当ての価格まで落ちたら買

うという使い方をすることもできます。

上がったら買い、下がったら売りの逆指値注文《ぎゃくさしね》

指値注文とは逆に、今よりも**不利な条件で注文を出す**のが「逆指値注文」です。

逆指値が使えるようになれば、株式投資やFXで**順張り**トレードで安定した成績を収められるようになると言われています。

投資初心者には、安くなってきたので**逆張りの買い**を入れたが、下落のトレンドが止まらず、さらに安値を更新して損失が拡大する失敗パターンがよくみられます。「**落ちるナイフは掴むな**」というトレードの格言も一緒に覚えておきましょう。

相場が下落し続けていても、いずれはそのトレンドが弱まり、移動平均線が横向き、あるいは上向きになっていきます。その段階ではじめて買いを入れるのが定石で、初心者のうちは移動平均線が下向きのときの買い注文は控えましょう。

移動平均線（116ページ）のところで説明したように、**多くのチャートツールで中期の初期値として設定されている25日移動平均線**や、**長期線の初期値として設定されている75日移動平均線**は**多くの投資家が意識**します。

25日線や75日線が上向きで、ローソク足が25日線を越えた価格、または、75日線を越えた価格

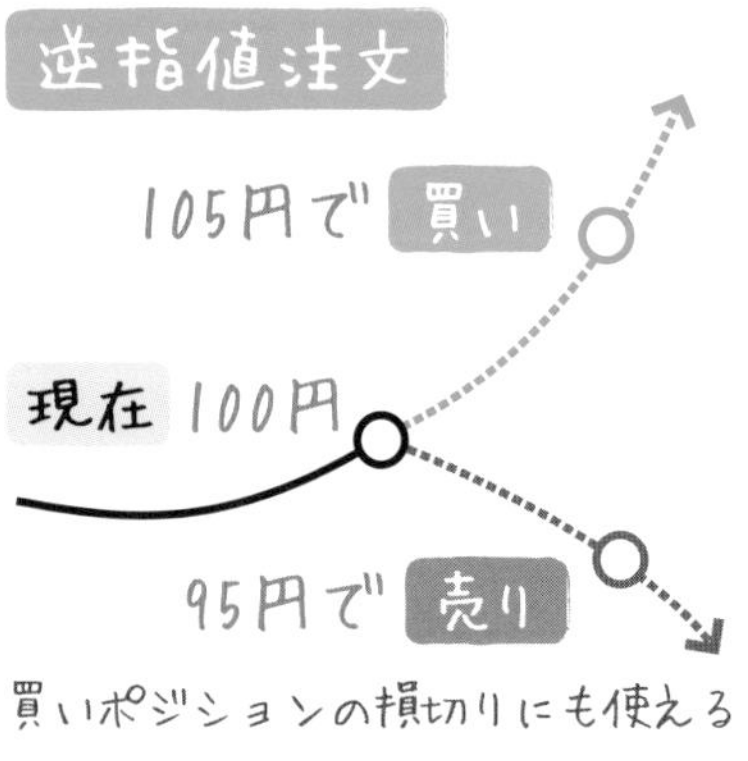

で買いの逆指値を入れておいたり、また、売り決済では、高値から価格が下がって来て、なだらかになった75日線を下回った価格で売り（決済）の逆指値の注文を入れておくなどの工夫をしましょう。

逆指値を利用することで、仕事中に突然、相場が動いた際に順張りの売買チャンスを逃さずに済みますし、**逆指値の損切注文**を入れておけば安心して仕事に集中したり就寝することができます。

また、ダマシやタイミングの遅れをカバーするために、もう1つ、MACD（140ページ）やRSI（146ページ）のテクニカル指標なども参考にしながらトレードしましょう。

75日移動平均線を基準に逆指値注文を入れる

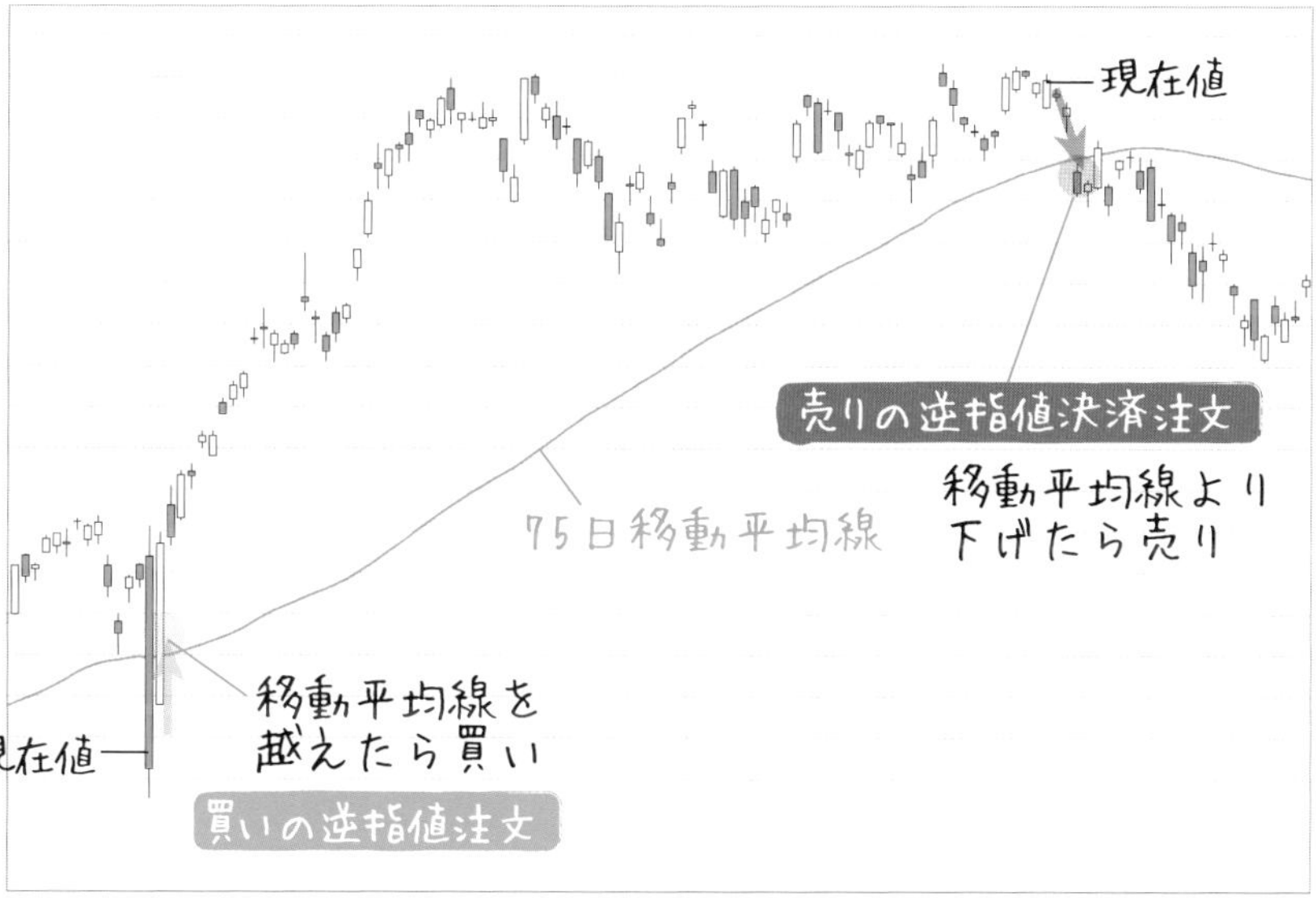

ＩＦＤ注文《イフダン》

ＩＦＤ注文は、**新規注文と決済注文を同時に出す**注文方法です。

例えば下図のように現在99・5円で、99円になったら買いポジションを持ち、101円になったら売って決済し、2円の利益を出すといった注文方法です。

また、**買い注文と同時に損切り（ストップ）注文を指定**することもできます。

ＦＸの取引時間がとれないが機会は逃したくないときには、新規注文と決済注文の両方をあらかじめ設定しておくＩＦＤ注文が便利です。

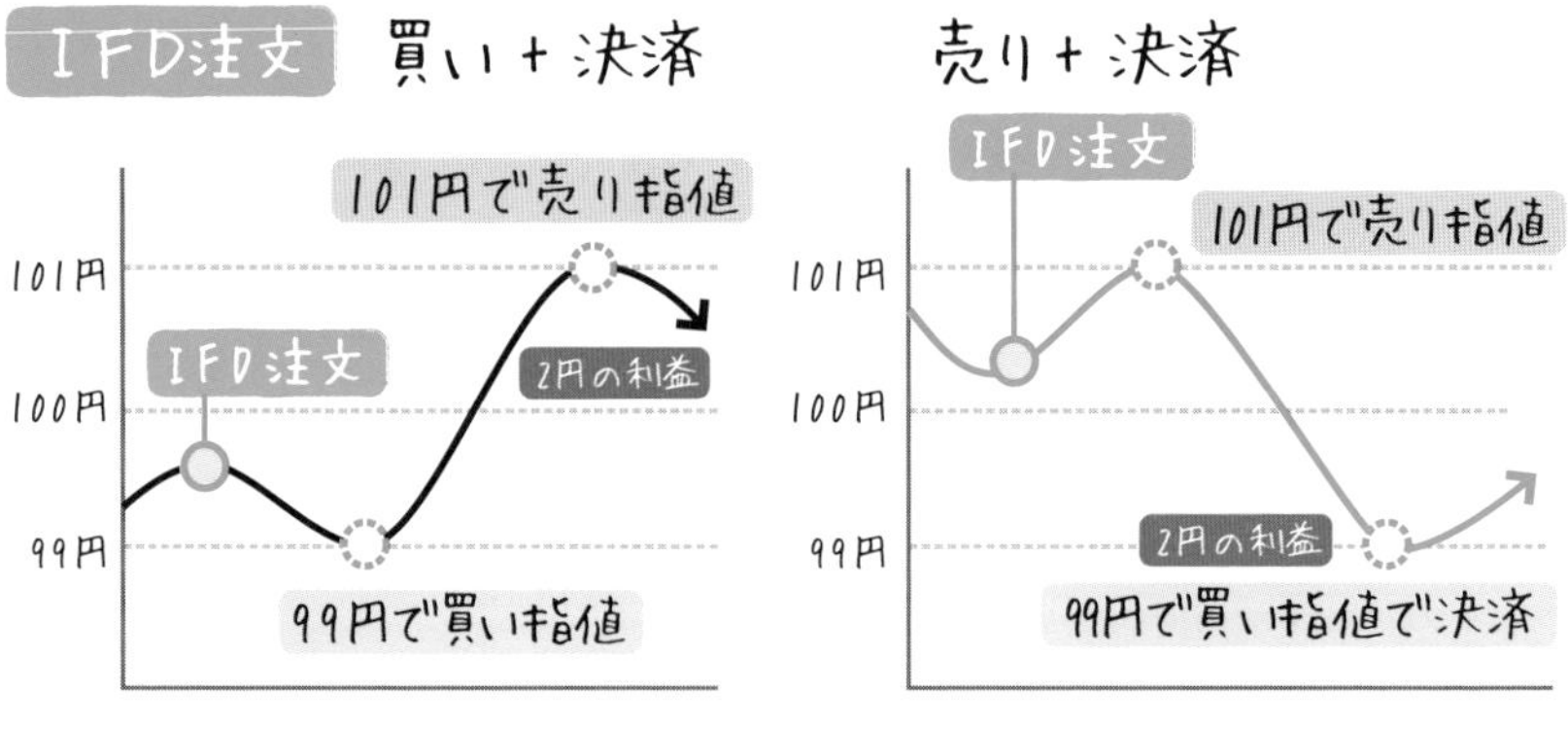

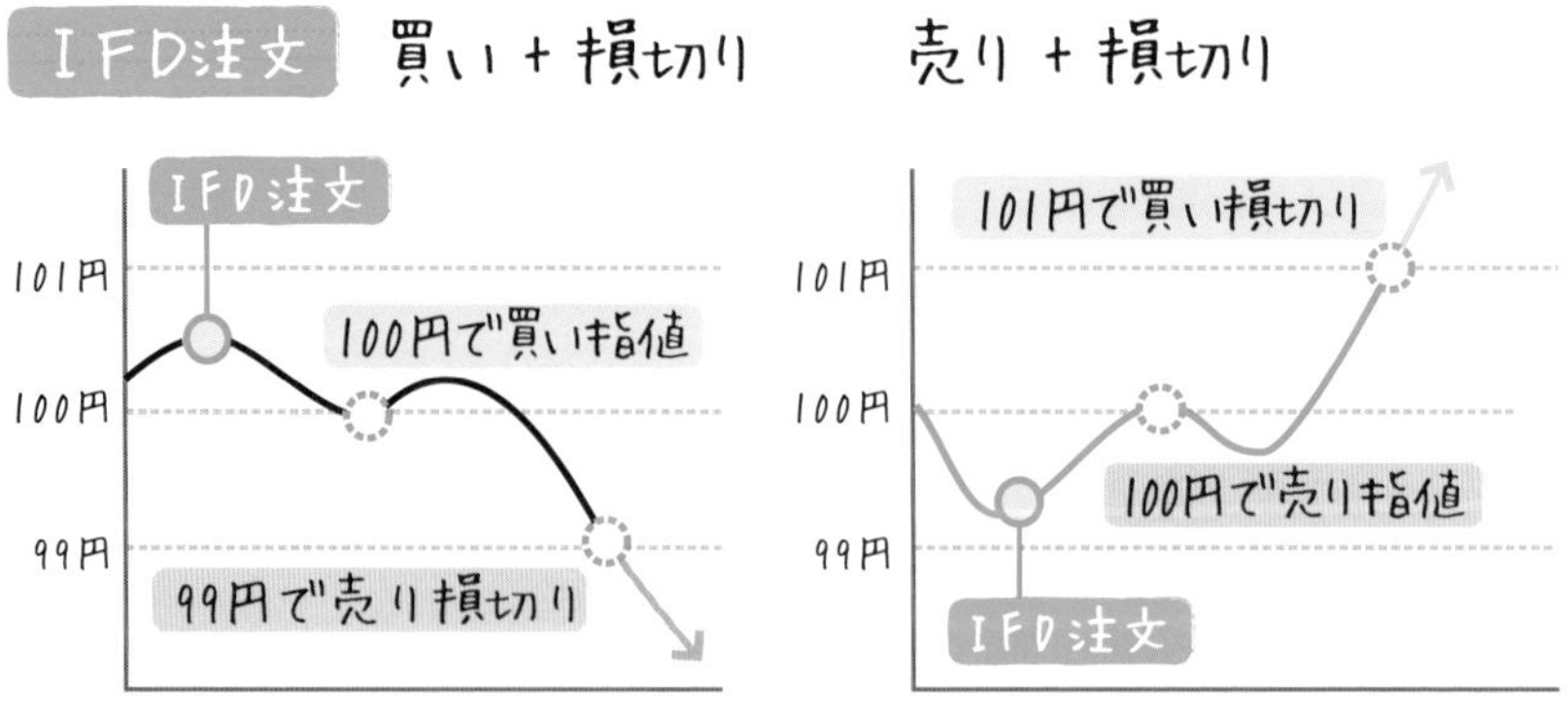

OCO《オーシーオー》注文

ＯＣＯ注文は、２通りの売買注文を出しておき、そのうちの１つだけが成立する注文方法です。

２つのうち**１つの注文が成立すると、もう１つの注文は自動的にキャンセル**となります。

IFO《アイエフオー》注文

新規注文と同じタイミングでOCO注文ができるのがＩＦＯ注文です。ＩＦＯ注文は、ＩＦＤ注文とＯＣＯ注文が組み合わさっています。

設定できる分岐点が多く、いろいろな仮説を立ててそれを自動で設定することができます。

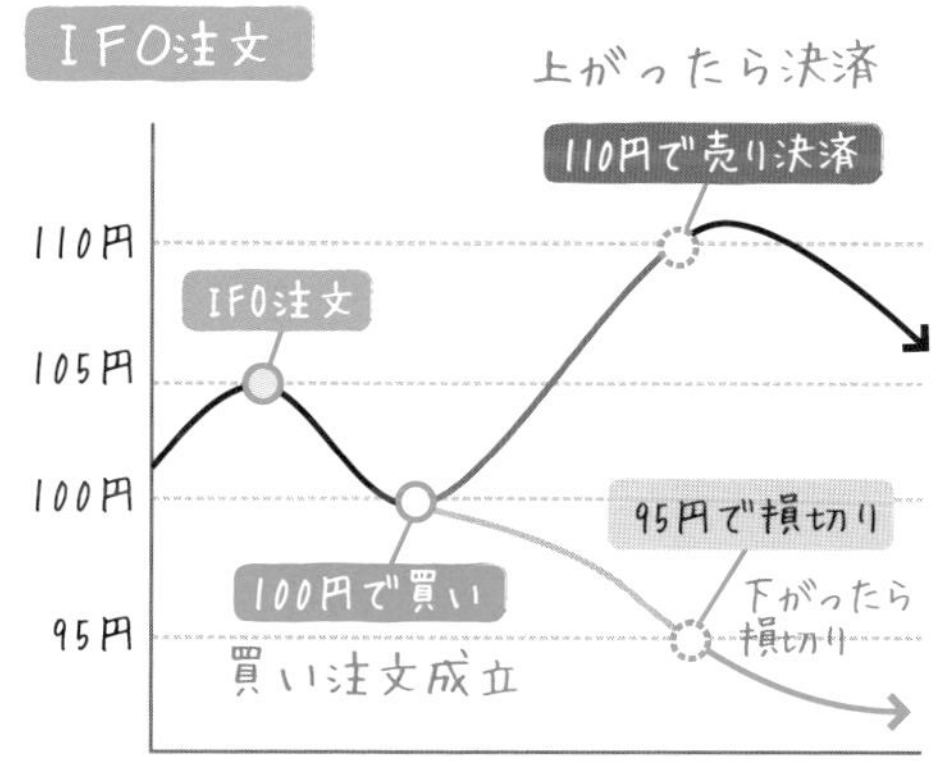

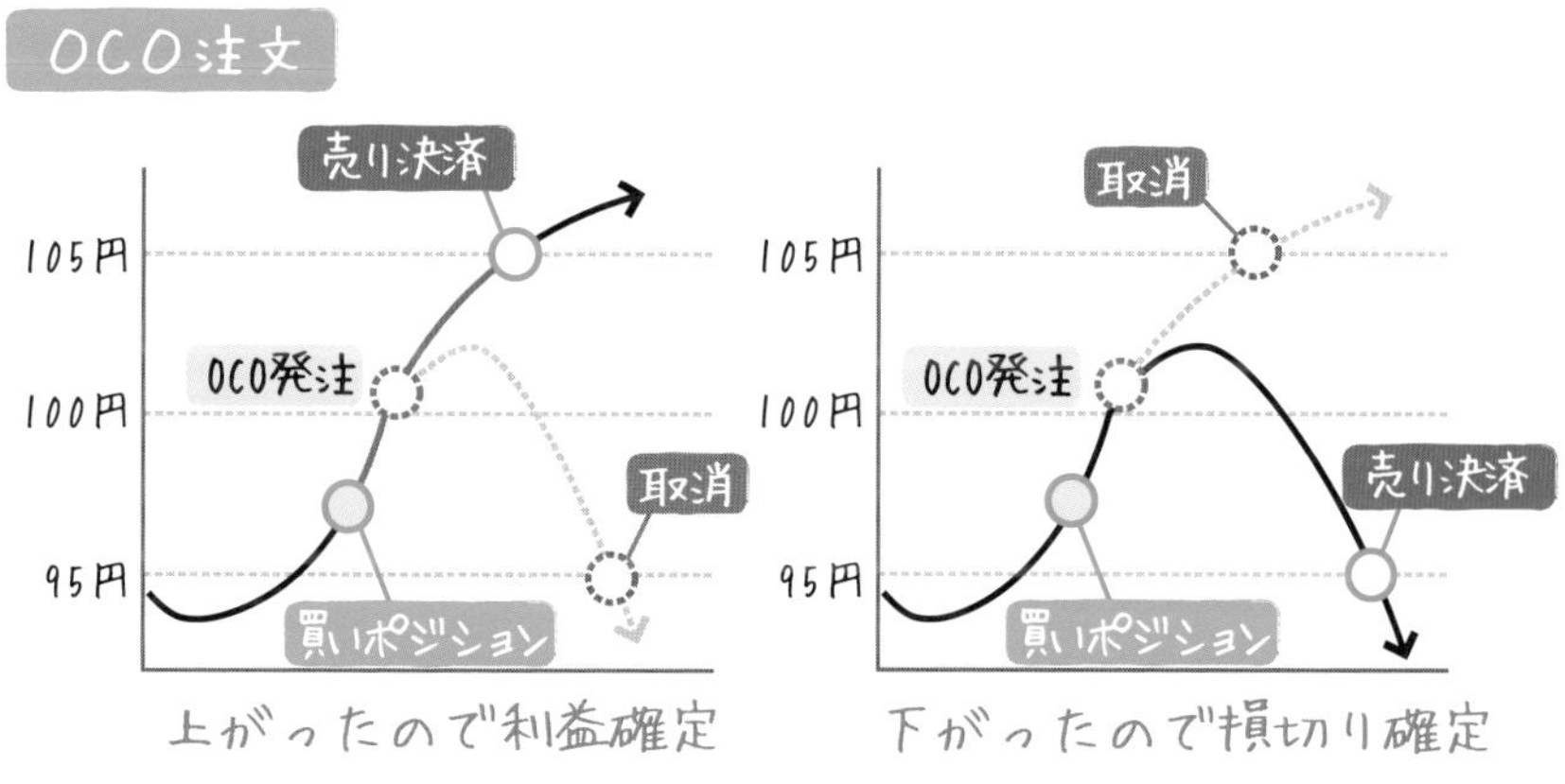

03 ＦＸ注文時の基本事項と証券会社の選び方

1 注文するときはスプレッドの開きに注意

ＦＸには、「**スプレッド**」という言葉が出てきます。スプレッドとは通貨を売買するときに生じる売値と買値の差のことで、**証券会社に支払う手数料**の1つです。

ＦＸの注文画面には、**売値（ＢＩＤ）**と**買値（ＡＳＫ）**が表示されています。よく見ると売値と買値の値段が違っています。この**売値と買値の差がスプレッド**です。

そのため、ＦＸで売買のポジションを取るときには、必ずスプレッド分だけ含み損を持った状態でのスタートになるのです。

スプレッドの額は基本的に固定ですが、相場が大きく動くときにはス

● FXのスプレッド、売（BID）と買（ASK）

プレッドも大きく開くことがあります。

「安いタイミングで通貨を買ったのに、なぜかそこまで利益が出ていない」と違和感を感じるようなときは、スプレッドの開きを確認してみてください。

スプレッドが大きく開いていると、その分含み損が大きい状態でのスタートになるため、得られる利益も小さくなってしまうので注意が必要です。

注文数量について

FXでは**一万通貨単位**または**千通貨単位**で取引されるのを基本とし、これを**1ロット**と呼びます。1ロットが一万か千かは会社や通貨によって異なります。

例えば、米ドルの場合は1ドル100円とすると一万通貨単位の100万円が1ロットとなるわけです。この場合、10万円の取引をしたい場合には、0.1ロットを購入単位で指定します。

取引できる単位はFX会社や通貨によって異なり、FXの取引会社の中には千通貨（＝0.1ロット）や100通貨（＝0.01ロット）から取引できる会社もあります。

初心者のうちは小さいロットから取引できる会社から始め、慣れたらロットを上げていくという考え方がよいでしょう。

● 通貨単位による購入金額の違い

1米ドル	10000通貨単位	1000通貨単位
110円で1ロット購入	110万円	11万円
110円で0.1ロット購入	11万円	1.1万円

PIPSとは

PIPS《ピップス》とは**通貨の取引で使用される単位**のことを言います。

例えば、米ドル／円が100・00から100・02円になった場合には2PIPS動いたことになりますし、ユーロ／米ドルの組み合わせが1・1000から1・1002に動いた場合も2PIPS動いたことになります。

PIPSの数え方は円を含む場合と含まない場合で異なります。

●**円を含む通貨ペア　1PIPS＝0・01円（1銭）**
●**円を含まない通貨ペア　1PIPS＝0・0001米ドル**

実際の損益金額は取引量とPIPSの掛け算によって決まると覚えておきましょう。

スリッページとは

FXにおいて、**注文した価格と約定《やくじょう》した価格が違う**という現象に遭遇することがあります。これは**スリッページ**と呼ばれ、ストリーミング注文や逆指値注文で生じやすい現象です。

例えば、100・00円で注文を発注していた際に100・01で約定したとすると、1PIPSのスリッページが発生したこととなります。

スリッページについてはＦＸの取引サイトやアプリで自身で設定できるので、約定を優先する場合にはスリッページを大きめに、価格を優先する場合にはスリッページを小さめに設定するとよいでしょう。

ちなみに、**強制ロスカットの執行は成行注文**になりますので、想定しているロスカットの価格と約定価格との差が大きくなることがあります。

2 証券会社はスプレッドの小さな会社を

買いたい人と売りたい人の間では価格差が発生します。この差のことを**スプレッド**と呼びます。取引をする際には手数料と考えてもらってもよいでしょう。手数料はコストだから抑えられるだけ抑えるべきですが、スプレッドはＦＸ会社によって異なります。

これからＦＸの口座を開設しようという方は、**スプレッドが小さいＦＸ取引会社を選択するべき**だということを覚えておきましょう。

3 まずはデモ口座で試しに始めよう

証券会社で口座を開いたら、いよいよＦＸを始めましょう。しかし、最初は実際にお金（証拠金）を出すのではなく、実際の資金が動かない**デモ口座**で試してみることをお勧めします。

04 FXや株のトレードで損する人のあるあるパターン

ここまで株やFXの注文方法やFXに関する基本的な知識を身につけることができました。FXに限らず、投資で失敗してしまう典型的なパターンを挙げます。初心者は必ず経験し克服すべきことなので、自分と照らし合わせてみましょう。

1 ポジポジ病　よく考えてから売買しましょう

投資で利益を出すためには、戦略が大切だとお伝えしてきました。自分なりの売買ルールをつくり、それに従って感情を抑え淡々と投資をすることで利益を出す確率を上げることができます。

「なぜ今買い注文を入れたのか」「なぜ今売ることにしたのか」という**根拠がない売買はしてはいけません。**

FXで失敗する人には
共通した特徴があります。
考えずに根拠なく買ったり、
こまめに稼いで、大きく損したり、
損切りをできずに塩漬けにしたり
などです。

特に初心者のうちは「上がるかも」「下がるかも」と根拠のないストーリーをつくり、売買をしてポジションを取ろうとします。これが「**ポジポジ病**」です。

ポジションを持たなければ利益を出すことができないため、どんな状況でも「**とりあえずポジションを持っておかなければ**」と思ってしまうのです。

ポジポジ病になってしまうと、きちんとチャート分析やファンダメンタル分析ができていないのにやたらとポジションを持ってしまいます。

きちんとルールに従っていないので損失が出る確率も高くなってしまい、本当にポジションを持つべきところで持てなかったり、手元の資金を大きく減らしてしまったりしてしまいます。

ポジポジ病の対策

❶「売買の回数が多いほど儲かる」という思い込みを捨てる

ポジポジ病の根底には、「ポジションを持たない状態は何も生み出さず、ムダになってしまう」「売買する回数が多いほど利益が出るはず」という意識があります。

しかし利益が出るのは、しっかりとした売買ルールをつくることができ、そのルールに従って売買をしているからです。ルールを無視して売買を重ねてもなかなか勝つことはできません。

❷ 相場にいる時間を限定する

相場は、いつもトレンドが発生しているわけではありません。ときには膠着状態になって大きく動かないときもあります。

相場に慣れてくると「今は売買をするタイミングではない」ということが判断できるようになりますが、初心者のうちはなかなか正しい判断を下すことができないため、「とりあえずポジションを持っておこう」と考えてしまうのです。

そこで、相場に入る時間を「1日3時間まで」などと区切ってしまい、それ以外の時間は相場から離れてチャートも見ないなど、少し相場から距離を置くことも大切です。

2 コツコツドカンで損をする

投資においては「**損小利大**」が大原則です。損失を重ねたとしても、それを上回る利益を出せればいいのです。しかし、**多くの人が「損大利小」**になってしまっています。その要因の1つが「**その場で判断してしまう**」ことにあります。

あらかじめ**売買ルール**をつくって、それに従って売買できれば問題ありませんが、多くの人が**自分に都合のいい「例外」**をつくってしまいます。

「自分のルールでは利益確定はもう少し上だが、利益が少なそうだからここで確定しよう」

「損切りラインを超えているけど、また相場が戻ってくるはずだからもう少し様子を見よう」

と**その場でルールを変更してしまう**のです。

こうなると、**利益は小さいうちに確定**してしまい、**損失は大きくなっても放置**してしまいます。

その結果、コツコツ出してきた利益をたった1回の損失で吹き飛ばしてしまいかねません。

対策としては、**売買ルールをつくってそれを徹底**すること。

相場に入った後と相場に入る前では、相場に入る前のほうが客観的な判断が下せます。相場に入る前は実際にお金がかかっていないからです。

なかなかルールを徹底できない人は、逆指値、ＩＦＤ注文やＯＣＯ注文などを使って自動的に取引をするとよいでしょう。自分の意思が入らないため、冷静に取引をすることができます。

3 損切りできずに長期の塩漬け

損失が出てしまっても、損失を確定しなければ資産が減ることはありません。

そのうち相場が盛り返してこの損失がなくなるかもしれません。こうして、含み損を損切りせず、**ポジションを持ったまま放置することを「塩漬け」**と呼びます。

確かに相場は動いているので、損失が出てもそのまま放置しておけばやがては盛り返して損失が減っていく可能性はあります。しかし、ポジションを持ったままということは、資金を増やせなければ新たなポジションを持つことができないということです。塩漬けのポジションがどんどん増えてしまうと、取引自体ができなくなってしまいます。

さらにＦＸ取引において、**スワップポイントがマイナス**の場合は、塩漬け期間が長ければそれだけスワップポイントのマイナスもかさんでいきます。

Episode 3

定番チャートツールの MT4

外国為替証拠金取引（FX）でよく利用されるチャートツールに**メタトレーダー４**（通称 MT4）というものがあります。最新のバージョンは５ですが、４の使用者が多くいます。

高性能で、また世界的に使用されているチャートツールなので、どのチャートツールを使おうかと迷った際には一考の価値ありと言えます。

MT4 のメリット

MT ４のメリットは、たくさんのテクニカル指標が無料で使えたり、トレンドライン等を引いての分析が容易にできる点、また少し上級者向けの話になりますが、プログラミングができる方であれば自動売買システムを作成して使用することができる点などが挙げられます。

初心者から上級者までが満足できるさまざまな機能が整っているわけです。

また、スマートフォン版も用意されています。

MT4 のデメリット

一方、デメリットは機能が多くて少し複雑なツールに感じてしまう人もいる点や、MT4 に対応した FX 会社が少ない点が挙げられます。

一部の FX 取引業者ではそもそも MT4 が提供されていないわけですね。

ただ、以上のデメリットを考慮してもやはり MT4 は使い勝手がよくお勧めのチャートツールです。

FX ではテクニカル分析で売買タイミングを判断する人が多いので、高機能なチャートツールがかかせない武器となりますが、プロも使用する MT4 は、不足しているところは特にないと言えるのです。

テクニカル分析で FX に取り組む方は一度、実際に触れてみるとよいでしょう。

Windows 版の MT4 の画面

7時限目

iDeCo、NISAは投資の節税に絶対不可欠

投資するなら、ぜひ活用したい制度があります。
投資で稼いだ利益に税金がかからないNISAやiDeCoなどの制度は、始める前にに必ず検討しましょう！

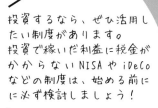

01 iDeCoは自分でつくる年金です

1 iDeCo《イデコ》が登場した高齢化の背景

日本は少子高齢化社会に入りました。人口のピークは2010年で、そこから徐々に人口が減少し、1億2千万人以上いる**日本の人口は2050年には1億人を割ると予想されています。**

出生率が減っている反面、平均寿命は延びているため、65歳以上の高齢者の割合が28・4%（2019年）と増えています。

1990年代は、1人の65歳以上の高齢者を、5人の20〜64歳の年代が支える図式でした。しかし、2020年には1人の高齢者を支える20〜64歳は1・9人。将来的には1・2人にまで落ち込むと言われています。

人口減の日本で、高齢者の人口比率が増え、将来の年金支給に不安を抱く方が多くなりました。
公的年金だけでなく自分の年金で老後資金を確保する制度がiDeCoです。

これからは、公的年金だけに頼るのではなく、老後の資金は自分で用意する時代になったと言ってもいいでしょう。**自分で老後の資金を準備する**方法として国が制度化したのが２０１７年から**iDeCo**《イデコ》と命名された**個人型確定拠出年金**です。ｉＤｅＣｏは、**掛けたお金の全額が所得控除の対象**となり、**運用からの利益は非課税**となります。

個人年金保険と比べると下の表のようになります。ｉＤｅＣｏは途中解約できませんが、個人年金保険はできます。また、一番異なるのが運用方法で、ｉＤｅＣｏは自分で商品を決める必要があります。

2 公的年金制度は3階建てになっている

ｉＤｅＣｏのことを知る前に、国民が必ず入っている日本の公的年金の制度について知っておきましょう。

まず、公的年金をもらえる人は、職業によって大きく３つに分けられます。

● iDeCoと個人年金保険の比較

	iDeCo	個人年金保険
積立額	自分で上限の範囲で決める	契約時に決める
税額控除	全額所得控除	一定額所得控除
運用方法	加入者が決める	保険会社が決める
中途解約	できない	できる
手数料	口座管理手数料、信託報酬	不要（保険料に含まれる）

- **第一号被保険者**（自営業・フリーランス・学生など）
- **第二号保険者**（会社員や公務員などの厚生年金加入者）
- **第三号被保険者**（主夫や主婦）

第一号から第三号者のすべてに共通しているのが**基礎年金**です（**1階**）。

サラリーマンや公務員などの第二号被保険者は**厚生年金**にも加入できます（**2階**）。

さらに、第二号保険者の一部は企業年金や確定拠出年金（企業型）などの制度を受けることができます（**3階**）。

この私的年金の部分を合わせ、年金制度は3階建てになっているのです。この**3階部分で自分でつくるのがiDeCo**（個人型確定拠出年金）です。

● ３階建ての日本の年金の仕組み

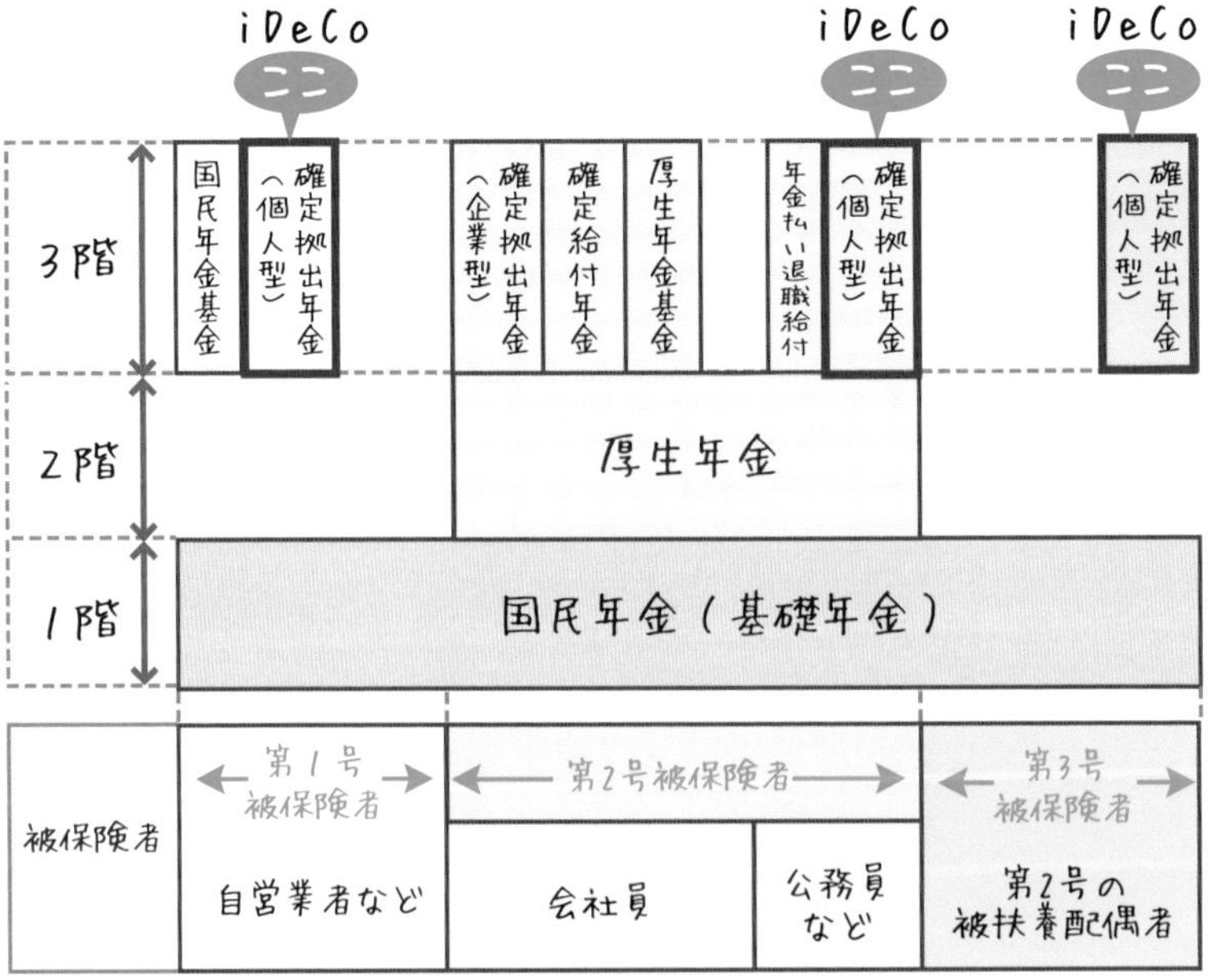

3 iDeCoの流れと加入条件

iDeCoは、次の3つのステップで老後のための資産を増やしていく制度です。

❶ 毎月一定の掛金を積み立てる（拠出）
❷ 自分で選んだ商品で運用する（運用）
❸ 原則60歳以降に一時金あるいは年金で受け取る（受取）

iDeCoに加入するためには、次の3つを満たしていることが必要です。

（注）2022年5月から加入できる年齢の上限が60歳から65歳に引き上げられる予定です。

❶ 20歳以上60歳未満である
❷ 国民年金保険料を支払っている
❸ 日本国内に居住している

iDeCoはこのように、自分で一定の掛金を拠出し、運用して受け取れる金額を増やしていきます。iDeCoをさらに「始めるとき」「運用中」「受け取るとき」の3つに分け、それぞれの段階で何をするのか、どんなメリットがあるのかを見ていきましょう。

4 iDeCoを始めるとき

iDeCoを始めるときには、自分で決めなければならないことがいくつかあります。

- **掛金をいくらにするか**
- **どの商品を運用するか**
- **どの証券会社を選ぶか**

掛金をいくらにするか

iDeCoは、**毎月1回**積み立てることもできますし、**年払い**にして年に一度積み立てることもできます。掛金には**上限が決まっていて**、上限は職種によって異なります。

厚生年金に加入することができない自営業やフリーランスの人が安心して老後の資産を

● 加入資格によって異なるiDecoの掛け金

加入資格		掛金
第1号被保険者	自営業者、フリーランスなど	月額 6.8万円 （年額81.6万円）（国民年金基金または国民年金付加保険料との合算枠）
第2号被保険者 会社員・公務員など	会社に企業年金がない会社員	月額 2.3万円 （年額27.6万円）
	企業型DCに加入している会社員	月額 2.0万円 （年額24.0万円）
	DBと企業型DCに加入している会社員	月額 1.2万円 （年額14.4万円）
	DBのみに加入している会社員	月額 1.2万円 （年額14.4万円）
	公務員など	月額 1.2万円 （年額14.4万円）
第3号被保険者	専業主婦（夫）	月額 2.3万円 （年額27.6万円）

（厚生労働省：iDeCo公式サイトより）

形成できるよう、**自営業やフリーランスの人は掛金も多く設定**されています（6・8万円）。

また、会社員の中でも企業型DC（企業型確定拠出年金）がない会社に勤めている人は、企業型DCがある会社（2万円）に比べて掛け金の額を増やすことができます（2・3万円）。

基本的に、iDeCoは長い期間をかけて60歳を越えるまで資産を形成していく制度ですので、まずは**無理のない範囲で始めてみる**とよいでしょう。掛金は**年に1度変更**することができますので、お給料などが上がったら増やしてみてもいいですね。

iDeCoは原則として**60歳まで引き出すことができません**。60歳になるまでにはたくさん現金が必要になるタイミングも出てきますから、無理のない掛け金で考えましょう。

運用する金融商品を決めよう

iDeCoでは運用商品を自分で選びます。運用商品には「**元本確保型**」と「**元本変動型**」があり、それぞれ金融機関などの運営管理機関から商品が提供されています。

❶ 元本確保型の低リスクの商品

「iDeCoは自分で資産を運用するものだけど、やっぱり**損はしたくない！**」そう考える方は、元本確保型の金融商品がお勧めです。

元本確保型は、積み立てた掛金の元本を確保する商品で、安全性が高いのが特徴です。元本確保型の金融商品としては、**債券や定期預金、保険など**があります。

これらは**元本割れの危険性が低く低リスク・低リターンで**、大きく資産を増やすのには向いていません。

❷ 元本変動型のリスク有りの商品

元本を割り込むリスクはあるものの、運用次第で**資産を大きく増やせる**のが元本変動型の投資信託などの金融商品です。

投資信託には、**国内株式、海外株式、国内債券、外国債券**、どれも入っている**バランス型**などがあります。

選ぶ際には、**信託報酬の安いファンド**を選ぶことが大事です。ここ2～3年に始まった新しいファンドでは、信託報酬が0・5％より安い低価格のファンドが増えてきました。

iDeCoでは、元本確保型の金融商品と元本変動型、どちらかに決める必要はありません。いろいろな金融商品を組み合わせることもできるので、例えば元本確保型を50％、元本変動型を50％にするとか、いろいろな商品を組み合わせるなど、複数の金融商品に自由に投資をすることができます。

また、**運用している途中でも運用商品や運用割合を変える**ことができます。

5 iDeCoの運用中にするべきこと

拠出金額と商品を決めたら、いよいよ運用段階に入ります。運用中に忘れずにしなければならないのはこの3つです。

❶ 毎月（または毎年）忘れずに拠出する
❷ 年末調整や確定申告をしっかり行う
❸ 時々投資の様子をチェックしてリバランスする

拠出を忘れても再引き落としされないので注意しよう

iDeCoは**毎月26日**に指定の口座から掛け金が引き落とされます。26日に口座にお金がなかったら、引き落としはされずその月は掛け金を拠出しなかったことになります。

節税メリットを活用しよう

iDeCoの大きなメリットは、**掛金の全額が所得控除の対象**になること。所得控除の対象になることで課税所得が減るため、その年に払う**所得税や住民税が安くなるのです**。

例えば、自営業で毎月6万円、年間72万円を拠出した場合、課税所得は72万円安くなります。10年、20年と積み立てると、iDeCoには大きなメリットがあることがわかりますね。

また、投資運用の利益への**約20%の課税もありません**。

重要なのが、**年末調整や確定申告**で忘れずに**所得控除の申告**をすることです。申告しなければメリットを活用することができないので、注意してください。

基本的には放置で問題なし。時々チェックしよう

iDeCoは長期で積み立てていくことが前提ですから、デイトレードやスイングトレードのように短期間で売買をする必要はありません。一度、毎月の掛け金を決めて商品を決めたら、毎年リバランスとして、購入する商品のチェックをする必要はあります。

運用が始まったら、ほぼそのまま放置しても問題ありません。年末調整や確定申告、年に一度程度のリバランスは必要ではあるものの、こまめにチャートをチェックしたり、**相場をチェックしたりする必要はありません**。

6 iDeCoは何歳から受け取れる?

iDeCoは、原則として**60歳を超えると受け取れる**ようになります。

ただし、iDeCoに**加入していた期間が10年に満たないときには受給開始年齢が上がってしまいます**。また、60歳になったら自動的に受け取れるようになるわけではなく、**受給の申請**をしなければ受け取ることができません。

受給申請期間は60歳から70歳までとなっているので、自分が「この間に受け取ろう」と決めた

タイミングで受給申請しましょう。なお、２０２２年４月から受給開始時期の上限年齢が75歳に引き上げられます。

iDeCoの受け取り方

iDeCoの受け取り方には３つの方法があります。

❶ **年金として受け取る**
❷ **一時金として受け取る**
❸ **年金と一時金の組み合わせで受け取る**

年金として受け取りながら運用を続けることもできますから、予定していた金額に達していないときや、運用益の伸びがいいのでもう少し運用しておきたいというようなときには、年金で受け取りながら運用も続けるのも１つの方法です。

受け取るときにも税金のメリットがあります。年金で受け取る場合は「**公的年金控除**」の対象となり、一時金で受け取るときには「**退職所得控除**」の対象となるのです。

● iDecoの加入時期による受給開始年齢の違い

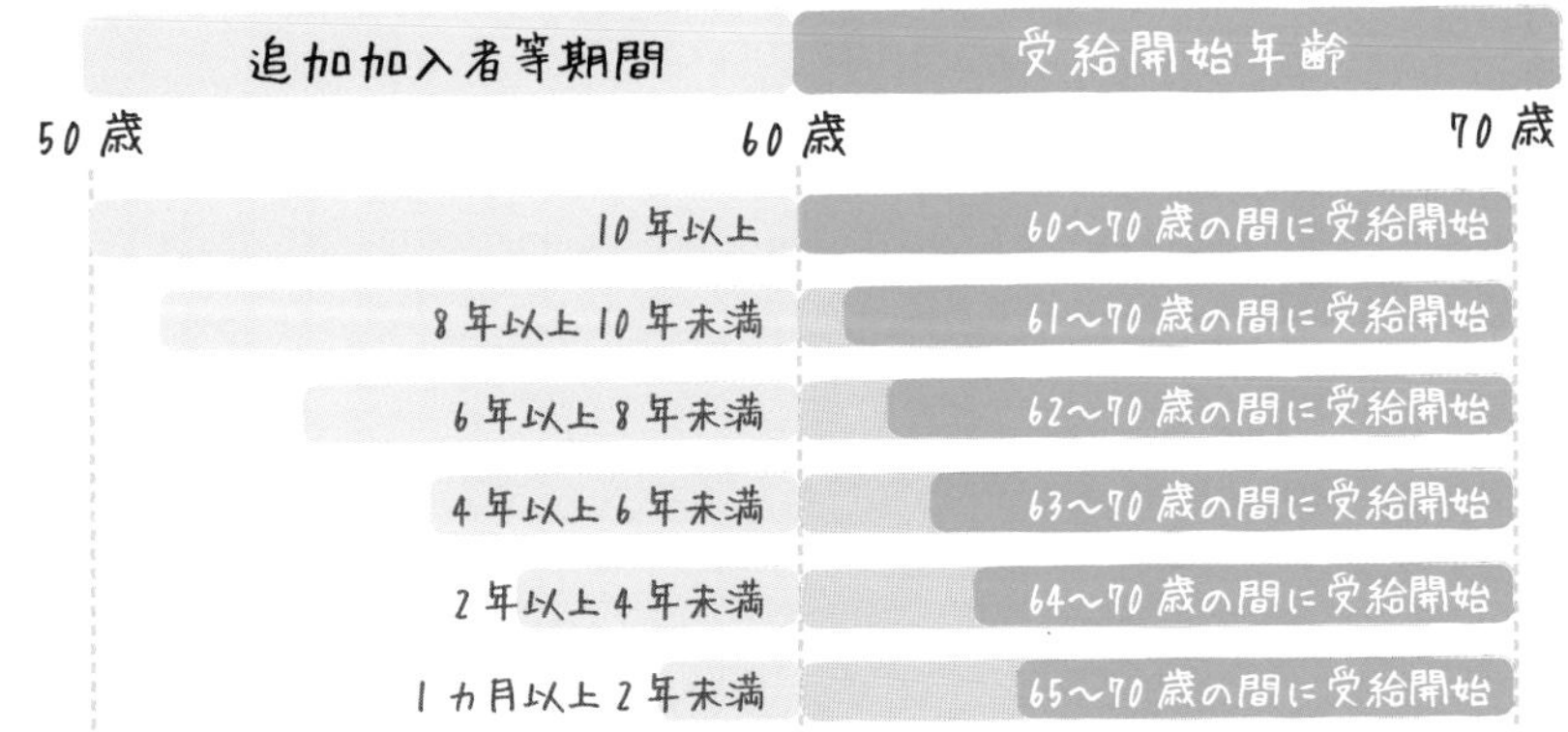

02 iDeCoの運用は投資信託で行おう

1 iDeCoは長期投資に適している

iDeCoは、職種によって拠出限度額が決まっていました。**会社員なら月額2万3000円まで**で、企業型DCに加入していれば月額1万2000〜2万円です。つまり年間でも20万円から30万円くらいしかiDeCoで積み立てることができません。これでは少ないのではと不安になるかもしれませんが、その必要はありません。

iDeCoは原則として60歳までは引き出すことができないため、30歳より若いときから始めると30年以上拠出することになります。仮に毎月1万2000円を30年拠出するとどのように資産が増えるのか利回りを4％としてシミュレーションしてみましょう。

iDeCoで積み立てたお金をもらえるのは、60歳をすぎてから。
毎月少額でも20年、30年積み立てれば老後の資産形成におおいに貢献してくれます。

運用結果は822万3246円となり、**2倍近く運用益**が出ていることがわかります。さらにiDeCoは、**非課税のメリット**があります。この条件では、年間2万9100円、30年で86万9400円税金が安くなります。

税金を支払わなかったお金をそのままiDeCoに拠出したら、さらに資産を増やすことができますね（複利効果）。

このように、少ない拠出金でも資産が形成できるのがiDeCoの大きなメリットです。

2 iDeCoの運用は投資信託で

iDeCoには元本確保型と元本変動型の商品がありましたが、**元本変動型の商品は投資信託だけ**になります。

投資信託は、株式（国内・国外）や債券（国内・国外）、不動産（REIT）などが含まれており、投資信託によってその種類や銘柄、リスク、リターンなどは大きく異なります。

さまざまな商品が詰め合わされていて、詰め合わされた商品によって運用結果は大きく変わってきます。

● 30年で積立元本の倍近くの運用益となる

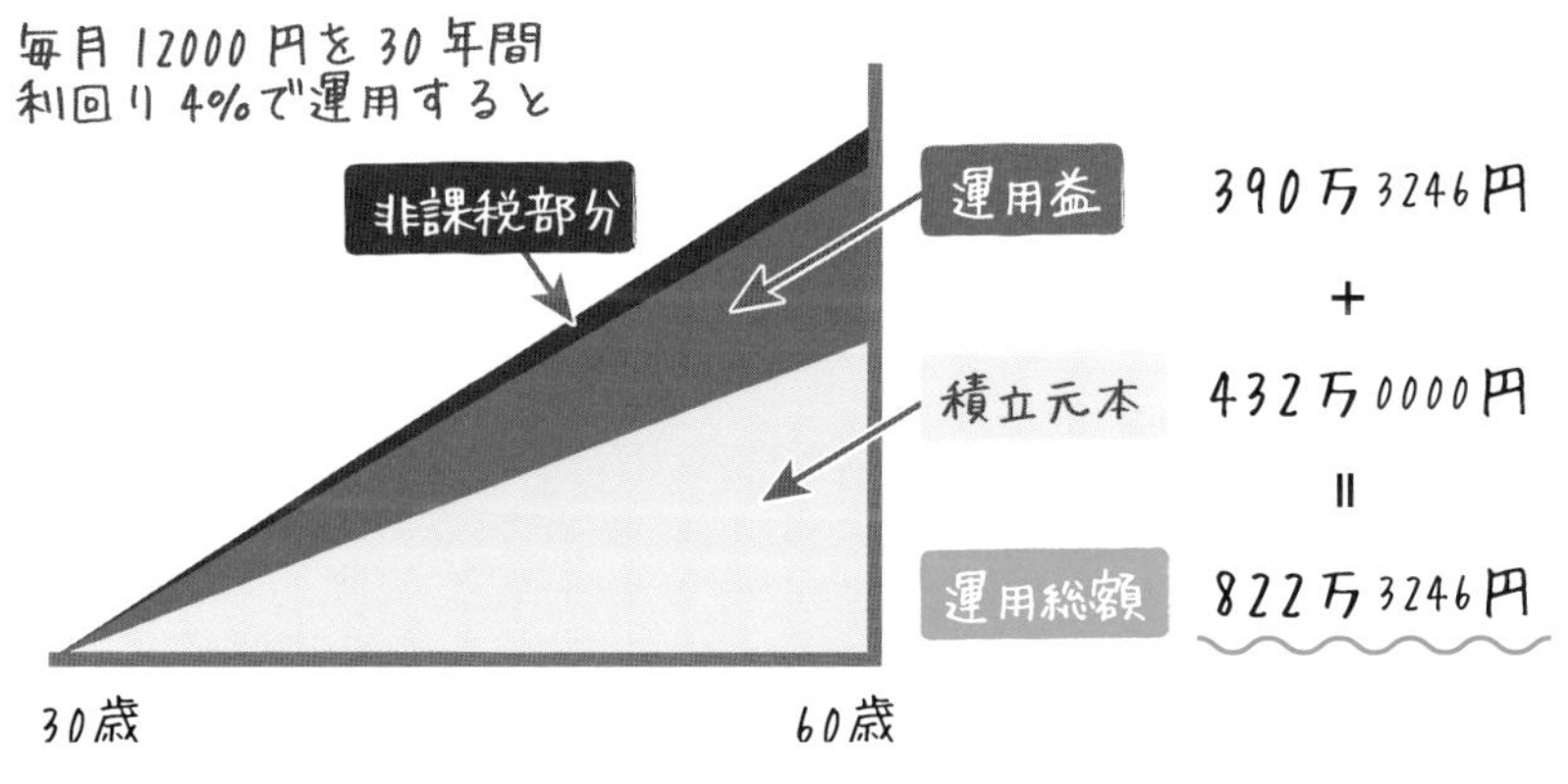

投資信託をiDeCoで買うメリットとは

投資信託は国内に6000本ほどあり、iDeCoで扱っている投資信託はそこから絞られ、30本ほどです。しかし、iDeCoで投資信託を買うことにはさまざまなメリットがあるのです。

❶コストが安い

投資信託は証券会社や銀行などで購入しますが、アクティブファンドだと販売手数料として3%ほどかかります。しかし、**iDeCoは販売手数料が無料**となっています（一部例外あり）。さらに、iDeCoは**信託報酬（運用している間にかかる手数料）も低い**商品が多いのです。

❷所得税、住民税が安くなり運用益は非課税

iDeCoの掛け金は所得控除の対象になることをお伝えしました。運用している間はずっと所得控除の対象になるため、**所得税や住民税が安くなります**。さらに運用益にも課税されませんし、iDeCoを受け取るときにも**退職所得控除**や**年金控除**が受けられます。

3 経済は成長している──預金型ではだめな理由

元本変動型と元本確保型を上手に組み合わせたり、リスクの少ない**バランス型投資信託**を選び、

できるだけ逆の動きをするような資産を組み合わせてリスクを分散しながら資産を形成していくことができます。

わざわざリスク商品を組み合わせてリスクを回避しなくても、最初から元本確保型の預金と利子ではだめなのでしょうか？

それでは60歳でｉＤｅＣｏのメリットが受けられません。なぜかというと、**「世界経済は成長している」**という考え方が根底にあるからです。

下図はＮＹダウの推移を示したチャートです。これを見るとわかるように、現在の株価は**１９８５年の株価から比べると10倍以上**に跳ね上がっています。**世界経済が成長しているということは**、この成長がこれからも続くということです。

株式投資はゼロサムゲームではなく成長しています。その前提としては、**成長している市場の商品を買う**ことです。成長している市場として、真っ先に思い浮かぶのが米国のＩＴ銘柄ですね。

ｉＤｅＣｏで運用する商品としてリスクをとって積極運用したいときは、全米株式、全世界株式、リート、金などに連動したインデックスファンドを選びましょう。

● NYダウの推移

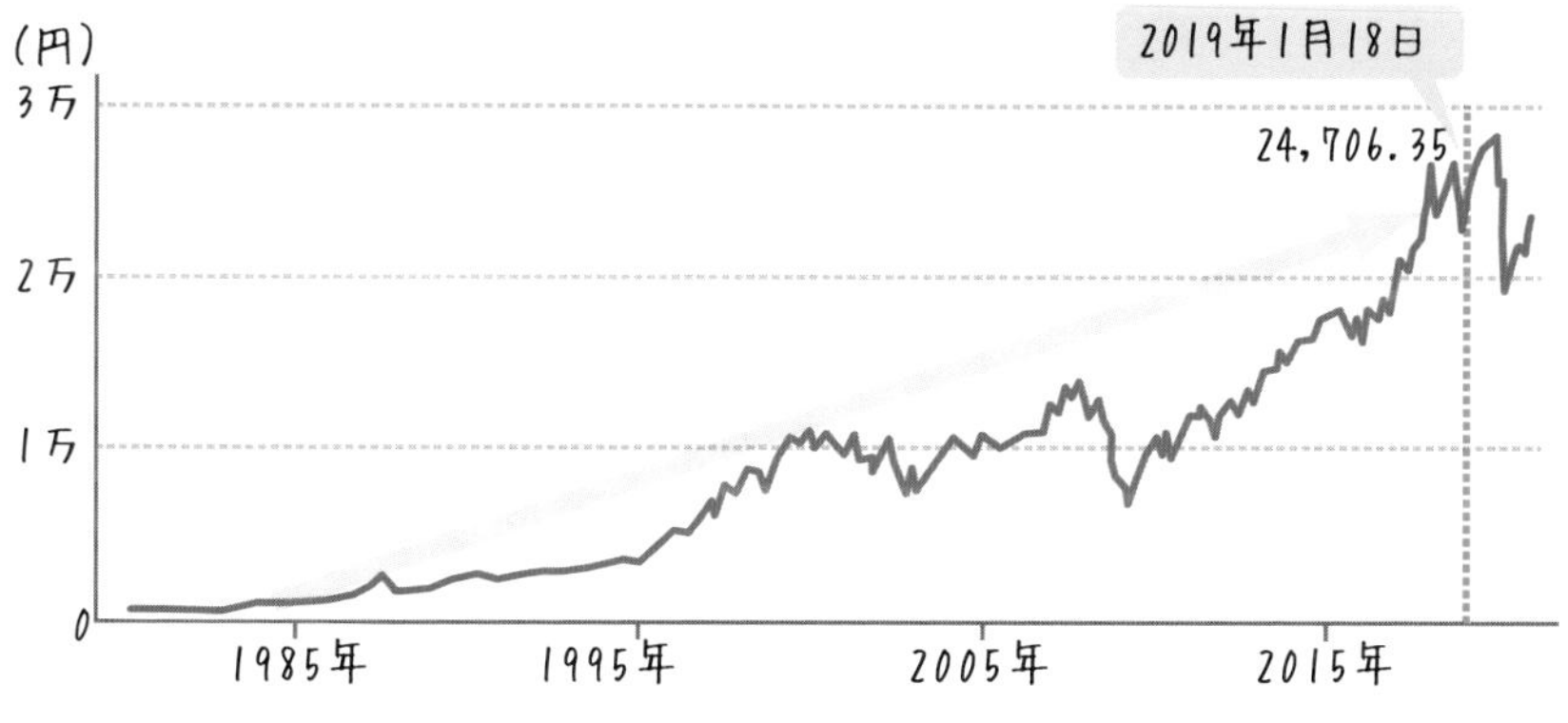

03 iDeCoを始めてみよう

1 iDeCoの口座を開設する

さあ、いよいよ実際にiDeCoを始めてみましょう。

最初に行うことは、証券会社や銀行、保険会社などの金融機関で**取引口座を開設**することです。ネット証券など証券会社の口座はすぐに開設できますが、iDeCoは書類を提出して審査を受ける必要があります。一般的な証券の口座開設と違って、iDeCoの場合は**年金の支払い状況**などを審査されるからです。書類の不備も厳格に審査されるので、**書き損じや押印忘れ**のないようにしましょう。

iDeCoを**実際に始められるまでには3か月くらい**見ておき

iDeCoは理解できましたか？
ここからは実際に金融機関を
選んで申し込みをして、はじめて
みましょう！
手数料の安い金融機関を探すのが
大切です！

ましょう。

iDeCo加入までの大まかな流れ

iDeCoに加入するまでの大まかな流れは下の図のようになっています。

2 金融機関を選ぶときは手数料に注意

iDeCoは**1つの金融機関でしか口座をつくることができません**。途中で他の口座に変えるのは手間がかかりますから、金融機関はしっかりと選びましょう。

金融商品を選ぶときのポイントとなるのが**手数料**です。口座をつくるときには**口座開設手数料**がかかりますし、運用期間中にも手数料がかかります。

これらの手数料は金融商品によってバラバラです。特に運用中にかかる手数料は積み重なっていくものですから、できるだけ**手数料が低い金融商品を選ぶ**とよいでしょう。

iDeCoでかかる手数料

iDeCoは、これらの3つの組織で運用されています。

- **国民年金基金連合会**
- **事務委託先金融機関**
- **証券会社**

そして、それぞれに対して下表のように手数料がかかります。

このように、iDeCoに加入したときには**初回だけ2829円**がかかり、**運用中は毎月手数料**が発生します。

国民年金基金連合会と事務委託先金融機関に払う手数料は変わりませんが、運営管理機関（金融機関）に払う手数料は会社によってバラバラなので、この部分が安い会社を選ぶことがポイントです。

● 加入時手数料

支払先	加入者	適用指図者
国民年金基金連合会	初回のみ2,829円	

● 口座管理手数料

支払先	加入者	適用指図者	給付時
運営管理機関	運営管理機関によって異なる（最低0円）		
事務委託先金融機関	年間792円〜 （月額66円〜）		給付の都度 440円
国民年金基金連合会	年間1,260円 （月105円）	−	−

3 ポートフォリオをつくって商品を選ぼう

iDeCoに加入して口座を開いたら、次に行いたいのが商品の選択です。

こちらは、5時限目のところで投資信託の種類や運用方法について説明していますので、それを参考に**ポートフォリオを組み立て**てみるといいでしょう。

各金融機関、証券会社では、iDeCoで運用する手数料が安く人気の投資信託（ファンド）を用意しています。

国内・海外株、国内・海外債券、国内・海外REIT、バランス型ファンド、コモディティ、定期預金などから自分の目的に合ったファンドを選んで運用します。

4 定期的にリバランスしよう

iDeCoの商品を選んだら、しばらくは**放置していてもよい**とお伝えしました。

ただ、半年か1年に一度くらいは運用状況をチェックして、**必要に応じてリバランス**することも考えましょう。何もせずに放置したままにしてしまうと、資産の価格が変わって最初に決めた**資産配分が崩れてしまう**からです。

世界情勢は刻々と変化していますから、1年も経つと資産状況がかなり変わっていることも珍しくありません。

例えば、1年後に下図のように資産配分が変わってしまったら、増加した新興国債券と新興国株式、先進国株式を元の配分に減らし、減少した国内株式と先進国債券を買い増して最初に想定していたアセットアロケーションに戻す**リバランス**を行います。

このとき、保有していた株式や投資信託などを売って違う株式や投資信託に買い換えたり、保有している株式や投資信託をさらに買い増してその時点の状況で有利な銘柄を保有するようにします。

違う投資信託に買い換えることを「**スイッチング**」と言いますので、覚えておきましょう。

5 確定申告で所得が控除される

iDeCoを利用することで、所得控除が受

● 資産のバランスが変わったらリバランスしよう

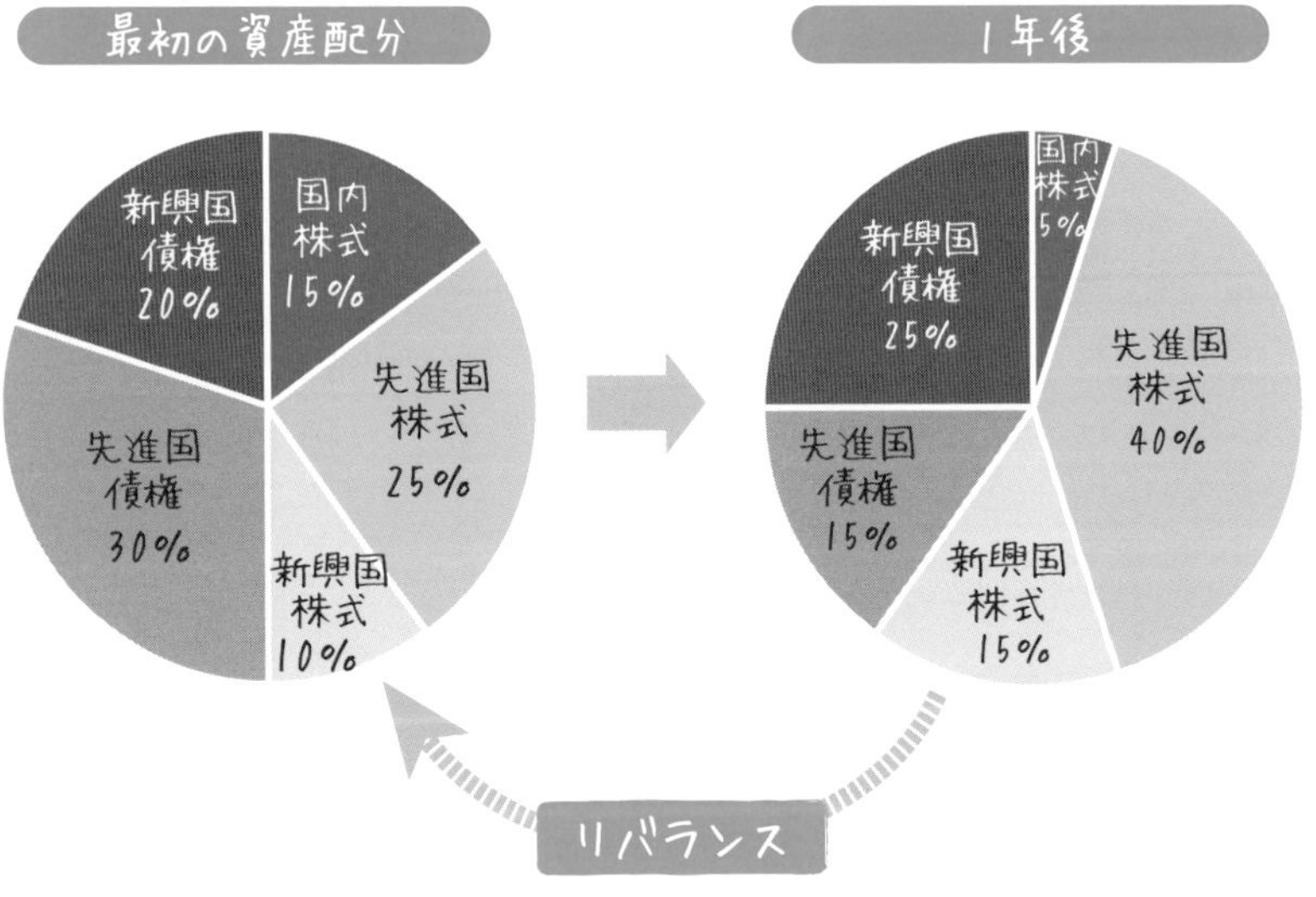

けられることはお伝えしましたが、自動的に所得控除が受けられて税金が安くなるわけではありません。自分で申告しなければならないので、この点は注意してください。

申告が必要ないのは、**会社の給与から天引きで拠出していて会社が年末調整で調整してくれる人だけ**です。

iDeCoに加入している人には、毎年10月末くらいになると、1年間に拠出した金額が記載された「**小規模企業共済等掛金払込証明書**」という書類が手元に届きます。

年末調整や確定申告のときには、小規模企業共済等掛金払込証明書に記載された金額を申告することになります。

毎年必要な手続きですから、忘れないようにしましょう。

04 運用益が非課税のNISAも併せて活用しよう

1 NISAってどんな制度？

投資を開始するにあたり、iDeCoと併せてぜひ活用したいのが**NISA（少額投資非課税制度）**です。NISAのことをよく知らない方のために、まずはNISAが何かについて少しお話をしましょう。

NISAとは2014年から運用がスタートした「少額投資非課税制度」で、大きなメリットと言えるのが**運用益（譲渡益、配当益）が非課税**になることです。

例えば、NISAを利用して投資をし、100万円の運用益が出たとします。通常であれば約20%の税金がかかるため、手元に入ってくる利益は約80万円です。

しかしNISAを使えば運用益が非課税となるため、100万円の運用益がまるまる手元に入ってくることになるのです。

ただ、ＮＩＳＡを使えば運用益のすべてが非課税になるわけではありません。
「少額投資」という言葉がついていることからもわかるとおり、**ＮＩＳＡで非課税になる額には上限があります**。非課税枠はＮＩＳＡの種類によって変わります。

2 ＮＩＳＡの３つの種類

一般的なＮＩＳＡ

一般的なＮＩＳＡでは、**年間１２０万円まで**投資信託や株式、ＥＴＦ、リートなどの金融商品を買うことができます。この１２０万円を運用して出た運用益については非課税となる仕組みで、**最大５年間投資**することができます。５年間丸々ＮＩＳＡを活用すると、**最大で６００万円非課税投資が可能になる**のです。

一般的なＮＩＳＡを利用できるのは、日本に住んでいる20歳以上の成人です。

ジュニアＮＩＳＡ

0歳から19歳の未成年が利用できるのが、**ジュニアＮＩＳＡ**です。ジュニアＮＩＳＡの限度額は**年間80万円**。一般ＮＩＳＡと同じく5年間投資をすることができることになっているので、最大で４００万円の非課税投資が可能です。

ちなみに、ジュニアNISAは本人が18歳にならなければ引き出すことができません。子どもの学資保険や社会人になってからの準備金という意味合いで使われることも多い制度です。

つみたてNISA

20歳以上の成人が利用できるもう1つのNISAが、つみたてNISAです。

こちらは**毎年40万円が上限**となっていますが、**20年間投資することができる**ため、最大で**800万円の非課税投資**が可能になります。

3つのNISAの中で**最も非課税投資枠が大きい**のが、このつみたてNISAです。

＊令和2年度税制改正大綱により2037年までの投資可能期間が2042年まで延長されます。

3 NISAを始めるときの注意点

比較的値動きが大きい金融商品のほうが適している

20％の運用益が非課税となるNISAのメリットを最大限に受け取るためには、**値動きが大きく、利益が大きく出る可能性がある商品を選ぶことがポイント**です。

NISAのためにわざわざリスクを取る必要はありませんが、このことは念頭に置いておきましょう。

● NISAの資産売却益と配当益

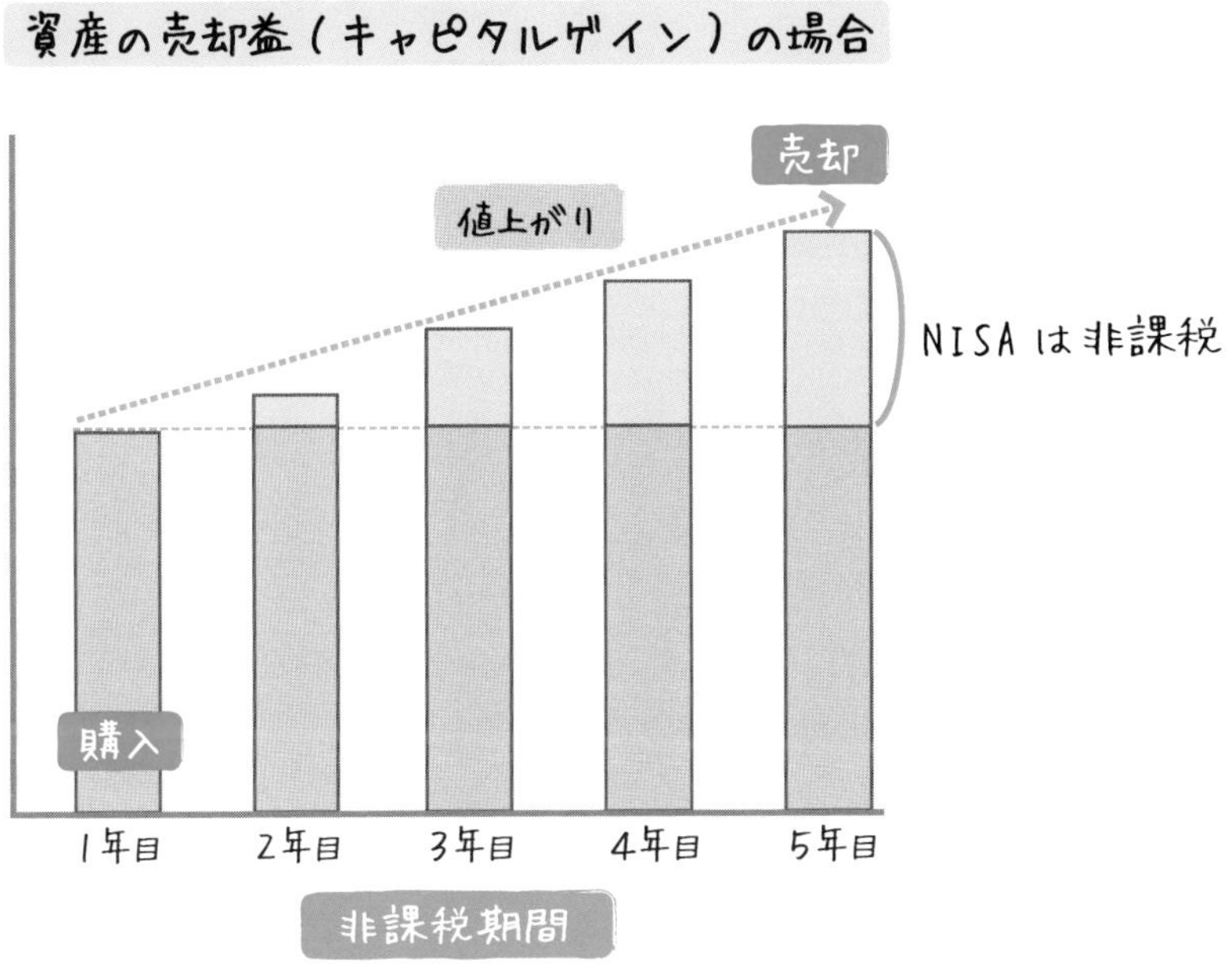

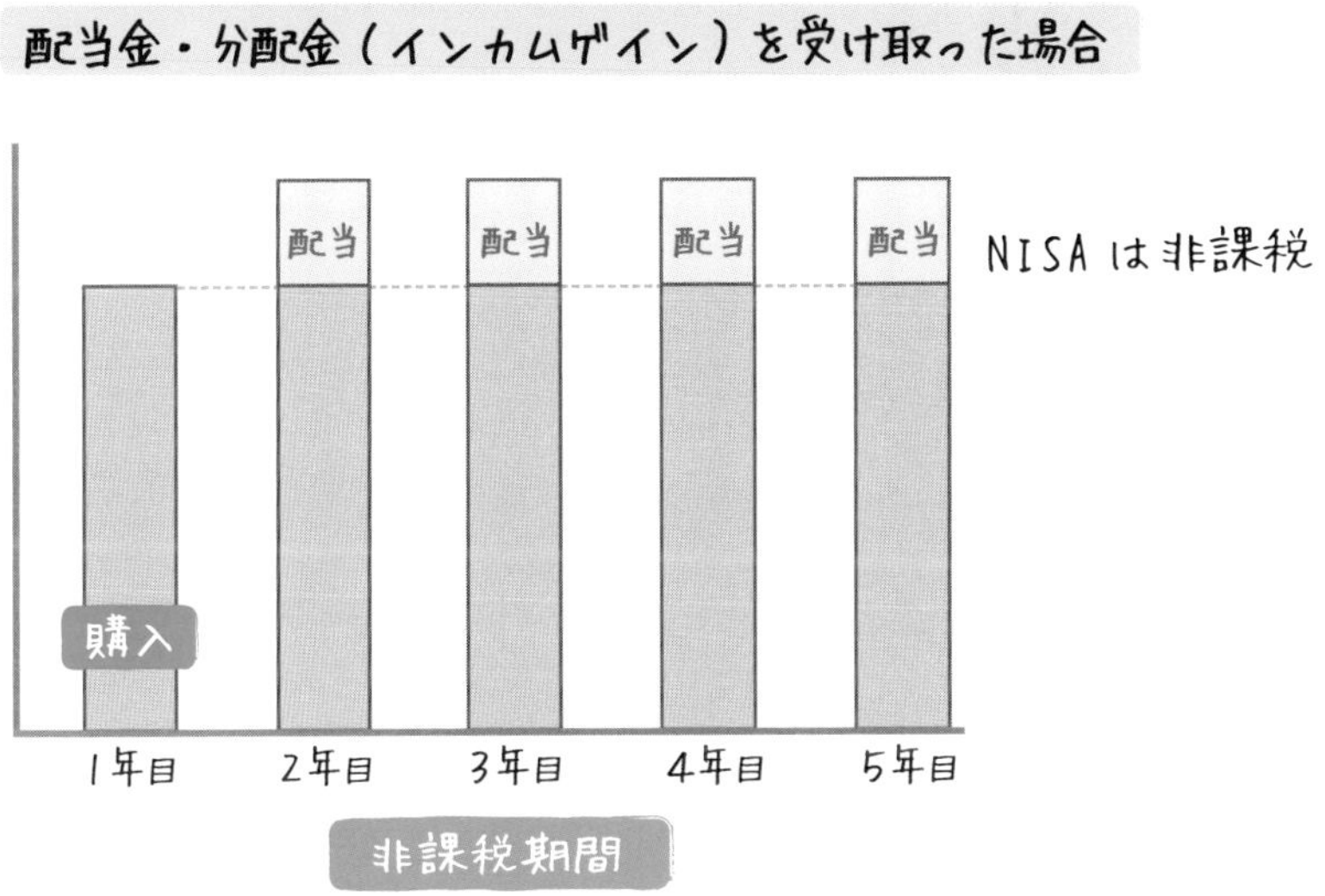

開設できる口座は1つだけ、ロールオーバーで延長も可能

ＮＩＳＡは、ｉＤｅＣｏと同じく**1つの口座しか開設できません**。つみたてＮＩＳＡをしながら一般ＮＩＳＡをすることはできません。

また、一度ＮＩＳＡを利用して5年の非課税期間が過ぎてしまったら、また新たにＮＩＳＡ口座を開くこともできません。

ただ、期日までに自身で手続きをすることによって非課税期間が満了するＮＩＳＡ口座を翌年の新しい非課税枠に移すことは可能です。これを**ロールオーバー**と言います。

これは一般のＮＩＳＡ口座だけでなく、ジュニアＮＩＳＡ口座でも利用ができますが、デメリットもあります。

例えば、**値下がりした場合に非課税の恩恵が受けられない**点です。

そのため、ロールオーバーの際に含み損であって今後も回復の見込みがなければ、ロールオーバーせずに他の投資対象へ投資することを考えたほうがいいかもしれません。

● 5年経過したNISA口座の選択方法

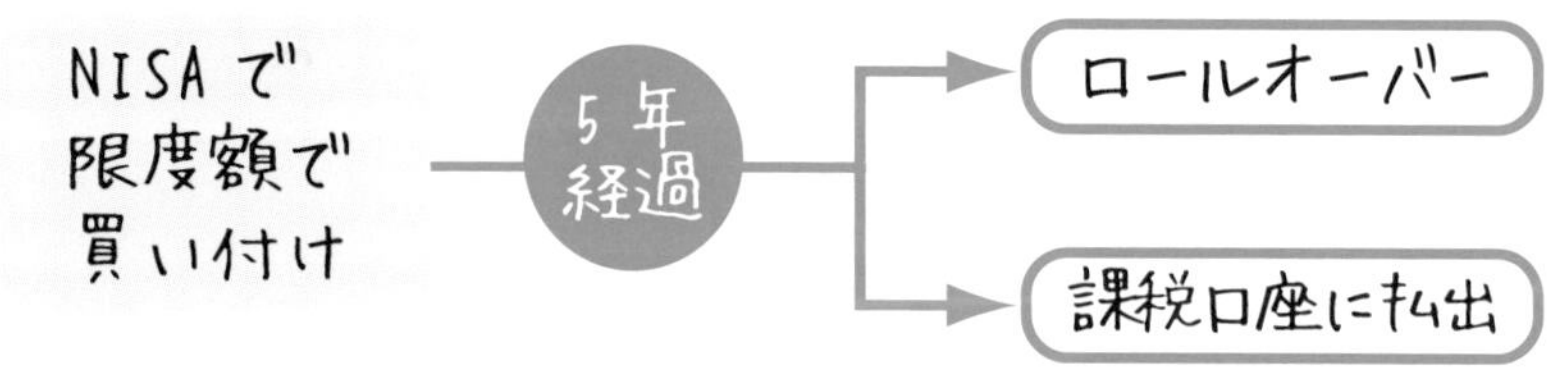

また、損失を出しても一般口座や特定口座の利益と損益通算もできません。

新規注文に限られる

NISAは新規投資に限られており、**すでに購入している金融商品をNISA口座に移すことはできません。**

配当受取方式は「株式数比例配分方式」で非課税になる

NISA口座で株式等の投資商品を注文する際には、投資商品の分配金や配当の受け取り方法で「**株式数比例配分方式**」を選択すると配当は非課税になります。他の「登録配当金受領口座方式」「配当金領収証方式」の受取方法を選ぶと課税対象となるので注意が必要です。

他の投資商品との損益通算ができない

NISAでは限度額が決まっているため、普通に証券口座を開いて投資をしていたとき、他の投資で利益が出てNISAでは損益が出たとしても、その**損益を通算することはできません**。もちろん逆も同じです。

4 2024年には新NISAが始まる

2020年3月に法改正があり、NISAとつみたてNISAの概要が変更になりました。**つみたてNISA**は2037年までの制度だったのが2042年まで延長になりました。

これまでよりも5年間延長されたことになりますが、これは積立期間であって非課税期間ではない点には注意が必要です。

非課税期間は年間40万円 ×20年＝800万円のままです。

一方、**一般NISA**は2023年までの制度が5年延長され2028年までとなり、さらに2024年からは非課税枠が2階建ての構造になります。

1階と2階は投資対象と方法、上限金額が異なり、原則的に、1階で積立投資をした人が2階での株や投資信託への投資ができるという概要になっています。1階部分での投資金額の上限は年間20万円（5年間で最大100万円）、2階部分での投資金額は年間102万円（5年間で最大510万円）に変更されます。

また、すでに一般NISAで投資を行っている方や投資経験者は、届け出を前提に2階部分だけで投資をすることも可能です。

新NISAは少し先の話に思うかもしれませんが、今から知っておくと先々の投資計画にも役立ちます。

● 新NISAの2階建て制度の概要

2階部分

- 株式や投資信託
- 投資の上限は**年間102万円**
  （5年間で最大510万円）
- 原則は1階で積立投資をしていることが条件
- 投資経験者は2階で投資をすることができる
  （届け出必要）

2階は1階で積立投資をしていることが条件

1階部分

- 積立投資
- 投資方法はつみたてNISAと同じ
- 投資の上限は**年間20万円**
  （5年間で最大100万円）
- 非課税期間終了後はつみたてNISAにロールオーバー可能

あとがき

いかがでしたか？

「はじめに」のところでも書きましたが、本書はこれから投資を始めようと考えている人を対象に、株式、ＦＸ、投資信託を中心に、知っておくべき基礎知識を網羅的にまとめたものです。

わかりにくかったり一度読んだだけでは理解しにくいところもあったかもしれませんが、その際は繰り返し読む、さらに詳しくレベルの高い解説本を読むなどして理解を深めていただければ幸いです。

また、本書を読んで、人によっては

「投資信託についてもっと詳しく知りたい」
「チャートを用いたテクニカル分析をさらに勉強したい」

という意欲が湧いてきているかもしれません。

そして、そうした感情こそ、本書が意図しているところでもあります。

株式投資で、個別株の選び方や業績指標の分析方法などを知りたい場合には、四季報を手にとったり、米国株についてより詳しく知りたいときは米国株の入門書などを読んでみましょう。

投資信託についてもっと詳しく知りたいと思ったなら、今度は投資信託についてもっと詳しく書かれている本を読んでみてください。

また、チャートを用いたテクニカル分析をしっかりと学習したいと考えたなら、より詳しい本を読むのはもちろん、実際に証券会社に口座を開設してチャートツールを操作してみるという実践をしてみましょう。

投資の世界では、投資弱者から投資強者へとお金が流れます。

そんな弱肉強食の世界で最終的に勝ち残る投資家になるためには、投資についてのさまざまな考え方、チャート分析、ファンダメンタル環境の分析などをきちんとマスターして、投資強者になる以外に方法はありません。

本書を読んだからといって、すぐに投資強者になれるわけではありませんが、きっと投資強者になるための一歩は踏み出すことができたはずです。

これからの投資活動、学ぶことを忘れずに楽しみながら進めていってください。

この度は最後までお読みいただきありがとうございました。

梶田洋平

世界一《せかいいち》やさしい　株《かぶ》・FX・投資信託《とうししんたく》の教科書《きょうかしょ》　1年生《ねんせい》

2020年 10月31日　初版第1刷発行
2021年 2月28日　初版第2刷発行

著　者　株勉強.com代表　梶田洋平
発行人　柳澤淳一
編集人　久保田賢二
発行所　株式会社　ソーテック社
〒102-0072 東京都千代田区飯田橋4-9-5　スギタビル4F
電話：注文専用　03-3262-5320
FAX：　03-3262-5326
印刷所　大日本印刷株式会社

ISBN978-4-8007-2082-5